Heike Führ wurde 1962 in Mainz geboren, ist verwitwet und hat zwei erwachsene Kinder - seit sieben Jahren lebt Seelenhund Smiley bei ihr.

Sie ist seit 1994 an Multiple Sklerose erkrankt und kennt deshalb die Sicht als Betroffene ganz besonders gut. Zur Information darüber führt sie einen erfolgreichen Blog, sowie die gleichnamige sehr lebendig laufende Facebook-Seite MULTIPLE ARTS. Sie ist mittlerweile eine sehr erfahrene und routinierte Bloggerin und arbeitet für mehrere Projekte.

Heike Führ hat nun auf Grund der schweren Krebserkrankung Ihres verstorbenen Mannes auch die Perspektive als Angehörige kennengelernt und kann sehr authentisch von dieser schweren Zeit berichten.

Sie hat bereits 18 MS-Begleitbücher, 2 Kinderbücher, pädagogische Bücher, sowie Kochbücher zur entzündungshemmenden Ernährungsform „Low Carb" geschrieben.

Des Weiteren informiert die aktive Bloggerin über CBD/Hanf und dessen Wirksamkeit.

Heike Führ ist ausgebildete Erzieherin mit vielen pädagogischen und psychologischen Fort- und Weiterbildungen mit dem Schwerpunkt „Pädagogische Psychologie". Sie belegte auch mehrere Kurse für „Yoga mit Kindern". Diese intensive Zeit und ihr pädagogisches Wissen prägen auch ihr Schreiben.

https://multiple-arts.com/

Für meinen Mann Peter, der tapfer kämpfte!

An alle Kämpferherzen!

Wenn der Tag zu Ende geht, möchte ich, dass DU weißt,
dass Du eine der stärksten Personen bist!

Du trägst Kämpfe aus, die andere nicht einmal erahnen können.

Jeden Morgen, wenn Du aufwachst, kämpfst Du den Kampf der Kämpfe,
den andere nicht im Entferntesten aushalten würden.

Lass es deshalb niemals zu, dass Dir irgendjemand das Gefühl gibt,

Du wärst nicht wundervoll und vor allem tapfer,

denn Du hast heute schon so viel geschafft!

Selbst in Deinen schwächsten Momenten bist du STARK,
weil Du nicht aufgibst!

Du bist gut so, wie Du bist!

Multiple-artS.com

Heike Führ

Diagnose: „Unheilbar krank!"
Hilfe für Familie & Freunde
von chronisch und schwer Kranken

Wie ich als Angehöriger diese schwere Zeit schaffe

Ratgeber: Tipps, Infos und Sprüche wie: „Kopf hoch, das wird schon wieder!"

>**Diagnose: Unheilbar krank**

Hilfe für Freunde & Familie

von chronisch und schwer Kranken<

© 2021 Heike Führ

Originalausgabe Februar 2021

© 2021 Herstellung und Verlag: BoD – Books on Demand, Norderstedt

ISBN: 9783753420974

© 2021 Satz, Layout: Heike Führ

Foto Cover: Norbert Dittmar

Bibliografische Information der Deutschen Nationalbibliothek: Die Deutsche Nationalbibliothek verzeichnet diese Publikation in der Deutschen Nationalbibliografie; detaillierte bibliografische Daten sind im Internet über http://dnb.de abrufbar. Printed in Germany

Hinweis

Für dieses Buch wurde sehr sorgfältig recherchiert – allerdings ist es kein wissenschaftliches Fach- oder Lehrbuch. Alle angegebenen Informationen wurden nach bestem Wissen und Gewissen zusammengetragen und weitergegeben.

Das Buch und seine Inhalte sollen dem Leser dazu verhelfen, eine Hilfe zur Selbsthilfe zu finden und eigenverantwortlich den eigenen Erfahrungshorizont zu erleben und zu erweitern. Es stellt trotz der ausführlichen Hintergrundinformationen immer nur eine Orientierungshilfe dar und kann niemals den Besuch eines Arztes ersetzen, wenn man professionelle Hilfe benötigt.

INHALTSVERZEICHNIS

Vorwort

Liebe Leserinnen und Leser,

schon immer war es mir ein Bedürfnis, ein Buch zum Thema „Hilfe für Angehörige von Schwerkranken" zu schreiben.

Das Buch wird kein Ratgeber in Sachen „Hilfsmittel", sondern ein Ratgeber für den Alltag und den Umgang mit Schwerkranken werden und beschäftigt sich auch mit solchen unangebrachten Sätzen wir: „Kopf hoch, das wird schon wieder!".

Das Buch entstand zu Beginn an mit der Erkrankung meines Mannes und jetzt, nach seinem Tod kann ich es gedanklich abschließen. Mein Mann wollte, dass ich seine Geschichte aufschreibe, da ich als MS-Bloggerin viele Follower habe, die von meinen Berichten und meinem Umgang mit Schicksalsschlägen profitieren.

Ich selbst habe seit 1994 Multiple Sklerose (MS), eine entzündliche Erkrankung des zentralen Nervensystems mit einigen körperlichen und auch kognitiven Einschränkungen und kenne mich ganz besonders mit der mysteriösen FATIGUE aus – der abnormen Erschöpfung und Erschöpfbarkeit. Dieses Symptom nimmt bei mir den Hauptanateil meiner Erkrankung ein und hebelt mich regelmäßig aus.

Fatigue tritt oft im Zusammenhang mit anderen Erkrankungen wie Krebs oder Fibromyalgie auf und da sie nicht sichtbar ist, ist es für Betroffene oft schwer, sie ihren Angehörigen zu erklären.

Ich bin aktive Bloggerin (https://multiple-arts.com) und habe sehr viele interessante Kontakte zu chronisch Kranken, was mir auch die Sicht auf andere Erkrankungen öffnet!

In meinen anderen Büchern habe ich deshalb – da viele Symptome NICHT sichtbar sind – schon mehrere Kapitel den Angehörigen gewidmet.

→ **Denn eine Erkrankung trifft nie nur den Betroffenen selbst, sondern immer auch sein Umfeld!**

Es ändert sich so enorm viel – eventuell von heute auf morgen, oder von „jetzt auf gleich" – dass alle Beteiligten davon überrascht werden.

Als ich meinen Mann kennenlernte, hatte ich bereits MS und mir ging es gerade recht gut. Von Anfang an erzählte ich ihm ehrlich von der MS und was sie mit sich bringen könnte. Und irgendwann kam dann der nächste Schub, der die abgrundtief schlimme verzehrende FATIGUE mit sich brachte und von da an änderte sich alles. Ich habe ihn immer bewundert, wie er mit diesen auch plötzlich auftretenden Fatigue-Attacken umging, wie gelassen er war, wenn ich nicht mehr konnte und wir beispielsweise eine Veranstaltung vorzeitig verlassen mussten; oder wenn wir spazieren gehen wollten und ich beim Schuhanziehen bemerkte: „Nichts geht mehr – ich muss mich hinlegen"! Diese Gelassenheit hat mir im Umgang mit der Fatigue sehr geholfen und sie hat mir gezeigt, was Angehörige aushalten müssen.

Ängste entstehen, es machen sich Verzweiflung und Sorgen breit und das Leben ändert sich nach einer schwerwiegenden Diagnose von heute auf morgen, von jetzt auf SOFORT!

Das will erst mal verkraftet werden – von allen, die dieses Schicksal betrifft.

Meinen Mann und mich hat im November 2018 ein harter Schicksalsschlag getroffen: Nachdem ich ihn bewusstlos auffand und er mit dem Rettungswagen in der Uniklinik Mainz landete, stellten die Ärzte fest, dass er drei schwere epileptische Anfälle hatte, die so heftig waren, dass man ihm den sogenannten „Status epilepticus" diagnostizierte. Die erste Nacht überlebte er nur knapp und er brauchte mehrere Tage, um mich wieder erkennen zu können, um wieder sprechen und denken zu können. Es war ein Albtraum! Für ihn und für mich. Es folgten schlimme Tage zwischen Bangen und Hoffnung.

Da er ansonsten aber sehr gesund war, suchten die Ärzte nach den Ursachen für diesen ausgesprochen schweren epileptischen Anfall und fanden leider einen Gehirntumor mittels MRT.

Nach der Gehirn-OP kam die schreckliche Nachricht: es ist der schwerste, bösartigste und aggressivste Tumor des Gehirns, den es gibt: Ein „Glioblastom" – mit einer Prognose von ein bis drei Jahren Lebenszeit und unheilbar.

Verzweiflung und Angst sind Wörter, die rein sprachlich passen, aber was wirklich in uns vorging, kann ich kaum beschreiben. Danach kam er nach Hause und bekam Strahlen - und Chemotherapie.

Und nun bin also ich ANGEHÖRIGE eines Krebspatienten geworden, noch dazu mit einer solch schrecklichen Prognose.

Jetzt muss ich als selbst Hilfsbedürftige (mit Pflegegrad) plötzlich noch für meinen Mann da sein. Für mich stand jederzeit außer Frage, dass ich alles tun werde, damit es ihm gut geht. Aber ganz ehrlich: ich kam schnell an meine Grenzen, die MS zickte und meine Nerven lagen blank. Ich bekam starke Beruhigungsmittel und nahm Schlaftabletten und wohnte anfangs komplett bei meiner Tochter, um die Situation überhaupt aushalten zu können.

So prägte sich der Satz: „Wenn Hilfsbedürftige zu Helfern werden!"

Ohne die riesengroße Hilfe meiner Kinder & Schwiegerkinder, meiner Mutter, meinem Bruder mit Familie und einigen engen Freunden hätte ich diese Zeit sicher nicht unbeschadet überstehen können.

Ich möchte jetzt hier gar nicht ins Detail gehen, aber Ihnen einfach aufzeigen, dass ich viele Erfahrungen mit unterschiedlichen chronisch Kranken habe, aber ebenso auch zu vielen Angehörigen und nun selbst Angehörige eines Krebspatienten wurde.

Ebenso gehe ich in diesem Buch hauptsächlich davon aus, dass es einen Partner im gemeinsamen Zuhause gibt oder zumindest so nahe Angehörige, die pflegend und helfend auch Zuhause da sein können.

Natürlich gibt es auch alleinstehende schwer erkrankte Menschen, die auch sonst wenig Hilfe bekommen – das muss sehr schlimm sein! Ich kann es mir nicht im Geringsten vorstellen, wie es sein muss, wenn man nicht „aufgefangen" wird. Wenn ich hier also von Angehörigen schreibe, dann gehe ich davon aus, dass es helfende Angehörige gibt!

Angehörige können (Ehe-) Partner, Kinder, Eltern/Familie ebenso sein, wie Freunde und gute Nachbarn. Im Grunde all jene Personen, die unmittelbar mitbetroffen sind von einer schweren Erkrankung ihres Angehörigen. Sogar Kollegen!

Beispielsweise müssen meine Freunde bei allen gemeinsamen Vorhaben immer automatisch mit einplanen, dass ich nicht lange stehen und laufen kann, dass ich schnell erschöpfe und so weiter. Es ist eine starke Leistung, wenn jemand diesen Weitblick hat – und ein Geschenk!

Ich werde das Buch, wie all meine Bücher, aufteilen in Info-Kapitel, praktische Ratgeber, psychologische Hintergrundinformationen (ich bin als Pädagogin mit dem Schwerpunkt auf der pädagogischen Psychologie immer auch an Erklärungen interessiert), meinen eigenen Texten (Blog-Artikeln), mit Grafiken und Vielem mehr füllen.

Da dieses Buch für Angehörige gedacht ist, aber genauso auch für Betroffene, wird es alles zusammen beinhalten und ich wünsche mir, dass Sie es gemeinsam lesen können, damit eine gute Kommunikation, die das „A & O" ist, zustande kommen kann. Auch dafür wird es Anleitungen geben und ab und an bediene ich mich einiger Passagen aus meinen anderen Büchern und kennzeichne diese entsprechend.

Ich berichte aus meinem Alltag, über meine Emotionen und Ängste und wie ich es schaffte, nicht in ein Loch zu fallen.

Wichtig zu sagen ist mir auch, dass jeder seine ganz eigene Art und Weise hat, wie er mit schlimmen Erlebnissen und auch Trauer umgeht. Und das ist auch ok so!

Und wie immer betone ich, dass ich weder die Lehrbücher „neu schreiben" möchte, noch alles aus wissenschaftlich Sicht betrachte: ich bin medizinischer Laie, aber selbst Betroffene **und** Angehörige und habe als Bloggerin in mehreren Projekten schon zahlreiche Texte und ratgebende Artikel veröffentlicht!

→ **Ganz wichtig für alle Beteiligten: niemand hat Schuld an der Erkrankung!**

Anzumerken ist, dass ich anfing, dieses Buch während seiner Erkrankung zu schreiben – also nicht immer in der Vergangenheitsform. Das ist für das Verständnis beim Lesen wichtig.

Diagnose – wie geht es weiter?

Eine Diagnose wie Krebs, Schlaganfall oder beispielsweise MS ist für den Betroffenen und seine Angehörigen wie ein Schlag ins Gesicht. Solch eine Diagnose zieht einem den Boden unter den Füßen weg, macht schwindelig und schwach.

Alle möglichen und auch nicht bekannten Emotionen kommen hoch und möchten als Ventil hinaus. Das kann Weinen sein, oder manche Menschen müssen einfach mal schreien, wieder andere reagieren stumm…. Jeder hat seine Art und Weise mit so einer Diagnose umzugehen.

Da wir alle sehr unterschiedlich sind, kann die Reaktion auch dementsprechend grundverschieden ausfallen. Dies ist wichtig zu wissen, wenn Sie beispielsweise als Angehöriger die Reaktion des Kranken nicht verstehen. Im Endeffekt verarbeitet jeder seine Trauer anders. Hier einen Konsens zu finden, gelingt oft nur mit direkter Kommunikation, indem man sein Gegenüber fragt, was er/sie fühlt.

Es ist Typ-Sache, ob man sofort weint oder lieber erst im stillen Kämmerlein und es hängt auch von der jeweiligen Tagesform eines Jeden ab, wie er gerade im Moment damit umgehen kann.

Wichtig ist nur, dass man eine gemeinsame Basis findet. Mein Mann und ich haben uns von Anfang an gesagt, dass wir offen miteinander reden müssen, damit keine verletzenden Missverständnisse aufkommen.

Das kann Vieles betreffen: Wenn man über seine eigenen Gefühle redet und sie dem Anderen mitteilt, kann er besser verstehen, was in einem vorgeht und kann manche Reaktionen dann vielleicht auch besser einschätzen.

Man kann auch klare Regeln aufstellen: denn als Angehöriger kann man beispielsweise auch nicht „immer springen", sondern man muss lernen, auch mal abzuwarten, nicht in übertriebene Panik und eine eventuell erdrückende Fürsorge zu geraten. Das ist eine Gratwanderung – alles andere als einfach!

In unserem Fall war es fast schon von „Vorteil", dass wir durch meine MS gelernt hatten, offen miteinander zu reden, uns wohlmeinend abzugrenzen und trotzdem in liebevoller Zuwendung zu verbleiben.

Für mich als Betroffene war es erst einmal sehr schwer Hilfe anzunehmen, aber mit schleichender Verschlechterung der MS musste ich lernen, dass es ohne Hilfe einfach nicht geht. Beispielsweise schalte ich die Waschmaschine an und vergesse das „einfach". Da sie im Keller steht, höre ich auch nicht, wenn sie fertig ist. Mein Mann hat mir dann abends oft gesagt, dass meine Wäsche noch in der Maschine läge. Das war anfangs weder für ihn noch für mich schön, bis ich ihm ganz klar gesagt habe: „Bitte sage es mir ganz deutlich!". Denn es nutzte ja nichts – Fakt war, dass die Wäsche in den Trockner gelegt werden musste und es wäre nicht ok gewesen, wenn mein Mann es einfach erledigt hätte. Erstens hätte ich es irgendwann doch bemerkt und mich dann sicherlich geschämt und zweitens musste die Verantwortung dafür einfach in meinen Händen bleiben.

So gibt es unzählige Dinge und Situationen, die wir klar geregelt haben. Das vereinfacht das gute Miteinander und mit einer Prise Humor klappt es noch einmal besser. Mittlerweile hat mein Mann sogar größere kognitive Schwierigkeiten als ich und wir lachen dann, wenn keinem von uns ein Wort einfällt, oder wir wieder etwas vergessen haben.

Die Zeit im Krankenhaus

Ich habe festgestellt, dass man sich als Patient im Krankenhaus wie in einer „Blase" liegend fühlt. Weit weg von der Realität und weg vom

Alltag – und mitten hinein in den Krankenhaus-Alltag mit Wecken frühmorgens, Blutdruckmessen, Spritzen, Infusionen, Medikamenten, Logopädie, Ergotherapie, Physiotherapie und und und…

Als Patient ist man wie „gefangen" in dieser Blase – das kann sich bei dem einen Patient positiv auswirken, da er einen strukturierten Tagesablauf hat, bei anderen eher negativ, weil ihnen beispielsweise zu wenig Raum für sich selbst bleibt.

Was aber klar ist: als Patient muss man sich anpassen, muss es erdulden, dass man beim Schlafen und Nickerchen gestört wird, dass es dann Essen gibt, wenn es auf dem Plan steht und nicht wann man Hunger hat…. und so weiter… Das ist (leider) Alltag im Krankenhaus.

Man lebt auch eine gewisse Lethargie, da man selbst kaum noch etwas entscheiden kann/muss, der Stress und auch die Aufgaben des Alltags wegfallen.

Innerhalb dieser „Blase" findet nun die Realität statt, die sich enorm von jener „Blase" im eigenen Zuhause unterscheidet.

Mein Mann beispielsweise war sehr unglücklich im Krankenhaus und wollte dringend nach Hause.

Zuhause angekommen

Dann endlich daheim, ist nach fünf Wochen Krankenhaus wieder plötzlich alles fremd – obwohl es das geliebte Zuhause ist, mit allen Gerüchen, Farben und Möglichkeiten. Aber: die „Blase" ist geplatzt: Man ist plötzlich als Schwerkranker zurück in sein Zuhause gebeamt worden und obwohl hier noch alles an seinem Platz steht, ist doch gerade eine Welt zusammengebrochen. Die Krankheit schwebt erdrückend über allem. Und das in dem Zuhause, wo man doch gelacht und gelebt hat, wo alles so vertraut ist und das man noch als einigermaßen gesunder Mensch verlassen hat. Da klafft eine riesengroße Lücke auf, ein Schlund offenbart sich und zieht einen hinunter.

Bei meinem Mann hat es einige Tage gedauert, bis er sich wieder an sein Zuhause und die damit verbundenen Abläufe eingestellt hatte und sie als seine neue Realität begreifen und leben konnte.

Viele Angehörige und Freunde meinen gutmütig, dass ja, wenn man endlich wieder Zuhause sei, alles gut würde. Sie verkennen aber die psychische Situation des Patienten und auch die körperliche Verfassung, denn im Krankenhaus wurde ihm ja noch Vieles abgenommen, was er daheim nun alleine oder anders regeln muss. Allein das Treppensteigen in den ersten Stock war beim Nachhausekommen sehr anstrengend für meinen Mann. Keine kurzen Wege mehr wie im Krankenhaus: Bett – Toilette/Bad – Bett!

Auch die Geräusche sind anders, selbst wenn sie bekannt sind und es ist auch stiller, was man vielleicht auch erst einmal ertragen muss.

Ganz sicher wird einem aber direkt bewusst: Nichts ist mehr, wie es war. Ich bin krank, womöglich sogar unheilbar und nun muss ich versuchen, mein Leben unter diesen Umständen zu organisieren und zu leben. MIT meinen Angehörigen.

Die nächste Unsicherheit: wie reagieren Nachbarn auf meine Veränderung, wenn man sie draußen trifft, schafft man Einkaufen überhaupt noch und wie wird überhaupt alles???

Plötzlich ist man mitten im pulsierenden Leben, hat wieder von seinem Zimmerfenster aus die Aussicht auf das Alltags-Leben der Passanten und Nachbarn. Kurzum: der Alltag holt hier den Kranken ein. Das muss man erst einmal verkraften und in seinen neuen Alltag integrieren.

Die Angehörigen, vor allem der Partner, müssen lernen geduldig zu sein und den Betroffenen liebevoll wieder Zuhause einzuführen, ihm Rituale wieder neu aufleben zu lassen oder auch Grundsätzliches zu ändern, wenn der Kranke auch körperliche Beeinträchtigungen hat.

Für Angehörige ist deshalb der Schritt, den Patienten nach Hause zu holen, ebenfalls ein großer Schritt.

Ich habe beispielsweise fünf Wochen alleine mit unserem Hund gelebt (oder auch ab und an bei meiner Tochter), ich musste meinen Alltag ohne meinen Mann leben und die Fahrten ins Krankenhaus, um ihn zu besuchen, komplett neu und anders durchplanen. Gerade mit meiner MS war das sehr aufwendig und schwierig, da ich zu dieser

Zeit nicht selbst Auto fahren konnte – das wäre zu kräftezehrend gewesen.

Dann endlich kommt der geliebte Partner nach Hause – und wieder steht alles Kopf. Wieder verändert sich etwas und man muss sich wirklich erst einmal aufeinander einspielen. Wo braucht der Partner Hilfe, wo braucht er eher Motivation? Wie ist das für ihn, wie ist das für mich? Und so weiter.

Und wieder ist es eine Gratwanderung zwischen Hilfe anbieten, übergriffig reagieren (Bemuttern) oder ihn zu überfordern.

Das Nachhausekommen ist also für keinen der Beteiligten einfach, auch wenn man sich noch so freut wieder zusammen zu sein.

Wichtig ist es deshalb auch von Anfang an, dass jeder seine Bereiche hat, seinen Hobbys nachgehen kann und so weiter. Wenn man das direkt so bespricht, kann sich jeder Partner seine kleinen Freiräume nehmen und sie somit auch zu Auszeiten werden lassen, die neue Energie bringen!

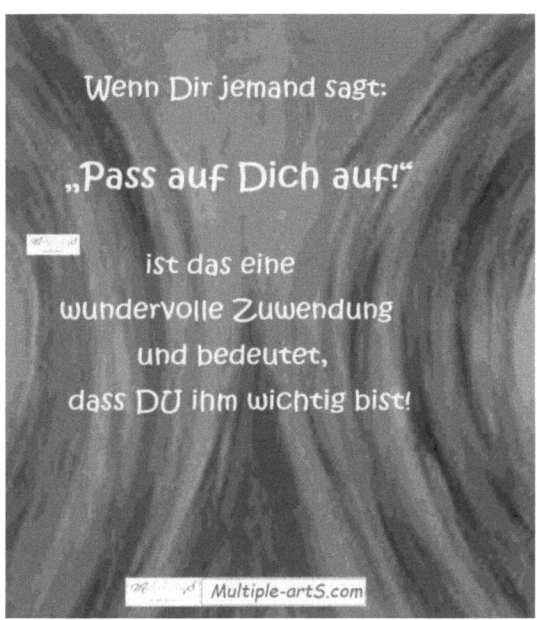

Ganz wichtig ist es mir noch Folgendes zu erwähnen: Sie werden es schon während des Krankenhaus-Aufenthaltes und erst recht, wenn der Patient Zuhause ist, erleben und erlebt haben: die **„guten Rat-schläge"**! Diesen widme ich noch ein gesondertes Kapitel, denn ich kenne es aus eigener Erfahrung mit der MS, dass gutgemeinte Ratschläge oft erschlagender sind, als die Symptome an sich.

Und noch ein paar Gedanken: Was ist Alltag? Ist Alltag immer gleich? Ist Alltag für jeden das Gleiche?

Ich denke, dass sich jeder Einzelne und dann auch als Paar einen Alltag zurechtlegt. Der von außen bestimmte Alltag ist oft der Job und das damit verbundene rechtzeitige Aufstehen und so weiter.

Innerhalb dieses Alltags, der dann ja schon bei jedem anders aussieht, kommt der individuelle Alltag.

Mein Alltag unterscheidet sich mit Sicherheit vom Alltag gleichaltriger Gesunder. Denn meine Gewohnheiten sind deutlich anders, da ich MS habe und auf Grund der Fatigue und Kraftlosigkeit viele notwendige Pausen brauche.

Zu Zeiten, in denen es mir sehr schlecht geht, muss ich mich nach dem Duschen wieder hinlegen – was beispielsweise erklärt, warum ich eine Erwerbsminderungsrente erhielt. Das heißt, ich KANN NICHT mehr arbeiten gehen, weil ich es schlicht und ergreifend nicht schaffe. Das unterscheidet mich schon einmal von vielen Gesunden, die arbeiten gehen KÖNNEN!

Einkaufen ist für mich Horror: zu anstrengend, zu viel Reizüberflutung und einfach „zu viel"! Wenn ich also überhaupt einkaufen gehe, muss ich mich danach unbedingt und schnell hinlegen.

Der Alltag meines Mannes sah vor seiner Erkrankung anders aus: er ging arbeiten und war nebenberuflich Musiker – er hatte zwar auch seinen eigenen Rhythmus, aber er war eher der sogenannten „Norm" entsprechend.

Mittlerweile hat sich unser Alltagsleben angeglichen: er schläft und ruht sogar nun noch deutlich mehr als ich.

Klar ist, dass dies alles ABSCHIED vom gewohnten Alltag bedeutet und deshalb führe ich es hier auch auf. Es tut weh, wenn man seinen Rhythmus und seine Gewohnheiten aufgeben MUSS, weil man es nicht mehr schafft. In diesem Fall ist man auch nicht froh, nicht arbeiten gehen zu können, sondern man würde händeringend sooo gerne wieder normal arbeiten gehen können und dafür dann GESUND sein.

Abschied ist Verlust und dazu habe ich im Kapitel „Trauer/Angst/Bewältigung" auch Einiges geschrieben.

Nichts ist plötzlich mehr, wie es war. Und das gilt es zu verarbeiten. Und es ist logisch, dass das nicht einfach ist. Wie denn auch? Alles verändert sich und man muss sich den Gegebenheiten schlagartig anpassen – ob man will oder nicht! Man hat keine Wahl – und das ist der große Unterschied. Weder der Betroffene noch der Angehörige kann sich die neue Situation aussuchen, sondern MUSS ihr nachkommen.

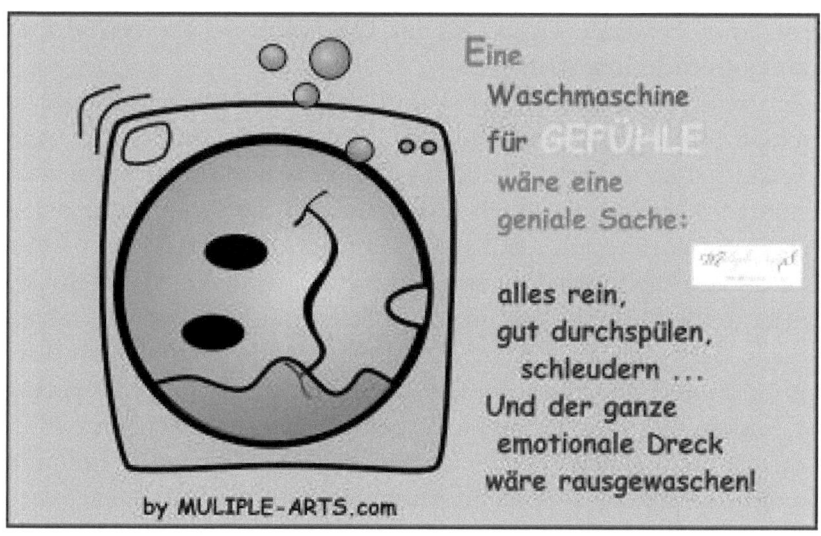

Eine Waschmaschine für GEFÜHLE wäre eine geniale Sache:

alles rein, gut durchspülen, schleudern ... Und der ganze emotionale Dreck wäre rausgewaschen!

by MULIPLE-ARTS.com

Als Angehöriger wird man wie im Schleudergang der Waschmaschine durchgeschüttelt und oft noch verwirrter zurückgelassen, sozusagen „nass im Regen stehend"! Ich hatte fast den „Vorteil", dass ich auf Grund meiner eigenen Erkrankung schon Bewältigungsstrategien erlernt habe, dass ich es gewohnt war (wenn auch unfreiwillig), mich ständig auf neue Situationen, Katastrophen und Verschlechterungen einlassen zu müssen. Aber wie mag es jemandem gehen, der keinerlei Erfahrung damit hat??? Er muss so durcheinander sein, dass er erst einmal fast wie gelähmt ist. Und das wird leider auch oft nicht gesehen. Es ist eine Höchstleistung, die man auch als Angehöriger jetzt bringen muss und das geht automatisch an die Substanz.

Ich habe beispielsweise, während mein Mann in der Uniklinik lag, Zuhause meine Klingel und das Telefon abgestellt, weil es mir einfach zu viel war, wenn ich aufstehen und zur Tür gehen musste und dort eventuell außerdem einem „noch so lieb gemeintem" Nachbarschaftsbesuch entgegenblicken musste. Ich hatte schlicht und ergreifend nicht die Kraft dazu – ebenso nicht, um Telefonate zu führen. Ich brauchte so extrem viel Ruhe, so viele Pausen und Möglichkeiten, mich komplett zurückzuziehen, dass ich mich einigelte. Das ging so weit, dass ich den Müll dann abends bei der letzten Gassirunde im Dunkeln mit hinausnahm, um möglichst niemanden zu treffen. Das wäre mir einfach zu viel gewesen. Und das ist OK! Das darf man sich gerne immer wieder sagen: **Es ist OK, sich so zu verhalten, wie man es gerade braucht!**

Ich wollte mir aussuchen – und darin haben mich wieder meine Tochter und Schwiegertochter so liebevoll bestärkt – mit wem ich Kontakt haben möchte. Dank des Internets und Handys war das relativ einfach. Mails öffnete ich nur, wenn ich die Kraft dafür hatte und SMS beantwortete ich auch nur, wenn ich es schaffte und wenn ich dazu in der Lage war. Das heißt, ich habe in dieser Zeit sehr klar an meiner Selbstfürsorge und meinem Selbstmitgefühl geübt. Ich spürte einfach, dass ich meine wenige Energie, die mir die MS lässt, für meinen Mann und die Arztgespräche aufheben wollte und dies gelang mir nur, indem ich den Rat meiner beiden wundervollen empathischen Kinder befolgte. Und siehe da: ich erklärte dies auch Freunden in meinen regelmäßigen Sprachnachrichten und es wurde akzeptiert. Ob es jeder verstand, das weiß ich nicht, aber zum ersten Mal in meinem Leben war mir das auch egal. Ich war mit meinen Kräften und Nerven dermaßen am Ende, dass ich einfach keine andere Wahl hatte! Das war nun mein neuer Alltag!

Es braucht MUT,
um stark zu bleiben für die,
die uns wichtig sind ...

Deshalb passe zuerst GUT
auf Dich selbst auf,
damit Du die Kraft hast,
für Dich
und die Anderen
da zu sein ...

by multiple-arts.com

Veränderungen und Tabu-Themen

Es verändert sich nicht nur der Alltag, es verändern sich auch der Patient und der Angehörige, da einfach **alles** anders wird.

Veränderungen können ja prinzipiell positiver oder negativer Art sein – über die positiven Umstellungen ist man ja meistens erfreut, aber es gibt leider auch die negativen Veränderungen, die viel Schmerz und neue Erfahrungen mit sich bringen, die man lieber nicht erlebt hätte.

Den Partner/Freund nun als schwer Kranken erleben zu müssen, verändert vieles und kann sehr weh tun.

Vielleicht müssen Sie nun dem Patienten beim Waschen und /oder Haarewaschen helfen, vielleicht sogar beim Toilettengang. So wird in einer Paarbeziehung der geliebte Partner, der auch Ihr Sexualpartner war, zum Pflegefall. Das muss ein Angehöriger (und natürlich auch der Patient) erst einmal verarbeiten.

Möglicherweise braucht der Partner Windeln oder kann seine Körperpflege nicht mehr so ausführen wie gewohnt. Das sind oft Tabu-Themen, aber sind wir ehrlich: schnell kann auch mal Ekel hochkommen oder man fühlt sich abgestoßen – das haben mir sehr viele Angehörige berichtet. Und auch das ist ok – man wird sich daran gewöhnen, aber die Rolle, die der Partner bisher hatte, ist nun plötzlich wie „aufgelöst"!

Eventuell hat er noch viele andere Beeinträchtigungen, sabbert, hat Probleme mit der Sprache und/oder dem Verständnis und man kann sich nicht mehr auf Augenhöhe unterhalten.

Immer allerdings sollte man versuchen, sich mit Respekt zu begegnen. Der Patient hat das verdient und es ist sein Recht. Einfach kann das natürlich bei Demenz und geistigen Beeinträchtigungen nicht werden, aber körperliche Schwächen rechtfertigen nicht, dass man den Patienten nicht mehr respektiert. Gerade Patienten, die geistig voll da sind, erleben das Bevormunden oder das „Nicht-mehr-Ernstnehmen" als äußerst unangenehm.

> ➤ **Auch hier gilt, dass es einer Gratwanderung bedarf, um die Betroffenen adäquat pflegen und versorgen zu können, ohne übergriffig zu werden.**

Es braucht vom Angehörigen viel Fingerspitzengefühl, dies so zu handhaben, dass alle Beteiligten zufrieden sind, ihr Gesicht wahren können und möglichst effektiv betreut sind.

Manchmal sind die Patienten auch bockig, da auch Wesensveränderungen auf Grund des (Gehirn)- Tumores, der Strahlen- oder Chemotherapie auftreten können. Hier benötigt man besonders viel Feingefühl und das zerrt manchmal auch an den eigenen Nerven, da es so ungerecht erscheint. Als Angehöriger dann immer diese Nerven zu bewahren – das kann Schwerstarbeit bedeuten. Manchmal muss man mit dem Patienten wie mit einem Kind „verhandeln". Wer möchte als Angehöriger so etwas erleben? Niemand. Es ist die Hölle!

Wenn Sie das Gefühl haben, dass Sie der ganzen Situation nicht mehr gewachsen sind, holen Sie sich Hilfe. Mann kann selbst eine Psychotherapie wahrnehmen, sich in den Tumorzentren der jeweiligen Klinik Rat suchen, oder auch den sogenannten „Pflegestützpunkt" kontaktieren: die speziell ausgebildeten Leute dort, helfen in vielen Belangen weiter. (https://www.pflegeverantwortung.de/pflegehilfe-pflegefall/pflegeberatung/pflegestuetzpunkte/)

✓ **Als Angehöriger ist man immer sehr speziell gefordert und somit auch mit der neuen Aufgabe schnell überfordert. Deshalb ist es wichtig, die eigenen Grenzen zu beachten, die eigenen Bedürfnisse wahrzunehmen und nicht auf Dauer hintenanzustellen und sich auch Hilfe zu holen!**

Blog-Beitrag

*Es ist kaum auszuhalten

Manchmal ist es so schwer, all das auszuhalten.

Die Endgültigkeit der Diagnose, die damit verbundenen Sorgen, die Therapien und Medikamente mit ihren Nebenwirkungen und das Leid, dass man auf dem Gesicht seines Partners sieht. Das Weinen und das Gefühl, dass man kaum trösten kann und selbst im Strudel der Tränen versinkt und versumpft. Das ist Alltag mit schwer Kranken und als Angehöriger lebt man diesen Alltag mit; manchmal gestaltet man ihn gar.

Es ist kaum auszuhalten, dass beispielsweise plötzlich ein Vorhofflimmern auftritt und man wieder in der Uniklinik landet – und sich erneut Sorgen um den Betroffenen macht. Es ist kurios, wenn man sich selbst schon ganz mechanisch eine Krankenhaus-Tasche packt – erst einmal zum dortigen Überleben mit Getränken und Essen – falls es mal wieder länger dauert. Ich habe mir gar überlegt, ob ich solch eine Tasche parat stehen haben sollte – aber das würde mich noch mehr an das Leid erinnern.

Es ist kaum auszuhalten, den Patienten auf psychischer und körperlicher Ebene leiden zu sehen – man ist so machtlos.

Es ist kaum auszuhalten, sich vorzustellen, wie es weitergehen könnte – oder auch nicht. Oder was noch alles auf uns zu kommt.

Es ist schwer, dass das soziale Leben so eingeschränkt wird, weil der Betroffene einfach keine Kraft mehr hat und der Angehörige oft ebenfalls nicht mehr.

Es ist merkwürdig, wenn ich Freunden erzählen muss, dass das viele Schlafen meines Mannes wiederum für meine MS-Fatigue gut ist, da ich somit viele Ruhepausen habe – die ich so dringend brauche. Wo aber ist das Leben? Es zieht an uns vorbei.

Es gibt Highlights, wie Besuche meiner Kinder und Enkel, einiger wenigen guten Freunde mit „Kaffeeklatsch" oder Ähnlichem – wenn die Kraft dafür da ist. Aber ich bin alleine – mein Mann schafft es nicht und im Stillen denke ich so oft, dass es mich vorbereitet: auf eine Zeit, in der ich alleine sein WERDE. In der er nicht mehr da ist, weil ihn der Tumor zerfressen hat. Dann bin ich alleine, dann muss ich mein Leben neu organisieren und dann ist alles anders.

Und auch die Gedanken an diese Zukunft kommen auf: wie ist es, alleine einzuschlafen; wie ist es, alleine zu essen und niemanden mehr um sich zu haben.

Eine liebe Nachbarin, die vor ein paar Jahren ihren Mann durch Krebs verloren hat, sagte mir, dass es ein anderes Alleine-Sein ist, als das, was man hat, wenn der Partner mal nicht da ist oder auch mal über Nacht (auf Geschäftsreise...) ist – denn dann weiß man immer, dass er wiederkommt.

DANN aber weiß man, dass er nicht wiederkommt. Das ist der Unterschied. Und so gerne ich alleine bin und meine Ruhe brauche: davor, ganz alleine – unwiederbringlich alleine – zu sein: davor habe ich Angst.

Und auch wenn ich nach vorne schaue und mir eine neue Zukunft vorstellen kann: es wird anders werden. Und man muss sich auch genau damit dann arrangieren.

So, wie ich mich jetzt schon damit arrangieren muss, dass alles anders **ist**; dass mein Partner manchmal verwirrt und orientierungslos ist – und das ändert sich womöglich innerhalb von 10 Minuten. Das ist eine neue Phase unseres Ehelebens und in unserer Partnerschaft. Auch wenn wir auf Grund meiner MS schon gewöhnt sind, uns immer schnell den Umständen anpassen zu müssen – DAS ist nun eine „andere Hausnummer"! Das ist nun der Super-Gau! Und nichts hat uns darauf vorbereitet (außer der MS, die ich aber auch nicht haben möchte).

Das Leben geht manchmal seltsame Wege, die wir nicht verstehen können. Die Frage „Warum?" ist müßig, denn eine Antwort werden wir nicht erhalten.

Anfangs habe ich auf die Frage von Freunden, wie es mir denn ginge, immer mit „OK" geantwortet. Mittlerweile sage ich, dass es mir nicht gut geht mit der Situation. Den Umständen entsprechend ok. Aber was ist „OK"? Gut geht es mir nicht. Gut ist etwas völlig anderes.

Manchmal braucht man
Zeit für sich selbst,
um das **CHAOS**
in seinem Kopf
zu ordnen ...

by MULTIPLE-ARTS.com

Nein, mir geht es nicht gut, auch wenn es mir nicht gleich schlecht geht. Aber mir geht es zeitweise sehr sehr schlecht, weil ich das Gefühl habe, ich könne das alles nicht mehr aushalten. Und dieses „Schlecht-Gehen", das darf ich auch erwähnen. Kein Mensch (auch wenn er emotional gesund ist), kann solch eine Situation völlig schmerzfrei überstehen. So eine schwere Diagnose macht etwas mit uns – sie beutelt uns, drückt uns nach unten und überwältigt uns in ihrer Härte und Klarheit. Das kann niemand unbeschadet aushalten und das dürfen wir uns zugestehen. Wir (Angehörige) sind auch nur Menschen – mit Emotionen, Erwartungen und Wünschen.

Mit meinem Mann zusammen alt werden zu können, das war einer der Wünsche und der scheint geplatzt!

Deshalb dürfen wir auch zugeben, dass es uns nicht gut geht. Wir können nicht immer nur stark sein – daran würden wir zerbrechen. Wir dürfen trauern, wir dürfen verzweifelt sein, wir dürfen uns auch mal „verkriechen".... All das ist Leben, all das ist normal innerhalb der Trauerphase. Aber wir sollten es auch immer wieder schaffen aufzustehen. Wir dürfen trotz alledem niemals aufgeben. Nicht dem Patienten zu Liebe und nicht uns SELBST gegenüber! Denn wir möchten mit dem Betroffenen gemeinsam die schwere Zeit überstehen und wir werden danach noch weiterleben. Und auch darauf dürfen wir uns jetzt schon gedanklich vorbereiten. Auch das ist legitim und nicht unmoralisch.

*Das Leben geht weiter

Nach gut 9-10 Wochen nach der Einlieferung meines Mannes ins Krankenhaus, schrieb ich folgenden Text auf meinem Blog:

„So langsam schleiche ich zurück – in das lebendige Leben, das neben unserem Drama Zuhause weiter geht – zum Glück. :)

Ich habe schon mehrere liebevolle Einladungen angenommen und gestern war ich kurz bei unserem Winter-Nachbarschaftsfest, wo ordentlich eingeheizt wurde. ;)

Auch wenn ich momentan wenig Kraft habe und sie mir sehr einteilen muss, möchte ich weiterhin lebendig LEBEN, möchte tiefe Freude und Genuss empfinden können.

Meine süßen Enkelchen halten mich lebendig und tragen mich ebenso stabil, wie meine Familie und einige enge Freunde, die einfach Zeichen hinterlassen, dass sie für uns da sind!

Nicht zu vergessen natürlich unser Seelenhund!

Wo Schatten ist, dort ist auch Licht und genau dieses Licht möchte ich sehen, denn dort findet man auch immer den Hoffnungsschimmer, der die Zuversicht ins Haus lässt. Auch wenn diese nichts an einer Diagnose ändern kann, aber sie hilft mir, wieder zurückzukommen und somit auch für mich sorgen zu können, damit ich genügend Kraft für meinen Mann habe."

Das Feedback war enorm, vor allem war es sehr rührend, wie manche Facebook-Freunde reagierten. Und oft las ich: „Ich bewundere Dich für Deine Stärke!". Mich machen solche Sätze sehr verlegen, denn es geht mir nicht darum bewundert zu werden, aber wenn ich nur einer Seele helfen konnte, auch in ihr Leben wieder zurückzufinden, dann hat sich dieser Post gelohnt.

Was ich damit ausdrücken wollte ist, dass es für uns Angehörige so wichtig ist, wieder ins Leben zurückzufinden, denn für uns geht es weiter – (im schlimmsten Fall) auch nach dem Tod unseres lieben Patienten. Wir müssen und dürfen weiterleben, wir dürfen auch wieder glücklich sein und werden. Und dazu gehört meines Erachtens auch, dass wir schon während der schweren Krankheitsphase unseres Angehörigen versuchen, ins Leben zurückzukehren.

Egal wie schwer es
in der Vergangenheit war:

Das **LACHEN** dürfen wir nie verlernen!

Multiple-artS.com

Anfangs war das undenkbar für mich: meine Nerven, meine Seele und mein Körper haben gestreikt. Ich war zu gar nichts weiter in der Lage, als zu funktionieren und meinen Tag schlicht und ergreifend zu „schaffen"! Weder hätte ich Telefonate führen können, noch wäre ich imstande gewesen, mich mit jemandem zu treffen.

Nach rund 10 Wochen haben wir zwar immer noch keinen wirklichen und sinnvollen Alltag finden können, denn die Nebenwirkungen der Bestrahlung und Chemo sind einfach noch zu präsent und bestimmen auch den Tagesablauf (schlafen, essen, ruhen...). Und trotzdem gibt es eine gewisse Routine und ich kann meinen Mann auch mittlerweile mal alleine lassen. Dass mein Handy sozusagen in ständiger Rufbereitschaft ist, versteht sich von selbst! :)

Aber wie ich schon so oft betonte: wir Angehörige müssen auch für UNS SELBST sorgen, wir müssen Kraftquellen anzapfen und ausschöpfen, wir müssen leben, wir müssen lebendig sein – und all das, um auch Kraft für den Betroffenen zu haben.

Mein Mann freut sich, wenn er mich lachen hört, denn es zeigt ihm zwei Dinge: erstens vermittle ich dadurch HOFFNUNG (und KEINE Hoffnungslosigkeit) und zweitens sieht er, dass ich auch weiterhin fröhlich sein KANN. Denn er macht sich große Sorgen, wie es MIR geht, wie ich nun lebe und wie sehr seine Krankheit uns beeinträchtigt. Und dann können wir sogar ein paar Pläne schmieden: für „nach" der Strahlen- und Chemotherapie! Dann haben wir Hoffnung und Zuversicht und können sogar auch mal gemeinsam lachen oder schmunzeln. Das ist so wichtig!

WIR beide, und jeder für sich, dürfen uns nicht in dem Drama verlieren – denn dann wäre das Ankommen in der Realität noch heftiger.

Wir pflegende Angehörige haben definitiv das Recht dazu, auch unser Leben weiterhin zu gestalten. Das muss der Betroffene auch verstehen lernen. Im Klartext bedeutet das: Wir bleiben „übrig" – wir überleben und wir müssen dann auch alleine weiterleben. Wir müssen die Ressourcen und die Kraftquellen für diesen Fall schon jetzt auffüllen, denn die Trauer wird sie uns erst einmal wieder nehmen wollen.

✓ **Wir dürfen schon JETZT eine gute und sichere Stabilität in uns aufbauen.**

Wir tun dies für uns selbst und auch für die Zeit „danach", aber genauso tun wir dies für den Patienten und für die momentane Situation.

✓ **Nur wenn wir genügend Kraftreserven haben, können wir den Patienten auch entsprechend gut pflegen und begleiten.**

Das ist kein Egoismus, sondern eine NOTWENDIGKEIT!

Und so muss man es auch mit dem Betroffenen erläutern und absprechen.

Mein Körper und meine Seele haben es selbst gespürt und mir mitgeteilt. Was vorher nicht möglich war, ist nun vorsichtig und tastend vorstellbar. Natürlich müssen auch wir das alles erst einmal ausprobieren, wir müssen auf uns und unseren Körper achten und ihm das geben, was er braucht. Uns dazu zu zwingen, mal „etwas zu unternehmen" wird sicherlich nicht effektiv sein.

Und natürlich wähle ich auch sehr genau aus, mit wem ich mich treffe. Ich brauche niemanden, der stundenlang weint, weil es mir ja „ach so schlecht" geht, aber ich brauche auch niemanden, der das uns so belastende Thema totschweigen möchte. Das heißt, ich suche mir die Freunde aus, die es so halten, wie ich auch: das Tragische erkennen und auch darüber reden (denn der Austausch ist für mich ja auch sehr wichtig - man muss es sich mal alles von der Seele reden können) - und gleichzeitig das normale Leben leben. Dazu gehört das Anhören der Probleme der Freunde genauso, wie gemeinsames Lachen. Jeder muss für sich individuell feststellen, was er braucht, und wer das gerade erfüllen kann.

Und nach wie vor erlaube ich mir, nicht ans Telefon zu gehen, wenn ich die Nummer nicht kenne oder wenn jemand anruft, der mir gerade nicht guttut – oder ich auch bei einem mir wohlgesonnenen Anrufer einfach momentan keine Kraft zum Telefonieren habe. Wenn dies beispielsweise gute Freunde nicht verstehen würden, wären es auch keine wahren Freunde.

Wir dürfen in dieser schweren Zeit auch mal etwas egoistischer als sonst sein. Denn es geht um UNSERE Kraft, die wir für den Patienten und für uns brauchen und niemand, wirklich niemand, kann erahnen, wie viel Kraft es uns kostet und wie viele Ruhephasen wir brauchen, um uns erholen zu können.

Manchmal fühlt man sich kraftlos ...

und braucht einen Moment der Stille

und Zeit für sich ...

um neue Kraft zu tanken ...

by multiple-arts.com

Ganz klar ist auch, dass es zusätzlich zu den beziehungstypischen Streitpunkten, die es in jeder Partnerschaft gibt, auch noch andere (neue) Faktoren hinzukommen, mit denen manche Paare immerhin (zum Glück) ihr Leben lang nicht in Berührung kamen. Denn eine schwerwiegende Diagnose zieht automatisch Zukunftsängste mit sich, die sowohl finanzieller, als auch emotionaler oder organisatorischer Art sein können! Alles ist erst einmal neu, unbekannt, ungewiss und beängstigend. Dann muss man sich auch mit den akuten Krankheitsphasen auseinandersetzen – all das kann eine Beziehung stark belasten.

Denn im Normalfall ist beiden Partnern zu jedem Zeitpunkt ihres Daseins bewusst, dass es nur einer kleinen und zusätzlichen, sowie unscheinbarer Veränderung bedarf, die den Jetzt-Zustand ändern und auch sofort zu einer akuten Verschlechterung führen können. Viele Symptome und Beeinträchtigungen ändern sich nicht und werden eher schlechter als besser. Dieses Bewusstmachen tut weh: beiden Partnern, denn noch mehr wird klar, was sich (oft von heute auf morgen) geändert hat und vor allem mit welchen Konsequenzen! Dass dies alles neben den Ängsten auch zu Spannungen innerhalb einer Beziehung führen kann, liegt auf der Hand.

Einmal sind es die Umstellungen im Alltag, das Selbst- und Fremdbild (des Betroffenen) und auch das Mitansehen-Müssen des körperlichen Verfalls. Damit umzugehen ist alles andere als einfach. Und noch dazu steht man vor der manchmal übergroßen Herausforderung, seinen Alltag hoffnungsvoll in die Zukunft zu planen! Allerdings weiß man auch, dass zu viele Termin-Vereinbarungen wieder eine Anstrengung bedeuten und Stress und /oder Druck erzeugen können. Man findet sich plötzlich in einer Spirale aus Anforderungen und Ängsten wieder, die das Gefühl der Ohnmacht und Hilflosigkeit hervorrufen können. All diese Überforderung und Machtlosigkeit in den neuen Alltag zu integrieren ist noch dazu oft kraftraubend.

Schön ist es, wenn man Hilfe und Anteilnahme erfährt, aber den Schock muss man alleine verarbeiten (oder mit therapeutischer Hilfe).

Ich habe diese Erfahrung auch durchlebt und die liebevollste angebotene Hilfe auch gerne angenommen, aber gewisse Sachen kann man nur alleine durchstehen und erledigen. Man kann mit Nahstehenden reden, man kann mal den Ballast abwerfen – aber dann kommt man zurück in seine persönliche Hölle. Und Manches ist als direkter Angehöriger nur alleine regelbar: Beispielsweise Gespräche mit Ärzten, Krankenkassen oder Rententräger. Mir wurde auch dafür Hilfe angeboten, aber bis ich genau erklärt hätte, worum es geht, habe ich es auch schon selbst erledigt.

> Chronisch Kranke verfallen mit dem Tag der Diagnose in einen Ausnahmezustand, der vor allem chronisch, also zu einem Dauerzustand wird!

Meistens verlieren Betroffene ihre jahrelange selbstverständliche Unbeschwertheit und Sorglosigkeit in Bezug auf ihre Gesundheit.

Auf jeden Fall stellt die Diagnose immer ein sehr einschneidendes und vor allem belastendes Ereignis dar. Denn jene von der chronischen Erkrankung ausgelösten psychischen und sozialen Veränderungen sind sogar oft für die Beteiligten schwieriger zu bewältigen als ihre körperlichen Symptome.

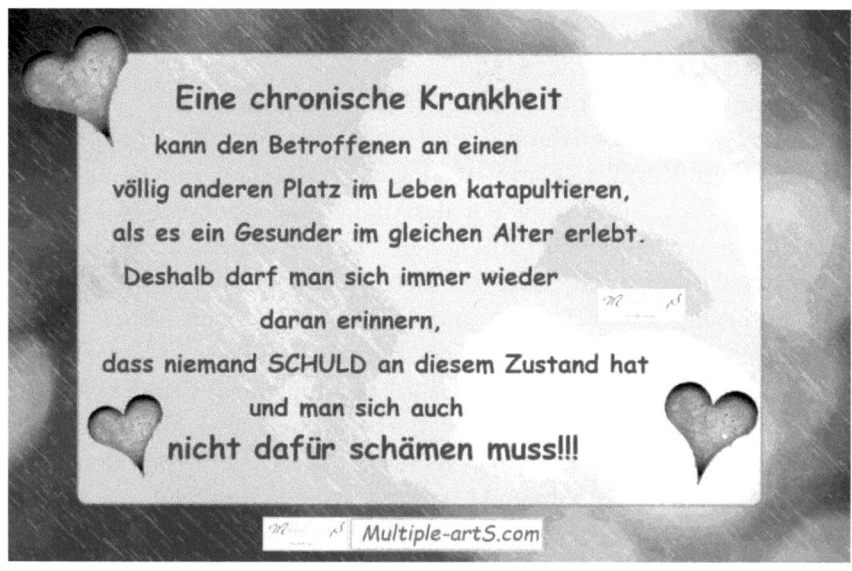

Eine chronische Krankheit kann den Betroffenen an einen völlig anderen Platz im Leben katapultieren, als es ein Gesunder im gleichen Alter erlebt. Deshalb darf man sich immer wieder daran erinnern, dass niemand SCHULD an diesem Zustand hat und man sich auch nicht dafür schämen muss!!!

Multiple-artS.com

Betroffene und Angehörige werden schnell vor die Aufgabe gestellt, sich auf einen völlig neuen (noch unbekannten) Lebensverlauf einzulassen und trotz großer Ungewissheit eine angemessene Kontrolle über ihren neuen Lebensabschnitt zu erlangen. Alles ist anders –

nichts ist mehr, wie es war. Das muss man auch erst einmal begreifen und sacken lassen.

Es sind nicht nur Entscheidungen die gefällt werden müssen, welche therapeutische Maßnahmen sinnvoll sein können oder was nun verändert werden sollte. Es ist auch die ganz klare emotionale Auseinandersetzung mit der Erkrankung, die uns ungewiss in die Zukunft blicken lassen. Denn die Vorstellungen vom eigenen körperlichen Zerfall, dem möglichen Tod und vieles mehr, sind plötzlich die neue Realität. Auch ein unrealistisches Zukunftsbild des Betroffenen kann zu Spannungen führen.

Auch die Phasen der Remission einer Krankheit, in der sich vielleicht über Monate/Jahre wenig verändert oder nur eine langsame Verschlechterung stattfindet, könnte es geben. Dann ist die Krankheitsbewältigung eher darauf ausgerichtet, diese Stabilität zu erhalten und erfordert von den Betroffenen oft auch Anpassungen und Verlagerungen von Routine und Planung.

Wenn man beispielsweise vierteljährlich (oder noch häufiger) von MRT zu MRT lebt, nimmt das Leben auch besondere Formen an. Denn das Begrenzte aushalten zu müssen, schwächt einfach die Nerven enorm! Gerade Krebspatienten berichten die Anspannung, die immer kurz vor des MRT-Termins aufkommt.

Ich habe mit meinem Mann beschlossen (da er immer den Hang dazu hatte, etwas zu verschieben, einfach abzuwarten, was das neue MRT ergibt, wie er dies oder jenes verträgt und so weiter), dass wir LEBEN. Und zwar im Hier & Jetzt! Das heißt, in Phasen, in denen es ihm besser ging (je länger die Behandlung mit Chemo- und Strahlentherapie her war), luden wir wieder Besuch ein und unternahmen mehr! Ich versuchte so, etwas mehr Leben in unseren Alltag zu bringen und den Fokus auf das Schöne und GUTE in unserem Leben zu richten, anstatt „auf den Tod zu warten"! Das ist nämlich einfach nur schrecklich und trotz der drohenden Endgültigkeit, die man ja nicht aus dem Blick verliert, war es schon ein kleines Sterben. Und an diesem wollte ich nicht beteiligt sein. Es war anfangs schwierig für meinen Mann, seine gewohnte Komfortzone zu verlassen und sich darauf einzulassen. Natürlich hatte er Bedenken, wie er es schaffen würde, aber auch Angst, wie Besucher reagieren, wenn er Sprach- und Wortfindungsstörungen hätte. Da wir aber nur sehr gute Freunde einluden, erwies sich diese Sorge als unbegründet, denn alle stellten sich auf ihn ein und wir haben nur liebevolle Begegnungen gehabt!

Natürlich ist in der Phase der Erholung nach den Therapien die Krankheit trotzdem noch da (zumindest bei dem Glioblastom meines Mannes). Bei anderen Krebsarten kann man hoffen, dass sie ausgelöscht wurden und trotzdem wird das Leben nie mehr so sein wie vorher. Das heißt, dass der körperliche und psychische Verfall zu einem - in dieser Phase - sehr wichtigen Thema werden können. Deshalb richtet sich die Bewältigung der Krankheit nun eher auf das Wiedererlangen von körperlichem Wohlbefinden, der Funktionsfähigkeit und geistigen Stärkung. Und auch kleine Rückschläge kann es geben – diese können niederschmetternd sein und müssen ebenfalls verkraftet werden. Das kann für alle Beteiligten ein Kontrollverlust auf vielen Ebenen darstellen, was wiederum ein erneutes Kompromisse-Schließen bedeutet – mit dem Krankheitsverlauf, den Symptomen und vor allem mit den Bedingungen der bis jetzt routiniert ablaufenden Lebensumstände. Wieder kann alles neu sein und Veränderungen bedürfen. Diese stetig neue Anpassung an die Situation, kann erschöpfen, auslaugen und zermürben und wieder neue Ängste heraufbeschwören.

Im Falle der lebensbedrohenden Erkrankung gibt es die Besonderheit der zeitlichen Begrenzung. Das heißt, beide Seiten müssen sich immer und immer wieder neu auf der Zeitachse finden, um das Leben sinnvoll organisieren und vor allem einigermaßen genießen zu können.

Chronische, nicht tödlich verlaufende Erkrankungen, die aber mit Verschlechterungen rechnen müssen, können sich trotzdem etwas besser auf dieser Zeitachse zurechtfinden. Sie MÜSSEN das tun, da sie sonst in einer ständigen Hoch-Anspannung leben würde, die sich nicht nur seelisch, sondern auch körperlich schwer bemerkbar machen würde. Das ist manchmal nur mit psychologischer Unterstützung möglich.

Für beides gilt, dass man sich sicherlich immer mal wieder die Sinn-Frage stellt (oder das typische „Warum ich????"), was nicht wirklich zielführend, aber so menschlich ist.

Bei chronischen Erkrankungen wird es immer um die Lebensqualität drehen, um das Wohlbefinden und die eigene Bewältigungsstrategie (Resilienz, Coping). Deshalb ist es wirklich wichtig, eine gute Balance für sich und seine Angehörigen (und umgekehrt) zu finden, eine gewisse (mögliche) Stabilität und Geborgenheit, um nicht in die angstumwobene Abwärtsspirale zu gelangen. Denn diese schwere und neue Aufgabe, mit den Belastungen der Erkrankung zurechtzukommen, kann auch zu einer Identitätskrise führen.

Das Unvorhersehbare und Unkalkulierbare und/oder eine etwaige Konfrontation mit dem Tod, die Bedrohung der körperlichen Integrität und Einschränkungen im Alltag und mit Freizeitaktivitäten, führt schnell dazu, dass man alles in Frage stellt. Die bisherigen gelebten Rollen, die man sowohl im Beruf, als auch im privaten Umfeld hatte, sind teilweise nun auf den Kopf gestellt. Trauer, Angst und Verletzlichkeit bestimmen oft den Alltag.

Das einzige
Kontrollierbare
an
einer
chronischen
Erkrankung
ist ihre
Unkalkulierbarkeit!

Aber es gibt auch Chancen – das habe ich selbst erlebt. Meine Werte, Überzeugungen und Prioritäten haben sich positiv entwickelt. Ich habe eine größere Gelassenheit entwickelt – denn ich weiß immer: es gibt deutlich Schlimmeres als ein beispielsweise einen Kratzer am Auto. Krankheiten prägen und lassen sich ohne eine gewisse Neu-Orientierung manchmal gar nicht gut überstehen. Auch das Thema „Freunde" gehört dazu. Ich wähle mittlerweile sehr gut aus, wer zu meinem JETZIGEN Leben - das definitiv anders ist - passt, und wer nicht! Trotzdem könnte ich gerne auf diese Erkrankungen verzichten!

TRAUER und Trauer-Phasen

Natürlich hält mit einer schweren Diagnose auch die Trauer Einzug in das Leben des Betroffenen und das der Angehörigen.

Mir haben viele unserer Angehörigen/Freunde erzählt, dass sie ebenfalls Zeit brauchten, um die harte Diagnose meines Mannes zu verarbeiten. Zu tief saß der Schock, die Unfassbarkeit. Das erlebte ich auch schon 1994 als ich die Diagnose MS erhielt. Als Betroffene stand ich oft völlig fassungslos meinen Freunden gegenüber, die diese Diagnose natürlich unterschiedlich aufnahmen und nicht nur einmal musste ich sie gar trösten.

Ich möchte mich deshalb des Themas „Trauer" auch hier annehmen, denn auch als Angehöriger trauert man natürlich: um den Patienten mit der neuen Diagnose, um sich selbst und und und.

Trauer gehört zum Leben, Trauer ist normal und ok und Trauer hilft uns, schwere Situationen durchzustehen und im besten Fall auch zu bewältigen.

Was aber ist Trauer?

„Der Begriff **Trauer** bezeichnet eine durch Verlust verursachte Gemütsstimmung und deren Kundgebung nach außen, etwa durch den Verlust nahestehender oder verehrter Personen oder Tiere, durch die Erinnerung an solche Verluste, oder auch zu erwartende Verluste.

Trauer bezeichnet

- einen emotionalen Zustand. Es ist ein Gefühl der Niedergeschlagenheit, einer emotionalen Taubheit, Erstarrung oder des Hervorbrechens heftiger Emotionen, wie Schmerz, Panik, Traurigkeit, Wut, Schuldgefühle, eines Mangels an Lebensfreude (kurzzeitig oder länger andauernd) oder eines seelischen Rückzugs…
- einen Prozess bei der Bewältigung von Trennung, Krankheit, des Sterbens und insbesondere nach dem Tod eines geliebten Menschen oder auch bei einem sonstigen schweren Verlust.

Der Trauerprozess selbst besitzt verschiedene Aspekte. Die Folgen sind unter anderem Bedrückung und Depression. Der Zustand der Trauer hat beim Menschen neben dem emotionalen Aspekt auch einen Verhaltensaspekt, bei dem es um die Bewältigung und Verarbeitung des seelischen Schmerzes geht - dieser wird durch den Verlust eines nahestehenden Menschen oder Tieres verursacht. Auslöser können der Tod von Freunden, Verwandten oder Haustieren, aber auch Trennungen anderer Art (Haus, Heimat) sein, die den „räumlichen Verlust" nahestehender oder verehrter Personen bedeuten.

Die Trauer verläuft gewöhnlich in mehreren Phasen.

1. Die meisten Betroffenen erleiden zeitweise einen Schock; sie können nicht wahrhaben, dass ein Mensch oder ein Tier gestorben ist oder dass ein schwerer Verlust zu erwarten ist.

2. Sie erleben eine Phase der Niedergeschlagenheit. Sinnleere, Zukunftsangst und/oder Hadern mit dem Schicksal dominieren die Gedanken. Häufig treten auch Desorientierung, Vergesslichkeit und/oder körperliche Reaktionen auf (wie Konzentrationsverlust, Schlafstörungen, Appetitlosigkeit oder Gewichtsverlust (oder -Zunahme) auf. Die Aufmerksamkeit im Kontakt mit anderen und für alltägliche Aufgaben fällt schwer. Trauernde haben Verlassenheits- und oft auch Schuldgefühle, sowie andere Symptome von Unwohlsein und Ermüdung.

3. In einer weiteren Phase „heilen Wunden". Der Gedanke an die verstorbene oder verlorene Person (auch an Tiere, Haus, Heimat, Arbeit) lässt weniger verzweifeln. Es gelingt den Trauernden, sich wieder besser zu konzentrieren, das Hier und Jetzt adäquat wahrzunehmen und den Blick auf die Zukunft zu richten. Im Idealfall erreicht der Trauernde wieder ein seelisches Gleichgewicht und kann Glück und andere positive Emotionen empfinden. Er kann neuen Sinn finden.

Während oder nach der Bearbeitung der Trauer können sich neue Perspektiven eröffnen, die unabhängig vom Trauerfall sind: neue Beziehungen, Verhaltensänderungen. So kann bearbeitete Trauer auch Lernprozesse in Gang setzen oder begünstigen. Wenn die Trauerarbeit und/oder schwere zusätzliche Belastungen noch zu viele Energien beanspruchen, kann dies die Lernprozesse hemmen." (Angelehnt an https://de.wikipedia.org/wiki/Trauer Stand 1/2019)

Trauer kann während des Krankheitsprozesses und nachdem der Patient verstorben ist, auftreten.

Das heißt, meist ist die erste Phase jene des Nicht-Wahrhaben-Wollens. Das ist oft irreal, weil man beispielsweise die Diagnose „schwarz auf weiß" lesen kann, aber man denkt doch im Stillen: „Das kann doch einfach nicht wahr sein!". Oft wird dabei eine Diagnose oder der Verlust verleugnet und der Trauernde (Betroffene wie auch Angehörige) fühlt sich häufig ohne Empfinden, und oft starr vor Entsetzen. In der Regel dauert diese erste Phase ein paar Tage bis wenige Wochen. Aber je unerwarteter der (drohende) Verlust oder die Diagnose auftritt, desto länger kann es natürlich dauern – auch abhängig vom Zustand des Angehörigen und auch von seinem sozialen Umfeld (wie er aufgefangen werden kann und so weiter).

In der zweiten Phase wirbeln erfahrungsgemäß alle Emotionen durcheinander – heftig und brachial. Man fühlt sich vielleicht gefangen zwischen Trauer, Wut & Verzweiflung und Angst. Das wiederum löst natürlich andere Folgen wie Schlafstörungen, Unruhe und Gereiztheit aus. Oft gibt es gar Schuldzuweisungen oder auch Schuldgefühle.

> **Interessant ist, dass das Zulassen aggressiver Gefühle dem Trauernden oft dabei hilft, nicht in Depressionen zu versinken. Wichtig scheint, dass man die Trauer nicht zu verdrängen versucht, denn damit verschwindet sie nicht wirklich – es ist nur ein unguter Aufschub und hindert uns an der Bewältigung des Ereignisses. Nur mit dem Annehmen der Trauer kann auch die nächste Trauerphase erreicht werden.**

Mit der dritten Phase wird man manchmal plötzlich mit der Wirklichkeit und Realität konfrontiert. Das habe ich bei meinem Mann ganz extrem beobachten können und er hat es auch immer genau so ausgedrückt: „Ich komme immer mehr in der Realität an und nun wird mir bewusst, welch schreckliche Prognose ich erhalten habe!". Damit wurde natürlich auch mir diese Form der neuen Wirklichkeit sehr bewusst. Wir mussten beide lernen, dass sich einfach alles drastisch verändert hat.

So sucht man (nach seinem Tod) den Betroffenen vielleicht in seinem Zimmer, vermisst ihn in „seinem Sessel" und so weiter. Aber im besten Fall wird er zu einer Art „inneren Begleiter", mit dem man durch einen inneren Dialog eine Beziehung entwickeln kann. (Umgekehrt würde sich der Trauernde sich dem Leben und den Lebenden entfremden).

In der vierten Phase ist bestenfalls „der Verlust soweit akzeptiert, dass der verlorene Mensch zu einer inneren Figur geworden ist. Lebensmöglichkeiten, die durch die Beziehung erreicht wurden und die zuvor nur innerhalb der Beziehung möglich gewesen sind, können nun zum Teil zu eigenen Möglichkeiten werden.

Neue Beziehungen, neue Rollen, neue Verhaltensmöglichkeiten, neue Lebensstile können möglich werden. Dass jede Beziehung vergänglich ist, dass alles Einlassen auf das Leben an den Tod grenzt, wird als Erfahrung integrierbar. Idealerweise kann man sich dann trotz dieses Wissens auf neue Bindungen einlassen, weil man weiß, dass Verluste zu ertragen zwar schwer, aber möglich ist und auch neues Leben in sich birgt." (Angelehnt an: https://de.wikipedia.org/wiki/Trauer in Anlehnung an die Trauerphasen von Verena Kast)

Mir ist es für Sie als LeserIn wichtig, dass Sie diese Phasen kennen und somit mit Ihrer eigenen Trauer bewusster und vor allem GNÄDIGER mit sich selbst umgehen können. Wenn man weiß, dass zum Bewältigen auch die Trauer mit all ihren Phasen dazugehört, dann kann man sie für sich selbst besser annehmen. Mich überzeugen die „Trauerphasen nach Verena Kast", da sie mir am Natürlichsten erscheinen und ich sie auch so kennengelernt habe.

➔ Sie dürfen trauern, Sie sollten sogar trauern! Nur wenn man trauert und den Prozess auch aktiv wahrnimmt, dann kann man die Trauer überhaupt erst überwinden.

Im Kapitel „Bewältigung" geht es dann um Tipps dazu.

BEWÄLTIGUNG

Wenn ein Schicksalsschlag plötzlich eintrifft, eine schwere Erkrankung oder Diagnose, dann müssen wir lernen diese Situation zu bewältigen und benötigen dafür Bewältigungsstrategien (= Copingstrategien - „bewältigen, überwinden"). Denn nun kommt es darauf an, wie wir die Art des Umgangs mit einem als bedeutsam und schwierig empfundenen Lebensereignis oder einer Lebensphase schaffen. Schwierig wird es immer dann, wenn ein solches Ereignis plötzlich auftritt und man sich nicht darauf vorbereiten kann. Aber selbst, wenn man an einer chronischen Erkrankung leidet, muss man seine Copingstrategien immer wieder neu überarbeiten, wieder von Neuem annehmen und sie erproben. Das ist kein einmaliger Entschluss, sondern ein andauerndes Üben und Arbeiten, das sich aber immer lohnt. Denn ohne Bewältigungsstrategien können wir einen Schicksalsschlag nicht überwinden ohne davon zerstört zu werden, krank und überfordert zu sein. Aus diesem Grunde möchte ich mich hier den Bewältigungsstrategien kurz annehmen. Es geht mir auch darum, dass Ihnen als Angehöriger (und natürlich auch als Patient) bewusst wird, was Sie bereits leisten und wie wichtig es ist, sicher immer wieder neu zu orientieren, zu justieren und nie aufzugeben, sich an Gegebenheiten anzupassen.

Von uns wird viel Flexibilität erfordert, viel Geduld und Anpassungsfähigkeit und dies gehört schon zum „Coping"!

1) Coping

Ich möchte diesem Wort meine Aufmerksamkeit schenken, denn wer sich COPING angeeignet weiß, wie notwendig dies ist, um mit außergewöhnlichen und belastenden Situationen umgehen zu können.

✓ **Coping bezeichnet im medizinischen Sinne unter Anderem das Bewältigungsverhalten von Menschen mit chronischen Krankheiten und Behinderungen (oder deren Angehörigen).**

Es kommt aus dem Englischen und bedeutet schlicht „bewältigen". Dazu müssen wir Bewältigungsstrategien erlernen. Das heißt, dass wir üben müssen, mit unseren negativen Gefühlen in der jeweiligen Situation zurechtzukommen. Darauf aufbauend müssen wir lernen, die entsprechenden Stress-Situationen nach Möglichkeit zu meiden, sie zu verändern oder uns ihnen anzupassen. Dies ist kein leichtes Unterfangen, aber um negative Auswirkungen auf unseren Körper und die Seele zu vermeiden, sollten wir in das Erlernen von Coping etwas Energie investieren. Gerade Depressionen sind häufig eine Folge mangelnder Strategien. Sobald Zweifel und negatives Denken auftauchen, ist die Gefahr der Depression in Zusammenhang mit dem mangelnden Selbstvertrauen gegeben. Natürlich lassen sich manche Situationen einfach nicht verändern, da sie vorgegeben oder auch beruflicher (starrer) Natur sind. Dann müssen wir aber versuchen, unsere Einstellung dazu zu verändern. Deshalb appelliere ich auch an dieser Stelle nochmals daran, dass Sie sich psychologische und fachärztliche Hilfe holen, bevor es zu spät ist. Manchmal befindet man sich schon in einer Abwärtsspirale ohne es zu merken….

2) Als Angehöriger die Situation und die Erkrankung des Betroffenen bewältigen

Einen Schnupfen zu bewältigen stellt für manch einen schon eine Herausforderung dar. Und doch beweist sich der uralte Spruch: „Ein Schnupfen kommt und geht sieben Tage!". Immerhin weiß man bei der Diagnose „Erkältung", dass sie tatsächlich wieder verschwindet – trotzdem leiden manche Menschen daran, als hinge ihr Leben davon ab.

Wie verhält es sich nun aber, wenn jemand mit der Diagnose einer chronischen, das heißt ANDAUERNDEN oder gar lebensbedrohenden Krankheit konfrontiert wird? Hierfür braucht man sogenannte „Bewältigungsstrategien". (Siehe Coping).

Wir müssen eine psychische Widerstandsfähigkeit aufbauen – das ist die Fähigkeit Krisen zu bewältigen und sie durch Rückgriff auf persönliche und sozial vermittelte Ressourcen als Anlass für Entwicklungen zu nutzen.

Der Fachbegriff ist **Resilienz** (von lat. resilire „zurückspringen" „abprallen"). Das Gegenteil von Resilienz ist Verwundbarkeit – dieses Wort zeigt sehr deutlich, dass uns eine nicht gute Bewältigung sehr verwundbar und anfällig werden lässt.

Im Grunde wollen wir nur eins: mit der Erkrankung unseres Angehörigen so gut wie möglich umgehen zu können und so wenig wie möglich Lebensqualität einbüßen zu müssen. Wir möchten unseren eigenen Weg zu uns selbst finden können, um selbstbestimmt leben zu können. Dies ist natürlich (MS betreffend, angesichts der 1000 Gesichter dieser Krankheit) nicht einfach und so verhält es sich mit jeder Behinderung. Die meisten beeinträchtigten Menschen haben Angst ihre Unabhängigkeit zu verlieren und auf fremde Hilfe angewiesen zu sein.

Angehörige wiederum haben Angst, durch genau diese Befürchtungen in ihrem Leben zu sehr beschnitten zu werden.

Aber bitte lassen Sie sich niemals von Gefühlen wie Angst und Trauer lähmen oder gar davon abhalten, aktiv Maßnahmen zur Verbesserung des Zustandes Ihres Angehörigen und auch für SICH SELBST einzuleiten. Denn nur so nehmen Sie die Herausforderung an und gehen einen weiteren wichtigen Schritt in Richtung „selbstbestimmtes Leben".

Resilienz bezeichnet auch eine spezielle Eigenschaft von Personen, die ihre psychische Gesundheit unter Bedingungen erhielten, unter denen die meisten Menschen zerbrochen wären. Man weiß heute, dass psychische Widerstandsfähigkeit nicht nur in Extremsituationen, sondern immer von Vorteil ist. Ursprünglich wurden mit Resilienz nur die Stärke eines Menschen bezeichnet, Lebenskrisen wie schwere Krankheiten, lange Arbeitslosigkeit, Verlust von nahestehenden Menschen oder Tieren ohne anhaltende Beeinträchtigung durchzustehen. Diese Verwendung des Wortes ist auch heute noch häufig.

Aber:

> ✓ **Resiliente Personen haben gelernt, dass sie selbst über ihr eigenes Schicksal bestimmen müssen (dürfen) und sie nicht einfach auf Glück oder Zufall vertrauen können.**

Denn sie haben gelernt, die Dinge selbst in die Hand zu nehmen und Möglichkeiten zu ergreifen, wenn sie sich bieten.

> ➤ **Das heißt, sie haben ein realistisches Bild von ihren Fähigkeiten.**

Eine Diagnose einer chronischen und oft schweren oder gar unheilbaren Erkrankung bedeutet so viel Neues. Es wird (drastische) Veränderungen in Ihrem Leben geben und geben müssen. Sie werden völlig neue Erfahrungen machen – gute, wie schlechte und Sie werden lernen MÜSSEN mit all dem Neuen und Unbekannten umzugehen. Bei manchen Betroffenen gibt es einen Krankheitsverlauf, der es ihnen ermöglicht, sich schonend und in Ruhe auf die neue Situation einstellen zu können, andere werden mit Wucht aus ihrem Leben herauskatapultiert und müssen von einem auf den anderen Moment mit der Situation oder der Endgültigkeit zurechtkommen. Das betrifft den Kranken ebenso, wie den nahen Angehörigen, der vielleicht auch andere Pläne für sein Leben hatte.

Allen ist aber gemein, dass sie irgendeine Bewältigungsstrategie brauchen - denn kalt lässt so eine Diagnose sicherlich niemanden. Das heißt, alle Neuerkrankten ziehen sozusagen mit ihren Angehörigen um: in ein neues Leben, in das die Erkrankung Einzug hält. An der bisherigen Stabilität wird kräftig gerüttelt. Die ganze Lebensgrundlage gerät ins Wanken und das Fundament bekommt womöglich Risse. Eventuell haben Sie auch keine Erfahrungen mit solch einer Krankheit und Situation auf die Sie zurückgreifen könnten. Außerdem werden Sie nun ständig mit neuen Herausforderungen konfrontiert und vermutlich bleibt Ihnen nicht genügend Zeit um in Ruhe über Lösungen nachzudenken. Das ist ganz enorm stressig und wiederum nicht gut für den Körper (und die Seele). Dagegen anzukämpfen ist oft der erste Reflex, aber das kostet unnötig Energie und Kraft, die Sie für andere Dinge noch brauchen.

„Kämpfen" beinhaltet auch immer „gewinnen oder verlieren" und hat für mich deshalb einen negativen Beigeschmack. Der Krankheit „die Stirn zu bieten" gefällt mir von der Wortwahl deshalb besser. Denn man kann lernen, sich mit dem neuen „Mitbewohner" zu arrangieren. Dazu bedarf es neuer Strategien und vor allem müssen Sie sich nun erst einmal völlig neu selbst kennenlernen – denn diese helfende Position/Rolle ist vielleicht völlig neu für Sie.

Und nun beginnt die Gratwanderung: einerseits ist es wichtig auf Signale des Kranken zu achten, andererseits darf man dies nicht übertreiben, um sich nicht erneut stressen zu lassen. Das Ziel eines jeden Copings ist es, sich mit seiner Krankheit auszusöhnen – sie zu akzeptieren und sie doch nicht dominieren zu lassen. Ein heikles und schwieriges Unterfangen für das Sie eventuell professionelle Hilfe brauchen. **Sich an die sich ständig verändernden Lebensumstände anzupassen – das ist gelebte Bewältigung.**

Um den Anfang zu erleichtern, ist es hilfreich, sich der eigenen Erwartungen und Auswirkungen der Erkrankung in einem ruhigen Moment klar zu werden. Beispielsweise: wenn die Krankheit gerade etwas Ruhe gibt oder man einen guten Tag hat, kann man diesen Moment nutzen, um sich mal zu besinnen und auf die neue Situation einzustellen, Kraft zu tanken und in Ruhe zu organisieren oder zu planen. Diese Strategie wird Sie auch etwas zur Ruhe kommen lassen und macht Sie insgesamt im Umgang mit dem Kranken und auch seiner Erkrankung sicherer. Man hat dann nämlich die Möglichkeit, vorab zu überlegen, was man bei der nächsten Symptomverschlechterung oder schwierigen Krankheitsphase tun könnte.

In meinem Buch „Alltags-Tipps bei chronischen Erkrankungen" habe ich viele Möglichkeiten aufgeführt, wie man sich seinen Alltag unkomplizierter gestalten kann. Und nutzen Sie auch entsprechende Foren im Internet oder spezielle Gruppen – beispielsweise auf Facebook. Dort werden Sie immer ein offenes Ohr und Rat finden – sowie auch TROST!

AKZEPTANZ ist also das Zauberwort. Aber auch hiermit sollten Sie sich nicht stressen, sondern Schritt für Schritt eine Annäherung schaffen. Ohne Druck, aber mit dem klaren Willen, zur Akzeptanz zu gelangen. Sie müssen lernen, mit Ihren Gefühlen und den aktuellen Gegebenheiten umzugehen. - Coping! „Krankheitsverarbeitung" oder auch „Bewältigungsstrategien": Es gibt sechs Etappen, die jeder Patient in der Regel durchläuft. Abweichungen oder ein „Überspringen" sind natürlich jederzeit möglich. Aber vielleicht hilft es Ihnen, wenn Sie sich bewusstwerden, dass es erstens normal ist zu trauern und zweitens, dass Sie als Angehöriger und auch der Patient tatsächlich solche Emotionen haben dürfen.

1. Schock

Viele Neudiagnostizierten fühlen sich erschlagen und wie vor den Kopf gestoßen und können keinen klaren Gedanken mehr fassen. Diese seelische Blockade stellt eine Art Schutz vor allzu großen psychischen Schmerzen dar. Um wieder aufnahmefähig zu sein, muss dieser erste Schock überwunden werden. Dazu brauchen die Patienten Zeit für sich, aber auch Unterstützung durch andere. Erst nach einer Erholung von diesem Schock macht es Sinn, sich umfassend über die Erkrankung und geeignete Therapien zu informieren sowie einen Weg zur Bewältigung zu finden.

2. Verleugnung

Die Phase des „Nicht-Wahrhaben-Wollens": Manche Patienten versuchen die Diagnose zu verdrängen, andere flüchten sich in Ablenkungsstrategien. Das Verleugnen ist ein normaler seelischer Schutzmechanismus und nur dann schädlich, wenn dieser Zustand auf Dauer nicht überwunden werden kann. Dann besteht nämlich die Gefahr, dass notwendige Therapien versäumt werden und sich der Krankheitsverlauf unnötig verschlechtert, man vielleicht in eine Depression verfällt, oder enorm unrealistisch lebt.

3. Zorn und Wut

Immer wieder berichten Patienten davon, dass ihnen solche Gefühle früher fremd waren – wie beispielsweise auch Neid auf andere – und wie stark sich das durch die Diagnose verändert hat: Wutausbrüche erfolgen unkontrolliert; Menschen, die nicht erkrankt sind, werden „maßlos" beneidet. Auch das sind normale Reaktionen, die „herausmüssen". Falls diese Gefühle dauerhaft unterdrückt werden, besteht die Gefahr, dass sie sich ansammeln und immer belastender werden. Also bitte lassen Sie sie zu Anfang zu und sprechen darüber ganz offen mit vertrauten Personen! Allerdings sind Wutausbrüche und heftige Emotionen auf Dauer keine Lösung und erschweren ein Zusammenleben und ein gutes Miteinander eventuell erheblich. Manchmal ist es auch erleichternd, sich mit anderen Betroffenen auszutauschen, die sich in einer ähnlichen Situation befinden oder diese bereits überwunden haben.

4. Verhandeln

In dieser Phase versuchen viele Patienten, mit dem Schicksal zu verhandeln – nach dem Motto: „Wenn ich dieses oder jenes tue, wird meine Erkrankung vielleicht weniger schlimm verlaufen". Manche entwickeln auch Schuldgefühle - natürlich völlig unbegründet. Chronische Erkrankungen sind schließlich keine „Strafe" – und leider ebenso wenig verhandelbar.

5. Depression

Es ist sehr gut nachvollziehbar, dass die Auseinandersetzung mit der Diagnose und das intensive Durchleben widersprüchlicher Gefühle viele Betroffene bis an die äußerste Grenze ihrer psychischen Belastbarkeit führt. Das psychische Immunsystem wird mit Reizen überflutet, die Folge sind oft Erschöpfungszustände, die dann womöglich in Hoffnungslosigkeit und Resignation münden. Häufig treten infolge Schlaflosigkeit, Gereiztheit oder Antriebslosigkeit auf: Anzeichen, wie sie auch zu den Merkmalen einer Depression zählen. Charakteristisch dafür ist auch, sich am liebsten zurückziehen und in sein „Schneckenhaus verkriechen" zu wollen. Aber gerade in depressiven Phasen ist es wichtig, sich jemandem anzuvertrauen – und sich nicht seiner Gefühle zu schämen. Denn diese sind mehr als verständlich und manchmal auch so belastend, dass es hilfreich sein kann, sich professionellen psychologischen Beistand zu suchen.

6. Akzeptanz

„Ich habe eine chronische Erkrankung und werde damit leben": Wenn Sie zu dieser Einstellung gefunden haben, stehen Sie auf einem stabilen Fundament für ein selbstbestimmtes Leben. Jetzt ist Ihr Kopf frei dafür, neue Pläne zu schmieden und aktiv Probleme zu lösen. Dieser neue, sichere Platz im Leben lässt sich aber nicht von heute auf morgen erreichen: Es kann oft Jahre dauern, bis Sie dorthin gelangen. Setzen Sie sich also bitte nicht unter Druck. So paradox es klingen mag: Je geduldiger Sie mit sich sind, desto schneller werden Sie dieses Ziel erreichen. (angelehnt an: www.ms-life.de)

Dies gilt alles sowohl für den Betroffenen, als auch für die nahen Angehörigen.

Resilienz und Veränderung

Leben bedeutet Veränderung, das ist klar. Aber es gibt neben den positiven Veränderungen auch jene, die nicht gut sind und die man nicht beeinflussen kann. Dazu gehören unheilbare oder chronische Krankheiten ebenso, wie der Tod eines nahestehenden Menschen. Und wie schon erwähnt, sucht sich kein Mensch eine schwere Krankheit bewusst aus. Manchmal verspürt man Ohnmacht oder Machtlosigkeit, gepaart mit Hilflosigkeit, wenn solch eine Veränderung eintritt. Für alle Beteiligten kann es zum Drama werden: für den Patienten genauso, wie für die Angehörigen.

Die gute Nachricht ist immerhin:

✓ **Menschen, die ihr Schicksal „annehmen" und akzeptieren können, sind auch eher im Stande, besser mit der jeweiligen Situation zurechtkommen.**

✓ **Es ist wichtig, den Widerstand gegen die Veränderung aufzugeben und damit neue Kräfte und Energien freizusetzen und zu sammeln, um die Situation zu bewältigen.**

✓ **Krisen können immer dann besser bewältigt werden, wenn man handlungsfähig bleibt und nicht im Sumpf einsackt.**

Ebenso ist es wichtig, auf ein gesundes Selbstvertrauen aufbauen zu können, wenn Situationen kippen oder bedrohlich wirken. Denn wenn wir uns unseres SELBST bewusst sind und wissen, dass wir uns normalerweise auch darauf verlassen können, dass wir Handlungsstrategien finden und anwenden, dann fällt es uns leichter, auch auf unsere Ressourcen zurückgreifen zu können. Wir mobilisieren dann unsere Kräfte und haben gelernt, sie sinnvoll einzubringen, ohne dass es uns ZU VIEL Energie kostet.

Wenn negative Veränderungen aufkommen und uns in eine Krise stürzen, dann verfallen wir meist in einen gewohnten Automatismus und greifen auf das zurück, was uns als Maßnahme (Grundstock) zur Verfügung steht. Das heißt also, wenn man seine eigenen Stärken (und Schwächen), seine Fähigkeiten gut kennt, dann schafft man es auch effektiver und schneller, wieder aus dem „Loch" oder der andauernden Krise herauszukommen oder sie zu bewältigen.

Ein guter Schachzug - und zum Glück von mir schon viele Male praktiziert - ist auch, aus allem immer das Beste zu machen. Wenn man eine chronische Erkrankung hat, die viele Beeinträchtigungen mit sich bringt, dann hat man fast keine andere Wahl, als zu lernen, aus allem das wirklich BESTE zu machen! Das erleichtert nicht nur die Bewältigung, sondern auch das eigene Gefühl. Denn wer diese Einstellung hat, trifft auch klarer Entscheidungen und übernimmt damit die Verantwortung für sein Leben. Wenn man diese Verantwortung bewusst trägt, hat man auch eher das Gefühl, „etwas in der Hand zu haben", dass einem nicht alles entgleitet und man sich nicht so macht- und hilflos fühlt. Das wiederum stärkt uns direkt und ist eine gute Motivation zum Durchhalten!

Ich habe ja schon berichtet, dass ich ein unverbesserlicher Optimist bin (und mir nun manchmal dieser Optimismus etwas abhanden kam), aber er ist notwendig, um eine realistische Einschätzung der Situation/Krise zu geben und daraus dann das Handeln abzuleiten. Handeln ist immer wichtig, damit wir nicht in einer Starre verharren, sondern konstruktiv an die vor uns stehenden Aufgaben herangehen, diese auch aushalten zu können und dabei möglichst nicht zu zerbrechen. Deshalb hilft uns eine realistische Einschätzung der Lage. Nichtsdestotrotz dürfen unsere Gedanken in eine bessere Zeit wandern, um die Seele am Blühen zu erhalten.

Darum dürfen wir uns im Falle eines „Absturzes" an den blühenden Blumen unserer Seele hochhalten, motivieren und auf sie in Gedanken zurückgreifen – ebenso wie auf unsere Ressourcen, denn beides brauchen wir, um zuversichtlich nach vorne blicken zu können.

Und folglich wissen wir auch ganz genau, dass Probleme und Sorgen zum Leben gehören. Ebenso wie wundervolle Erlebnisse. Ohne Licht gibt es keinen Schatten und umgekehrt. Natürlich möchten wir keine lebensbedrohliche Diagnose erhalten – weder für uns selbst, noch für unseren Angehörigen. Aber das Leben geht seinen eigenen Weg und wir haben nur eine Chance, dass dieser Weg für uns machbar wird, indem wir den Problemen die Stirn bieten und nach Lösungen suchen. Am besten ist es, sich konkreten Überlegungen zu stellen – beispielsweise mit der Frage, was man/der Patient gerade braucht, was notwendig oder dringend ist und was nicht.

Resilienz baut also auf unseren Charaktereigenschaften auf, auf Selbstbewusstsein, Selbstvertrauen.... Deshalb lohnt es sich, auch diese Bereiche zu „behandeln".

Scheuen Sie sich deshalb niemals, auch professionelle Hilfe anzunehmen und sich um Hilfe und Unterstützung für sich selbst zu sorgen!

Hier kommen noch ein paar Blog-Artikel, die ich zum Thema RESILIENZ schrieb. Das Wörtchen MS können Sie „austauschen" und sich auch als Angehörige im Text sehen.

*Resilienz – Die Fähigkeit, Krisen zu überwinden

Resilienz ist der Fachbegriff dafür, dass man im besten Fall die Fähigkeit besitzt, oder erworben hat, mit einer Lebenskrise, einer chronischen Erkrankung oder anderen Schicksalsschlägen gut umgehen kann. Tatsächlich ist es aber ein langer Weg bis dahin.
Es gilt, die Herausforderungen anzunehmen.
Menschen mit einer guten Resilienz haben an ihren Schicksalsschlägen ebenso zu knabbern wie weniger belastbare Menschen. Der Unterschied ist, dass sie die Belastung eher als Herausforderung betrachten, sie zumindest als „gegeben" hinnehmen, sich arrangieren und vor allem nach einer Lösung suchen, anstatt sich hilflos zu fühlen. So werden sich resiliente Personen auch schneller ihrer eigenen Stärken bewusst und lernen, diese zur Lösung ihrer Probleme zu NUTZEN.

Wie man es schafft und einen guten Weg gehen kann, habe ich Euch zusammengefasst und starte mit meinem Text über Resilienz!

Ich bin bei Recherchen über das Wort Resilienz gestolpert, da es mir eher aus der Zeit meiner sozialpädagogischen Ausbildung ein Begriff war. Aber dieses Wort *Resilienz* beinhaltet so viel, hat so viel mit unserer (und jeder chronischen schweren) Krankheit zu tun, dass ich

es wert fand, mal genauer hinzuschauen. > *"resilire* ‚zurückspringen'
‚abprallen', deutsch etwa *Widerstandsfähigkeit,* ist die Fähigkeit, Krisen
durch Rückgriff auf persönliche und sozial vermittelte Ressourcen zu
meistern und als Anlass für Entwicklungen zu nutzen."
(https://de.wikipedia.org/wiki/Resilienz_(Psychologie))

Und genau das tun wir doch mit der Bewältigung einer schweren
Krankheit: Krisen meistern. Ich halte es für enorm wichtig, dass wir
uns immer und immer wieder sagen, dass wir stark sind. Ich glaube,
wir vergessen das so leicht, weil wir mittendrin stecken im Dilemma,
dem Krankheits-Prozess und – glücklicherweise – manchmal gar nicht
mehr die Dramatik wahrnehmen.

Resilienz ist eine Widerstandsfähigkeit und Bewältigungsstrategie.

Mir wird das oft auch dann bewusst, wenn mir beispielsweise eine
liebe Freundin sagt, dass sie bewundere, wie stark ich sei. Ich empfinde das schon gar nicht mehr so. Erstens bin ich so erzogen worden,
dass man solche „Gegebenheiten" hinnehmen muss und zweitens bin
ich schon so an all die Beeinträchtigungen in meinem Leben gewohnt
(auch zum Glück!!!), dass sie mir im Alltag auch schon als für mich
normal erscheinen. Beim genauen Betrachten stelle ich natürlich fest,
wie schwerwiegend manche MS-bedingte Veränderungen meinen Alltag bestimmen. Und oft genug bringe ich ja auch zum Ausdruck, dass
mir das weh tut und mich sehr traurig macht.

Aber über all die Trauer und Verzweiflung dürfen wir nicht vergessen, dass wir stark sind: wir sind so stark, dass wir die MS tragen. Sicherlich nicht gerne, aber wir tragen sie und gestalten unser Leben
entsprechend. Das heißt, wir *sind* fähig, diese andauernde Krise in unserem Leben zu meistern. Mal besser, mal schlechter …

Und je mehr wir reflektieren, umso eher nutzen wir auch die daraus
wachsende Chance auf Entwicklung; nämlich noch besser „copen"!
Wenn wir es schaffen, nicht an der MS zu zerbrechen, sind wir resili-
ent. Gut, oder?!

**Trotz „erschwerter Umstände" der Multiplen Sklerose sind
wir in der Lage, unser Leben in den Griff zu bekommen: das ist
Resilienz.**

Und die Wissenschaft hat festgestellt, dass es nicht nur unter
schweren Bedingungen von Vorteil ist, Resilienz zu besitzen, sondern
dass es auch im normalen Alltag an Bedeutung gewinnt, da man dann

immer häufiger in angemessener Weise mit besonderen Situationen umgehen und so seine psychische Gesundheit stabiler erhalten kann. Außerdem erlangen wir durch das Verinnerlichen einer guten Resilienz auch eine widerstandsfähigere Selbstbestimmtheit, die gerade uns MS`lern schnell mal abhandenkommt, da wir ja ganz oft das Gefühl haben, auf Andere angewiesen, oder gar abhängig zu sein.

Wenn also mit Resilienz die Stärke eines Menschen beschrieben wird, der es schafft, zum Beispiel eine schwere Krankheit und Behinderung zu durchstehen, dann sind wir (wenn wir nicht von Anfang an aufgegeben haben), mitten drin in der Resilienz und können stolz darauf sein.

Wir lernen ja auch im Laufe unserer MS-Karriere immer mehr, unseren Möglichkeiten zu vertrauen, oder zumindest, sie zu nutzen. Wir lernen unsere Fähigkeiten immer wieder aufs Neue kennen und lernen vor allem, sie effektiv auszuloten und anzupassen. Die Zeiten, in denen wir nur auf „Glück und Zufall" hofften sind vorbei, sondern wir müssen uns ein realistisches Bild vom IST-Zustand machen.

Durch diese resilienten Prüfungen werden wir belastbarer, weil wir uns kein „X für ein U" vormachen und im Endeffekt stärkt dies unser Selbstvertrauen.

Allerdings sind wohl auch hierbei die äußerlichen Faktoren, wie ein gut funktionierendes soziales Umfeld, sicher sehr von Vorteil. Ohne ernstgemeinte Zuneigung, Hilfe, Anerkennung und Mut zusprechenden Angehörigen, ist es sicherlich um ein Vielfaches schwerer, eine gute Resilienz zu entwickeln und zu erlangen. Ich finde, dass es sich lohnt, über diesen Begriff *Resilienz* in Ruhe nachzudenken und ihn anzunehmen. Ich merke im Laufe meiner vielen MS-Krankheitsjahre immer mehr, dass es besonders wichtig ist, sich selbst „helfen" zu können, mit sich selbst ins Reine zu kommen und mir helfen dann solche Begriffe, da ich dadurch Zugang zum selbstkritischen Betrachten bekomme und einmal Bilanz ziehen kann.

Und ich finde es schön, immer noch lernfähig zu sein, mein ge-schundenes MS-Gehirn zu fordern und zu fördern und es nicht ruhen zu lassen. Leben ist Bewegung, im Fluss bleiben; dazu gehört für mich auch immer mal wieder zwischendurch eine Realitätsprüfung! Hallo MS! Hallo Stärke! Hallo Resilienz! Wir kommen! (PS: dies ist einer der vielen Texte, die im Buch „Hallo MS" zusammengefasst sind.)

Tipps zum Stärken der Resilienz

„Nicht jedem wurde diese Widerstandskraft in die Wiege gelegt. Resilienz-Forscher sagen jedoch: Resilienz lässt sich erlernen und trainieren! Wir zeigen Ihnen drei kleine Übungen für den Alltag, mit denen Sie Ihr seelisches Immunsystem stärken:

1. Oft sind es die kleinen Dinge, die wir im Alltag gerne übersehen. Nehmen Sie sich täglich einen Moment Zeit und überlegen sich drei positive Ereignisse, die heute passiert sind. Ob ein nettes Telefonat oder eine zuvorkommende Geste – je mehr positive Emotionen Sie zulassen, desto weniger Platz haben unangenehme Gefühle.

2. Wählen Sie eine Eigenschaft oder Angewohnheit aus, die Sie an sich nicht mögen. Verändern Sie nun den Blickwinkel! Wie kann aus dieser Eigenschaft ein Vorteil werden? Das Umdeuten einer als negativ empfundenen Angewohnheit stärkt die Selbstwertschätzung.

3. In belastenden Situationen hilft ein soziales Netz aus Personen, die wir schätzen und denen wir vertrauen. Pflegen Sie Ihre sozialen Kontakte und treffen sich zum Beispiel einmal wieder mit der besten Freundin zum Teetrinken. Ein nettes Gespräch hebt die Stimmung und ist Balsam für die Seele."
(https://www.aktiv-mit-ms.de/leben/artikel/resilienz-die-innere-staerke-gezielt-trainie-ren/?utm_medium=email&utm_source=newsletter&utm_campaign=de_2017_41_de%7Cpatient%7Cnewsletter_aktiv_mit_ms_patient_oktober_de&utm_content=website&utm_sender=teva&utm_id=8146)

Wenn Du all Deine Kraft zusammennimmst

Wenn Du all Deine Kraft zusammennimmst, um zu funktionieren.

Wenn Du all Deine Kraft zusammennimmst, um den Alltag zu bestreiten.

Wenn Du all Deine Kraft zusammennimmst, um ein bisschen Kraft für etwas Schönes übrig zu haben.

Wenn Du all Deine Kraft zusammennimmst, um zu überleben.

Wenn Du all Deine Kraft zusammennimmst, um das Schöne wahrzunehmen.

Wenn Du all Deine Kraft zusammennimmst, um die Hoffnung nicht zu verlieren.

Wenn Du all Deine Kraft zusammennimmst und all das meisterst,

dann bist Du stark... inmitten all der Schwäche,

inmitten des Dramas, das gerade Dein Leben bestimmt...

Denn Du stehst auf,

nachdem Du gefallen bist

und Du nimmst DEIN Leben in die Hand!

©2019Heike Führ/multiple-arts.com

Multiple-artS.com

HILFE ANNEHMEN
FREUNDE und Familie
/ ANGEHÖRIGE

Zu diesem Thema habe ich schon ein komplettes Buch gefüllt, denn was sich so einfach anhört, ist in der Praxis gar nicht so einfach.

> **Sie als Angehöriger sind ein äußerst wichtiges Teilchen inmitten der Krankheit und des normalen Lebens. Sie sind sozusagen oftmals gar das Bindeglied.**

Der Betroffene hat ein schweres Los zu tragen: Er bekam nämlich eine Diagnose, die ihn niederschmetterte, die womöglich von einer Endgültigkeit und schlechten Prognose begleitet ist.

Ich weiß noch, wie ich als junge Frau meine Diagnose „MS" erfahren habe – vor allem zu einer Zeit (1994), in der es noch kein Internet gab und ich noch dazu junge Mutter von zwei kleinen Kindern (sechs und neun Jahre alt) war. Ich hatte mich gerade mit einem privaten kleinen Kindergarten selbstständig gemacht und hatte viele tolle Pläne. Berufsbegleitend wollte ich beispielsweise ein Fernstudium (Psychotherapie für Kinder) anfangen. Und dann war ich plötzlich auf einem Auge blind, dies war sogar gelähmt und das andere Auge hatte auch kaum noch Sehkraft. Im Krankenhaus wurde dann schnell die Diagnose MS gestellt und ich hatte im Zusammenhang mit dieser Erkrankung „Rollstuhl" und Vegetieren im Kopf. Ich sah mich in unserem Reihenhaus im Erdgeschoss – unfähig, die Kinderzimmer in den oberen Stockwerken zu besuchen. Durch eine Cortison-Stoßtherapie konnte dieser Schub fast völlig aufgelöst werden, aber die Ohnmacht und Angst, die mir damals im wahrsten Sinn des Wortes die Beine wegriss – das war heftig. Immerhin sagte man mir zum Glück damals schon, dass MS nicht tödlich sei.

Zum Glück geht es mir heute den Umständen entsprechend gut: eine Brille trage ich nur auf Grund der Altersweitsicht, ich brauche keinen Rollstuhl und benutze nur ab und an meinen Gehstock. Das

Einzige, das mich regelrecht umhaut, ist die Fatigue (abnorme Erschöpfung und Erschöpfbarkeit) mit ihren aufgesetzten Attacken. Aber nichts bewahrheitete sich von all meinen Ängsten damals.

Wie also muss es jemandem gehen, der eine Diagnose vorgesetzt bekommt, die die Lebenserwartung auf Grund der bösartigen Aggression des Tumors auf ein bis drei Jahre betitelt? Wie geht man als Betroffener mit dieser Endgültigkeit um?

Und:

> ➢ **Wie geht ein Angehöriger mit einer schweren chronischen Erkrankung wie MS um?**

> ➢ **Und/oder wie verkraftet der Angehörige eine beispielsweise drastische Aussage, dass der Partner nur noch 1-3 Lebensjahre vor sich hat?**

> ➢ **Wie verkraftet der Angehörige, dass sein Leben nun auch verändert wurde, dass er eventuell bald alleine sein wird, den geliebten Partner verliert...?**

Wie schafft er es, nicht die Hoffnung zu verlieren und auch noch zuversichtlich mit dem Betroffenen umzugehen?

Ich habe in der Onkologie, auf allen unterschiedlichen Stationen und auch im Gebäude der Strahlentherapie, sehr unterschiedliche Betroffene und Angehörige erlebt. In diesen Ausnahmesituationen kochen auch Emotionen schneller hoch und so bekam ich einige Auseinandersetzungen zwischen Ehepartnern mit, viel Unverständnis und Missverständnisse, böse verletzende Worte und und und.

Dabei wurde mir aber klar, wie verheerend und vernichtend solch eine Diagnose für ALLE Beteiligten ist. Wie unterschiedlich jeder damit umgeht und wie sehr verschieden die Ängste und auch Vorstellungen von den anstehenden Therapien sind. Außerdem erlebte ich, wie Angehörige ihrem Ehepartner über den Mund gefahren sind und umgekehrt. Aber ich erlebte auch, wie verzweifelt beide Parteien waren, wenn der Kranke irgendetwas beim Arztgespräch nicht verstanden hatte und wie auch Angehörige mal Klartext reden mussten, weil der Erkrankte Wirrwarr erzählte, da er auf Grund einer Gehirn-OP oder des Tumors, oder der Strahlentherapie mit den Folgen leben musste. Und der Angehörige musste diese Defizite ausgleichen.

Das kenne ich auch von mir und meinem Mann, wenn wir gemeinsam bei wichtigen Gesprächen (Arzt, MDK und Behörden) waren, und er auf Grund seiner eingeschränkten Merkfähigkeit (Folge des Tumors) nicht mehr dem Verlauf des Gespräches folgen konnte. Das tut weh: demjenigen, der es an sich selbst ertragen muss und dem Partner, der seinen Partner so natürlich nicht kennt oder wiedererkennt.

Und auch hier ist es eine Gratwanderung, den Kranken als mündigen Patienten anzuerkennen und doch eventuell mal einschreiten zu müssen, weil das Gespräch sonst völlig entgleist oder der Arzt die Zusammenhänge nicht mehr verstehen kann.

Für mich sind solche Momente schrecklich (auch wenn mein Eingreifen notwendig wurde), weil es die Folgen der Erkrankung aufzeigt, fremd ist und Angst vor der Zukunft macht. Bei mir kommt ja immer noch die Sorge und vor allem das Bangen um das Fortschreiten meiner MS hinzu: Ein Doppel-Pack sozusagen und das hat für mich und auch für meine lieben Angehörigen einiges verkompliziert…

Der Betroffene trägt die Last, die Symptomatik und die eventuelle Endgültigkeit auf seinen Schultern. Er muss Schmerzen oder Symptome, sowie Folgen aushalten.

Aber der Angehörige muss all dies auch auf seine Weise tragen, schultern und ertragen!

Noch dazu muss er nun für Vieles die Verantwortung übernehmen, Vieles regeln und organisieren und hat nun neben seinem natürlichen Alltag noch dazu die Belastung, sich um die Angehörigen und seine Belange zu kümmern.

Ich habe das nur mit der Unterstützung meiner Kinder & Schwiegerkinder geschafft, denn es ist so viel, was auf den Angehörigen einprasselt und auch gefordert wird, dass dies erschlagend sein kann.

In der ersten Phase schwankte ich zwischen Begreifen, Verzweiflung, Ohnmacht, Wut und totaler Fassungslosigkeit. Ich sah meinen Mann an und wollte mir einreden, dass doch alles ok sei. Und gleichzeitig wusste ich, wie dumm das war – denn ich würde ihn verlieren. Ich würde lernen müssen, ihn zu vermissen ohne durchzudrehen, ich würde lernen müssen, ein eigenes Leben wieder neu aufzubauen – ohne ihn und ich würde in absehbarer Zeit „Witwe" werden. Was für ein gruseliger Gedanke!

Diese ganzen Emotionen, die auf einmal da waren – sie waren so heftig, dass ich manchmal dachte, ich sei „im falschen Film" und würde es gar nicht selbst erleben. Dann wiederum überfielen mich alle Emotionen mit einer Wucht und ich realisierte, was tatsächlich noch alles auf uns zukommen könnte. Ich bin ein durchaus optimistischer Mensch – das hat mir bei meiner MS schon sehr viel geholfen. Dieser Optimismus, die Zuversicht haben mich all die Jahre getragen – auch bei anderen traurigen Ereignissen. Ich konnte immer nach vorne schauen, hatte immer Ziele oder Highlights, auf die ich zuging – voller Zutrauen ins Leben. DAS war plötzlich verschwunden und ich ertappte mich dabei, wie ich schaurig und verzweifelt mir immer wieder die Diagnose mit dieser fürchterlichen Prognose vorsagte und das Gefühl hatte, dass doch „alles keinen Sinn mehr mache"! Und immer und immer wieder holte ich mich aus dieser Negativspirale wieder heraus, grub meine Zuversicht aus dem Sumpf der Gedanken wieder aus und versuchte, mich auf sie zu verlassen – wie sonst auch. Ich stecke mittendrin in dem Prozess…. Aber ich fand es interessant, dass selbst mich die Hoffnungslosigkeit am Kragen packte und in die Abwärtsspirale mit hinunterriss. Mich, die absolute Optimistin!

Das Glioblastom mit der schrecklichen Prognose hatte es geschafft, mich dort landen zu lassen – im Sumpf der Hoffnungslosigkeit. Und gleichzeitig spürte ich ein altbekanntes Aufbegehren in mir, diesen kleinen Hoffnungsschimmer, der mir immer wieder das Licht aus dem Sumpf hinaus zeigte.

Und wenn man ehrlich ist: man möchte seinem betroffenen Angehörigen ja MUT machen, ihm beistehen. In diesen hoffnungslosen Momenten konnte ich das nicht (was aber auch ok ist, denn wir müssen das alles ja auch selbst erst mal verarbeiten). Und, das Zweite, wenn man ehrlich ist: man MUSS vorplanen: wir haben die Patientenverfügung auf das Glioblastom „zugeschnitten" und erneuert, wir überlegten (da er ja kein Auto mehr fahren durfte), das größere und mein uraltes kleines Auto zu verkaufen und uns (mir) einen Kleinwagen zu kaufen. Das sind Gespräche die schmerzen, die kein Mensch führen möchte und doch sind sie notwendig: denn das Leben geht weiter!

Bei aller Ehrlichkeit wurde auch mir dann bewusst, dass ich nicht mehr alleine in unserem Haus wohnen wollte, wenn mein Mann nicht mehr da ist: erstens ist es für mich alleine zu groß, hat viel zu viele Treppen und zweitens hatte ich Bedenken, dass ich die Erinnerung nicht ertragen können würde. Auch darüber sprachen wir und ich stellte schonmal Überlegungen an, was für eine Wohnsituation ich mir, zusammen mit unserem Hund, für „danach" wünschte. Schreckliche Überlegungen, die auch schon so etwas wie Abschied beinhalten, aber notwendige Gedanken, um im Falle des Falles nicht mehr völlig unbedarft zu sein. Gedanken, die sehr schmerzen, die mir ein schlechtes Gewissen machten und mir doch irgendwie Halt gaben, weil ich eine Perspektive für die Zukunft für MICH sah!

(Anmerkung: ich entschied mich dann im Laufe der Erkrankung doch dazu, im Haus zu bleiben – nichts ist in Stein gemeißelt, man darf umentscheiden!).

Ebenso redeten wir offen darüber, dass wir nicht, wie gerade geplant, eine neue Küche kaufen würden – denn: es hatte keinen Sinn in dieser Drama-Situation die Kraft und das Geld dafür auszugeben… Das hat nichts mit Pessimismus zu tun, oder liegt auch nicht daran, dass wir nicht an Wunder oder Fortschritte in der Medizin glauben wollten, aber wir wollten auch realistisch sein und besprachen dies wirklich in aller Offenheit.

Zugleich war uns klar, dass wir uns noch den Umständen entsprechend schöne GEMEINSAME Jahre machen wollten. Das war natürlich mit all den Nebenwirkungen der Strahlen- und Chemotherapie nicht so mühelos, aber wir versuchten schlicht, das Beste daraus zu machen…

Auch wenn sich das jetzt vielleicht „einfach" anhört, es war für uns beide schlimm, viele Tränen flossen während der Gespräche….

Wir planten auch noch gemeinsame Urlaube, die im Rahmen der Therapien und dem Fortschreiten seiner Erkrankung eventuell möglich seien – immer begleitet durch Hoffnung und gebremst durch die Realität.

Das war nun unsere Realität und wir mussten versuchen, sie bestmöglich zu organisieren.

In unserem Fall, geprägt durch meine MS, kamen noch zusätzliche Probleme auf: ich konnte meinen Mann nie einfach mal ins Auto packen und ans Meer fahren, weil ich die Fahrtstrecke alleine nicht hätte bewältigen können, da meine Fatigue lange Autofahrten nicht mehr zuließ. Das heißt, wir haben geplant, überlegt und sortiert, was im Rahmen UNSERER beider Umstände möglich wäre. Ein schwieriges Unterfangen, aber nicht unlösbar. (Zumal unsere Kinder sich immer und immer wieder für Autofahrten – auch für Urlaube – angeboten haben!).

Ich weiß von vielen Angehörigen, dass sie sich sehr oft schämen, dass sie abschweifende Gedanken haben oder für ihre „eigene" Zukunft vorplanen. Deshalb schreibe ich hier solche Gedankengänge auf, damit Sie sich gegebenenfalls darin wiederfinden und sich nicht mehr so alleine damit fühlen.

Es ist nämlich wichtig, dass wir Angehörige unser Leben weiterleben, unseren Hobbys treu bleiben, uns mit Freunden treffen und so weiter.

In den ersten 6 Wochen der Erkrankung/Diagnose/Krankenhaus-Aufenthaltes war ich so schwach, kraftlos und ausgelaugt, dass ich um 18 oder 19 Uhr abends (mit Schlaftablette) ins Bett gefallen bin und ein Telefonat schon undenkbar war. Ich habe Zuhause sogar die Türklingel abgestellt, weil mich gut gemeinte Nachbar-Kurzbesuche völlig überfordert und gestresst haben. Natürlich hatte ich zwischendrin dann ein schlechtes Gewissen, wenn Blumen oder Pralinen liebevoll verpackt vor der Tür standen, aber meine Tochter erinnerte mich immer wieder sehr eindringlich und liebevoll daran, dass ich in meiner Situation „überhaupt nichts muss"! Das hat mir geholfen, mir selbst treu zu bleiben und achtsam in guter Selbstfürsorge mit mir umzugehen. Ich glaube, dass man manchmal dazu tendiert, dass man doch alles schaffen können müsse. Mancher schafft das solange, bis er dann zusammenbricht. In meinem Fall hat sich dann die MS bemerkbar gemacht und mir die Grenzen aufgezeigt. Also habe ich den weisen Rat meiner Tochter befolgt und mir Prioritäten gesetzt. Die täglichen Krankenhausbesuche standen – verbunden mit der Einhaltung MEINER Kräfte – ganz oben. Das Wohlergehen meines Mannes. Und das Wohlergehens unseres Hundes, der ja versorgt werden musste. Und so ist im Laufe der Zeit ein wohltuendes „Netz" um mich herum gesponnen worden: Da mich die Autofahrten zur Klinik und zurück auf Grund meiner MS zu sehr gestresst hätten, habe ich liebe helfende Fahrer gefunden (die im Übrigen froh waren, mir in irgendeiner Weise helfen zu KÖNNEN!). Ich habe liebevolle zuverlässige Hundesitter und Gassi-Geher gefunden und konnte dann loslassen. Meine Kinder&Schwiegerkinder und meine Mama haben mich bei sich Zuhause aufgenommen, viele Fahrten auch zu Ämtern übernommen und mich ebenso, wie liebe Nachbarn, bekocht. Es fiel mir anfangs sehr schwer, so viel Hilfe anzunehmen. Das ging so weit, dass mich zwei Freundinnen liebevoll an mein eigenes Buch „Hilfe annehmen können" erinnert haben und mich das dann wieder geerdet hat. Ja, ich darf Hilfe annehmen. Ja, wir sind in einer außergewöhnlichen Situation und ich muss nicht ständig stark sein. Ich darf Schwäche zeigen, denn genau das ist STARK! Ich las meine eigenen Worte im Buch und entwickelte tatsächlich langsam ein Gefühl dafür, dass ich die Hilfe annehmen darf – ohne ein schlechtes Gewissen zu haben oder ohne eine Gegenleistung erbringen zu müssen – und dass all diese lieben helfenden Menschen somit auch die Möglichkeit hatten, tatsächlich helfen zu KÖNNEN!

Denn Familie, Freunde und Nachbarn stehen ebenso hilflos dieser schrecklichen Erkrankung gegenüber und haben das Gefühl, einfach nichts dazu beitragen oder helfen zu können. Diese praktische Hilfe dann war einfach wundervoll und ich konnte sie dann auch liebevoll annehmen und sogar genießen. Für meinen Mann wiederum war es sehr entlastend, dass er wusste, dass ich so viel Unterstützung erhalte, denn er machte sich natürlich auch um mich (und meine MS) Sorgen.

Somit war also vielen Parteien geholfen und es entwickelte sich somit eine große Unterstützung und Erleichterung für mich.

- ✓ **Selbstfürsorge bedeutet auch, sich helfen zu lassen, um Entlastung zu erfahren und seine eigenen Kräfte schonen zu können - um so mehr Energie für das Wesentliche zu haben!**

- ✓ **Sie sind es WERT, sich selbst liebevoll zu behandeln und achtsam mit sich umzugehen.**

> „Das größte Kommunikationsproblem ist,
> dass wir nicht zuhören, um zu verstehen.
> Wir hören zu, um zu antworten."
> -unbekannt-

Da der äußere Schein inmitten der Hilfe, inmitten des Sturms und Kampfes so oft trügt, möchte ich an dieser Stelle einen Blog-Artikel einfügen:

*Der Schein trügt so oft

Du gehst spazieren und siehst hell erleuchtete Fenster, Fenster mit blühenden bunten Blumen davor oder auch heruntergelassene Rollläden. Die Autos fahren, die Straßenbahn ruckelt und spielende Kinder laufen an Dir vorbei und viele Passanten mit unterschiedlichen Gesichtsausdrücken begegnen Dir. Der eine schaut fröhlich, der andere muffig und der nächste erschöpft. Es riecht nach frischer Winterluft.

Alltag.

Wie jeden Tag.

Aber was ist wirklich los?

Was verbirgt sich hinter dem hell erleuchtenden Fenster, an dem die Blumen so fröhlich ihren Liebreiz versprühen? Es scheint, als ob helle Freude hinter diesem Fenster lebt.

Es scheint….

Aber was ist wirklich los?

Diese Gedanken mache ich mir momentan oft, denn unser Haus sieht von außen auch freundlich aus und die bunte Winter-Heide (Erika) und sogar noch ein paar kämpferische Geranien blühen – mitten im Winter.

Was ist los hinter dieser Fassade? Was denken Passanten, die daran vorbeilaufen? Sie sehen freundlich dekorierte Fenster, sie sehen Licht und hören vielleicht ab und an fröhlich einen Hund bellen.

Das ist der Schein.

Was wirklich hinter dieser freundlichen und offenen Fassade liegt, ist die Hölle, ein Albtraum. Hier leben zwei Menschen mit jeweils unheilbaren Erkrankungen, der eine davon mit einer schweren Prognose. Beide Menschen verlassen das Haus ab und zu und beide sehen nicht grimmig aus, nicht verzagt und auch nicht traurig. Sie lächeln sogar oft, grüßen freundlich Nachbarn und streicheln andere Hunde.

Tief in ihrer Seele aber bröckelt diese Fassade. Sie bricht sogar entzwei.

Tief hinter der Fassade wird immer mal wieder geweint, es werden Gutachter vom MDK (medizinischen Dienst) empfangen und es finden teilweise schreckliche aber sehr realistische Gespräche statt. Die nette so sympathische Frau, die gerade ins Haus geht – wer ist sie? Bestimmt eine liebe Freundin, die zu Besuch kommt? Nein, es ist die Physiotherapeutin, die so ganz nebenbei, neben der schweren Diagnose, auch noch den zuvor extrem übel gebrochenen Fuß behandeln muss. Der Scheint trügt.

Und wer ist dieses nette Paar, das gerade ins Haus geht? Besuch? Nein und ja: es ist der Bruder der Bewohnerin mit Frau, die für ein paar Tage das Haus und den Garten in Ordnung bringen, die helfen wo sie nur können, die kochen und Gassi gehen, um die beiden Bewohner zu entlasten. Der Scheint trügt immer. Hinter jedem Lächeln kann sich großer Kummer und großer Schmerz verbergen.

Und doch lächeln wir.

Wir lächeln, weil wir keine andere Wahl haben, weil es ohne Lächeln noch schwerer zu ertragen wäre.

VIDEO: Der Schein trügt:
http://multiple-arts.com/video-der-schein-trugt/

Blog-Artikel: Der äußere Schein trügt:
http://multiple-arts.com/der-ausere-schein-trugt/

Wenn das Leben Kopf steht...

Wenn das Leben Kopf steht, braucht man manchmal nicht „mehr", als die ganz gewöhnliche Normalität. Noch nicht einmal Schlaf, sondern einfach nur den üblichen Alltag. Den Alltag und die Normalität von „vorher" – vor der Diagnose, als man dachte, es sei alles „normal"!

Manchmal hat man das Gefühl, man würde durch zähen Morast laufen. Es ist wie ein mühsamer und qualvoller Schritt nach dem Andern...

Diese schmerzhaften Schritte geht man, fast automatisch funktionierend, schläft irgendwann einen ruhelosen und nicht erholsamen Schlaf – und am nächsten Morgen fängt gerade wieder alles von vorne an. Was eine Mühsal, was eine Quälerei und doch ist es der neue Alltag!

> ✓ **Für uns Angehörige ist es deshalb so wichtig, aus diesem Morast herauszutreten, Pausen einzulegen und zu RUHEN!**

Es muss einfach für uns auch mal die Sonne scheinen, wir dürfen sie hervorlocken - und wenn es nur für einen winzigen kostbaren Augenblick ist.

Man kann das Gesicht beispielsweise in die Sonne halten; in Ruhe - sich bewusst die Zeit zum gemütlichen Hinsetzen nehmen - einen Kaffee/Tee trinken; sich ein bestimmtes Lied, das einem guttut oder das uns an etwas Schönes erinnert, ganz bewusst anhören. Auch zu einer Wohlfühlmassage dürfen wir gehen und uns mal verwöhnen lassen. All das können wir uns erlauben, um einen Ausgleich zu finden und wieder in die Balance zu kommen. Wir brauchen diese kostbaren Kraftreserven, die wir damit aufbauen können, denn unsere Stunden fühlen sich manchmal vor lauter „Pflege" wie Tage an und Tage fühlen sich wie Wochen an... Es zieht sich alles sehr und womöglich gibt es wenig Fortschritte...

Für diese Schatten, die unweigerlich auftreten, brauchen wir die durch bewusste Pausen gewonnene Energie, um die Situation überhaupt aushalten und überstehen zu können.

Überlegen Sie sich in solch einer Mußezeit einmal, was für Sie früher positive „Normalität" und Alltag war, was Ihnen wichtig war und was nun fehlt. Dann kann man versuchen, sich mitten im Dschungel der Pflege und des Betreuens, vielleicht mit Hilfe von Anderen, einen Moment der alten Normalität zurückholen oder natürlich auch Neues entdecken.

> ➤ **Ich brauche das, um auch MICH wieder zu fühlen. MICH! Nicht die pflegende Ehefrau, nicht die Begleiterin bei Arztbesuchen oder die Vermittlerin mit Freunden..! Einfach nur MICH!**

Manchmal gehe ich mir nämlich verloren und das ist nicht gut - denn dann gehe ich unter und merke es noch nicht einmal… Also muss ich mich wieder spüren - beispielsweise auf einem Kaffeeklatsch bei lieben Freundinnen, bei einem Konzert oder auch bei einem kuscheligen Lese-Abend/Nachmittag auf der Couch, den ich für mich alleine habe - mit Tee und Keksen.

Auch meine Kinder und Enkel sind eine solche Kraftquelle, da sie mir zeigen, dass das Leben weitergeht. Immer! Und diese Hoffnung und Zuversicht brauchen wir so dringend, da sie uns manchmal verloren zu gehen scheint.

Achten Sie gut auf SICH SELBST, vergessen Sie sich nicht – nur wenn Sie fit und einigermaßen ausgeglichen sind, können Sie anderen auch helfen. – und eine echte Stütze sein!

Gehe *LIEBEVOLL* mit *Dir selbst* um!

Du gibst täglich Dein **BESTES!**

KRISEN und Folgen

Krankheiten können Krisen auslösen. Bei dem Betroffenen genauso wie bei dem Angehörigen.

Die Krise (Alt- und gelehrtes Griechisch krísis ursprünglich ‚Meinung‘, ‚Beurteilung‘, ‚Entscheidung‘, später mehr im Sinne von ‚Zuspitzung‘) bezeichnet eine problematische, mit einem Wendepunkt verknüpfte Entscheidungssituation. (https://de.wikipedia.org/wiki/Krise - Stand 2018)

Ein durch ein überraschendes Ereignis oder akutes Geschehen hervorgerufener schmerzhafter seelischer Zustand ist ebenfalls eine „Krisensituation“. Diese entsteht auch, wenn sich eine Person Hindernissen auf dem Weg zur Erreichung wichtiger Lebensziele oder bei der Alltagsbewältigung gegenübersieht und diese nicht mit den gewohnten Problemlösungsmethoden bewältigen kann. Sie stellt bisherige Erfahrungen, Normen, Ziele und Werte in Frage und hat oft für den Betroffenen einen bedrohlichen Charakter. Sie ist zeitlich begrenzt.

Eine chronische Erkrankung ist aber nicht zeitlich im Positiven begrenzt und deshalb befinden sich Betroffene und Angehörige in mehr als in einer „Krise“! Ich erwähne das deshalb noch einmal gesondert, um den Unterschied herauszustellen. Und doch gilt es für beide Situationen, dass entsprechend gute Bewältigungsstrategien hilfreich und notwendig sind. Nicht bewältigte Krisen können schwerwiegende (psychische und physische) Folgen haben.

Psychische Auswirkungen

Dass schwere Erkrankungen nicht nur körperliche Funktionen beeinträchtigen, sondern auch das Risiko für psychische Störungen und Einschränkungen erhöhen, ist geradezu logisch. Umso mehr muss hierauf ein besonderes Augenmerk gelegt werden. Chronisch Kranke und ihre Angehörigen haben mit vielen angstmachenden und bedrohlichen Symptomen zu kämpfen. Unsicherheiten, ob die Krankheit zu weiteren Einschränkungen und Behinderungen führt, können beispielsweise auch eine Depression oder eine Angststörung begünstigen.

Problematisch wird es, wenn sich Ängste so sehr verschlimmern, dass sie zu starken Einschränkungen im Leben führen. Angststörungen können sich unter anderem in Angstattacken äußern, die spontan auftreten und nicht zwingend auf ein bestimmtes Ereignis hin auftreten. Diese äußern sich mit körperlichen Symptomen wie Herzrasen, Schweißausbrüchen und Schwindelgefühlen und können dazu führen, dass die Betroffenen entsprechende Situationen meiden, in denen solche Angstattacken eventuell bereits aufgetreten sind. Das kann dann leider so weit führen, dass sich Menschen mit einer Angststörung von der Umwelt isolieren. Deshalb ist Offenheit dem Arzt und dem Angehörigen gegenüber so enorm wichtig – denn solche Störungen MÜSSEN behandelt werden – auch damit sie sich nicht noch weiter verschlimmern.

Auch dies gilt natürlich sowohl für den Patienten, als auch für den Angehörigen, denn dieser erlebt ja alles hautnah und eventuell ebenso beängstigend mit.

✓ **Sich Hilfe zu suchen ist kein Zeichen von Schwäche, sondern dieser Schritt zeugt von Stärke und Handlungsbereitschaft!**

Stark und selbstbewusst sind jene Menschen, die anderen HELFEN, ohne etwas zurück zu verlangen!

Multiple-artS.com

Was Angehörige gerne den Patienten sagen möchten:

- Ich gebe alles für Dich!
- Ich stehe Dir bei!
- Ich habe immer ein offenes Ohr für Dich!
- Du bist mir wichtig!
- Ich glaube Dir, wenn Du mir von Deinen (eventuell nicht sichtbaren) Symptomen erzählst!
- Wir packen das gemeinsam!
- Ich tue alles, was in meiner Macht steht, um Dir zu helfen!
- Du bist tapfer!
- Ich möchte Dich nicht verlieren!

- Ich muss auch meine Grenzen beachten!
- Ich muss auch für mich selbst sorgen!
- Ich habe eigene Bedürfnisse!
- Ich muss für Dich Kraft sammeln können!
- Bitte sage mir klar, was Du Dir wünschst oder Du von mir erwartest!
- Bitte klage nur, wenn es Dir wirklich schlecht geht, sonst kann ich es nicht unterscheiden!
- Was brauchst DU?
- Wie kann ich Dir helfen?
- Kann ich Dir etwas Gutes tun?
- Ich brauche Pausen für mich, um Kraft für Dich sammeln zu können!

Tabu-Brüche?

Ich habe lange überlegt, wo ich dieses Thema im Buch unterbringe, da es sehr speziell ist.

Ein heikles Thema – aber ich möchte es ansprechen. Wer sich damit identifizieren kann, wird mich verstehen, wer es nicht kann, der möge mir bitte verzeihen (oder blättere weiter zur Seite 72).

Wie fühlt sich ein Angehöriger, wenn er weiß, dass sein Partner bald sterben wird. Bald heißt nicht „ein paar Jahre", sondern „ein paar Monate"!

Wie schafft man es, trotzdem sein Leben zu leben, trotzdem noch zu lachen und nicht vollends kaputtzugehen?

Ganz ehrlich, das frage ich mich auch selbst manchmal.

Wie kann man es aushalten, dass der geliebte Partner (aber auch Freund, Kollege und Angehöriger) seinem eigenen Sterben zuschauen muss? Und wir ihm?

Wie hält es der Betroffene selbst aus???

Wir erleben das gerade (Stand Januar 2020), da wir dem erneuten Wachsen des Tumors trotzen und mein Mann sich gegen eine weitere Operation entschieden hat, da ein Glioblastom immer, wirklich IMMER wieder nachwächst. Es wäre also nur ein Aufschieben unter vielleicht nicht so würdigen Umständen, zumal man nicht weiß, wie er die erneute OP vertragen und überstehen würde.

Also wissen wir, dass der Tumor nun trotz Chemo nachgewachsen ist und wir dem Ende ins Auge blicken müssen. Wir reden darüber, manchmal auch stundenlang, weinen zusammen, trauern zusammen und leben ganz bewusst diese sehr schwere Zeit.

Da ich selbst schwer erkrankt bin mit meiner Multiplen Sklerose und dadurch sowieso nur über sehr begrenzte Kräfte und Energien verfüge, muss ich gestehen, dass mir die Entscheidung meines Mannes – bei aller Verzweiflung und Trauer – entgegenkam. Wie, so dachte ich, würde ich noch einmal ein so turbulentes, schlimmes, aufregendes und kräftezehrendes Jahr schaffen? Würde ich das gesundheitlich überstehen und ab wann wäre ich meinem Mann keine Hilfe mehr, sondern selbst ein Ballast? Wie würde es Zuhause laufen, wenn ich einen schweren Schub erleiden würde und selbst auf Hilfe angewiesen wäre. Meine Horror-Vorstellung ist dann immer, dass wir beide im Pflegeheim landen würden…. Katastrophe… und keine liebevolle Begleitung und Betreuung mehr für meinen Mann da wäre, da ich selbst versorgt werden müsste.

Sind solche Überlegungen legitim, sind sie okay und ethisch vertretbar, oder sind sie nicht gut, nicht normal oder vertrauensunwürdig? Und wer entscheidet über so etwas?

Ich habe zum Glück Freundinnen, mit denen ich darüber reden kann, die mich so annehmen und ähnlich denken und „ticken" und ich mir deswegen nicht schlecht oder „gestört" vorkommen muss.

Im Endeffekt sind es vielleicht einfach nur Überlegungen, die jeder Angehörige hat und sich nicht traut, sie auszusprechen, weil man sich sonst schlecht fühlen würde.

Vielleicht ist es völlig legitim auch an sich zu denken?

Ich schreibe es auf, da ich überzeugt bin, dass die Mehrheit der Angehörigen ähnliche Gedanken hegt. Man gelangt an Grenzen, von denen man vorher nicht die geringste Ahnung hatte. Allein das Hoffen und Bangen, die Angst, Verzweiflung und doch ein Licht am Ende des Tunnels sehen zu wollen – das kostet übermenschliche Kraft, es laugt aus, zermürbt und vor allem erschöpft es.

Der betreuende Partner (Angehörige) hat sein eigenes Leben, berufstätig oder anderweit beschäftigt, oder ist verrentet. Egal wie es ist, man muss den Alltag mit der Erkrankung noch in seinen eigenen integrieren, man muss es zusammenführen ohne unterzugehen und ohne hinten „runterzufallen"!!! Das schaffen oft Gesunde kaum, geschweige denn selbst chronisch Kranke. Man kommt sich eventuell so vor, als sei man in einem Hamsterrad gefangen. Oder man sieht sich als Person, die über einen steilen Berggipfel hangelt. Und man kann noch so viel Unterstützung erhalten: aushalten muss man es selbst. Man muss es mit sich alleine ausmachen, denn den Schwerkranken wird man nicht mit seinen eigenen Gedanken belasten wollen.

Und doch haben mein Mann und ich auch offen über meine Gedanken dazu gesprochen. Es ist schwer, es ist „unterirdisch", gruselig und schaurig. Natürlich möchte man nicht, dass der geliebte Mensch geht, natürlich würde man ihn gerne so lange wie möglich festhalten und einfach nicht gehen lassen. Der Haken an der Sache ist, dass man an dem „alten" Menschen hängt – an jenem, der er war, bevor er so schwer erkrankte. Man mag dieses Leben einfach nicht gehen lassen... Dieses Leben, das einst Mittelpunkt unseres Seins war. Aber wenn wir ehrlich sind, gibt es das schon lange nicht mehr. Unser Leben hat sich drastisch verändert, da der liebgewonnene Partner mit Symptomen und Beschwerden zu kämpfen hat, die unvorstellbar sind.

Mein Mann hat auch von Sterbehilfe gesprochen und würden wir beispielsweise in der Schweiz leben (Stand Januar 2020) würde er Sterbehilfe in Anspruch nehmen wollen, damit er würdig gehen kann. Diesen Wunsch habe ich natürlich auch verinnerlicht. Leider haben wir nicht die finanziellen Möglichkeiten, aber klar ist auch damit, dass er weiß, dass er gehen muss. Es ist unabdinglich, so schwer und traurig es ist.

Ich möchte auch nicht (ebenso wenig wie er), dass er lange leiden muss, wenn es dann soweit ist.

Mit all diesen Aspekten und noch vielen mehr im Kopf, denke ich manchmal, dass es eine Erlösung wäre, könnte er früher gehen. Erlösung... und ehrlich: für alle! Das ist das, was man nicht aussprechen mag, weil man sich dann egoistisch vorkommt, aber ich denke, es ist legitim auch an sich selbst und die eigenen schwindenden Kräfte und Nerven zu denken.

Aber: es ist ein schwieriges Thema und somit auch ein Tabu-Thema. Dies könnte anders sein, wenn auch in Deutschland „aktive Sterbehilfe" zugelassen wäre – dann müsste man sich manche so traurige, entwürdigende und ethischen moralische Fragen gar nicht stellen, denn der Patient würde selbst die Initiative ergreifen, solange er noch klar ist.

Ich könnte noch einiges weiter aufschreiben, aber ich denke, dass es einfach nur mal gut ist zu zeigen, dass es nun mal diese widersprüchlichen Gefühle und Gedankengänge gibt und sie den Angehörigen auch sehr belasten.

Was können Partner tun?

Da jede schwere oder lebensbedrohende Erkrankung verunsichernd ist, ist es wichtig, als Angehöriger etwaige Veränderungen des Zustandes des Betroffenen wahrzunehmen, richtig einzuordnen und gegebenenfalls auch einen Arztbesuch zu veranlassen. Bekannt ist, dass Neuerkrankte zu Beginn oft Hilfe und Unterstützung ablehnen. Sehr häufig wird die Bitte um Unterstützung nur indirekt geäußert. Deshalb fällt es anderen oft schwer zu verstehen, was das Gegenüber wirklich braucht. Es ist wichtig für Angehörige, das Befinden des Patienten so zu akzeptieren, wie er es schildert. Wenn man ihn davon überzeugen möchte, dass es ihm doch eigentlich viel besser geht, als er sagt, verliert man nur sein Vertrauen. Dies gilt grundsätzlich für alle unsichtbaren Symptome einer jeden Erkrankung.

   ✓ **Das bedeutet, dass man ihn und seine Erkrankung ernst nehmen muss.**

   ✓ **Dem Kranken zu GLAUBEN, heißt, ihm zu VERTRAUEN und er braucht nichts mehr in solchen Momenten, als das Gefühl zu haben, dass man ihn versteht und man ihm glaubt.**

Aufrichtigkeit ist wahrscheinlich die verwegenste Form der Tapferkeit.

William Sommerset Maugham

by multiple-arts.com

Partner im Alltag

Im Alltag kann man dem Betroffenen notfalls auch einmal kleinere Arbeiten abnehmen, wie zum Beispiel Arzttermine organisieren oder im Haushalt mehr Aufgaben erledigen. Des Weiteren kann er behutsam zu **gemeinsamen** Aktivitäten animiert werden. Eventuell ist es auch notwendig ihn dabei zu unterstützen, dass er seine Medikamente richtig einnimmt und Termine einhält.

✓ **Partner von schwerkranken Menschen müssen dabei aber immer bedenken, dass sie auch eigene Bedürfnisse haben.**

Auch wer seinen Partner liebt, darf ab und zu sauer oder enttäuscht sein. Dieses Annehmen der eigenen Gefühle ist wichtig und die Basis zum Helfen. Man kann nur GUT helfen, wenn man selbst in der Balance bleibt und nicht völlig ausgelaugt ist. Deshalb MUSS man sich selbst gegenüber mit viel Achtsamkeit begegnen und seine eigenen Bedürfnisse und auch eventuelle Stress-Symptome wahrnehmen und ihnen mit der nötigen Sorgfalt begegnen.

✓ **Für seinen Partner da zu sein, heißt nicht zwingend, dass man alles aufgeben und seine eigenen Bedürfnisse zurückstecken sollte.**

Das würde in eine Abwärtsspirale für BEIDE führen. Sie als Angehöriger brauchen alle Kraft.

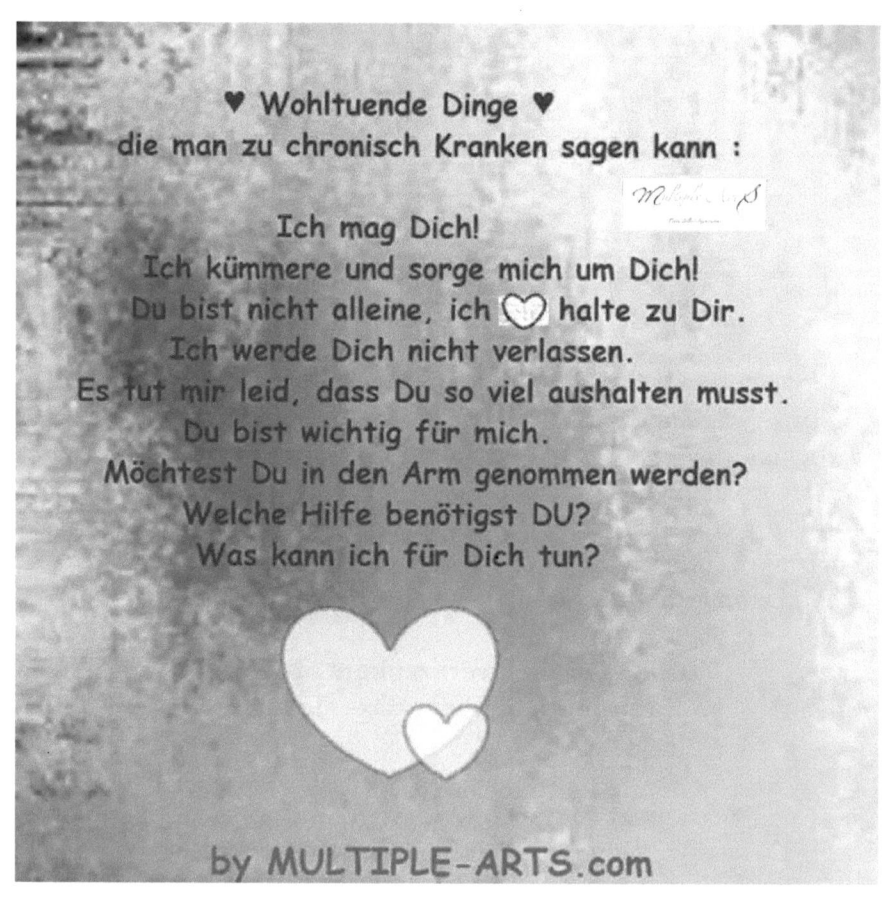

Veränderungen

Ich habe von vielen Angehörigen gehört, dass sie ihren Partner nicht wiedererkannt haben, als er mitten in einer schweren Erkrankung steckte. Es kann nämlich eine Wesensveränderung stattfinden, die so ungewohnt ist, dass sie schnell auch fremd oder abstoßend werden kann. Aggressionen des Betroffenen können unwillkürlich ausbrechen und den Angehörigen „überfahren" und verletzen. Noch dazu kommt, dass viele Betroffene keine ausreichende Körperpflege mehr betreiben (können) und dann entsprechend ungepflegt aussehen und womöglich auch nicht mehr so gut duften, wie Sie es von ihm gewohnt waren. Auch das kann unangenehm sein und sollte angesprochen werden. Dies sind als Angehöriger ganz normale Gefühle – das müssen Sie sich klar machen. Der Betroffene ist eventuell in einem solchen Moment nicht mehr die Person, die Sie kennen- und lieben gelernt haben. Sie brauchen viel Kraft und Geduld in diesen Phasen und diese wünsche ich Ihnen. Nicht jede Beziehung verkraftet solche enormen Veränderungen. Der zuvor attraktive sportlich durchtrainierte immer lachende Partner kann plötzlich zu einem „dicken, ungepflegten `Sessel-Pupser` mit miesepetriger Laune" werden. Kein schöner Anblick und kein schöner Gesellschafter. Und doch kann dieser Betroffene eventuell nichts dafür – er ist krank.

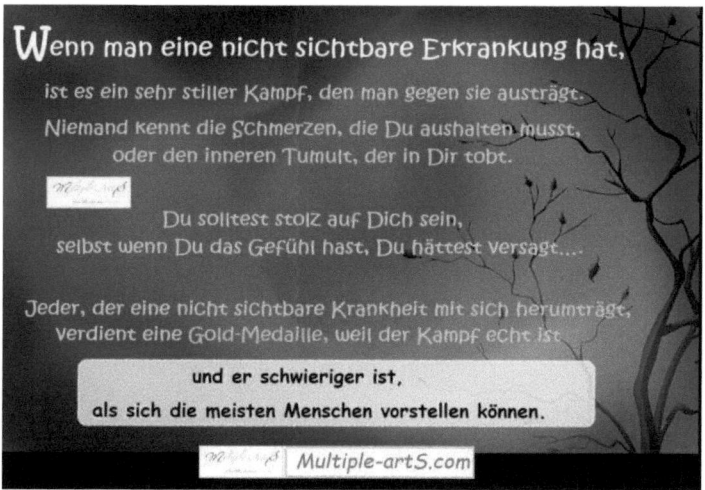

Eine gute Freundin hat genau solch eine Verwandlung in der Depression ihres Mannes in ihrer Ehe erleben müssen. Obwohl sie sich selbst mit Psychotherapie Hilfe suchte (er war leider zu keiner Therapie zu bewegen), ist die Ehe gescheitert. Dieses „Scheitern", dieses Zerbrechen ist schwierig für beide Parteien. Und immer hängt hier auch unheilvoll noch zusätzlich das Gefühl von „Schuld" im Raum, sowie die immerwährende Frage, ob man nicht doch noch hätte „etwas machen" und die Ehe vielleicht hätte retten können. Der „gesunde" Partner wird auch immer mit der Frage und Ungewissheit leben müssen, was gewesen wäre, wenn … Dies sind müßige Gedanken, aber sie werden jedem, der so etwas durchgemacht hat, bekannt vorkommen. Auf jeden Fall ist es eine unschöne Abwärtsspirale, die man dringend, auch für das eigene Seelenheil, unterbrechen muss. Schuldzuweisungen bringen hier nichts, wenn man davon ausgeht, dass wirklich jeder sein Bestes gegeben hat.

Deshalb sind meine Ratschläge hier auch nur so zu verstehen, dass man sie ausprobieren KANN. Jeder wird schnell die Grenzen spüren, die eine Depression setzen kann und wie machtlos man gegenüber dieser Krankheit, den Symptomen und deren Auswirkungen und der betroffenen Person ist. Keiner kann etwas dafür, aber alle müssen es aushalten – bis sie vielleicht nicht mehr können, oder mit viel Glück, bis sie es doch geschafft haben. Das soziale Umfeld sollte deshalb unbedingt Bescheid wissen, damit sie verstehen können, was sich gerade abspielt. Gute Freunde und Familienangehörige, auch Kinder, müssen unbedingt informiert sein, um sich niemals persönlich angegriffen zu fühlen und um etwaige merkwürdig erscheinende Bemühungen oder Verhaltensweise Ihrerseits verstehen zu können.

Hier ist noch ein ähnliches Fall-Beispiel von einem Diabetiker, der aggressiv wurde, als er unterzuckert war:
Eine Freundin hatte auf einer Wanderung ihrem zuckerkranken Mann, als er zusehends aggressiv wurde, Traubenzucker gegeben, den der Ehemann vehement ablehnte und sogar noch aggressiver wurde. Das Ganze spitzte sich zu, bis meine Freundin ihrem Mann den Traubenzucker und noch einen Schokoriegel einfach in den Mund stopfte. Die Freunde sahen entsetzt zu, da sie mit dieser sehr „merkwürdigen"

Situation nichts anzufangen wussten. Als sie dann aber erklärte, dass ihr Mann gerade eine schlimme Unterzuckerung hatte und sie ihn in solchen Situationen, die er alleine nicht mehr überblicken kann, ZWINGEN muss, etwas zu sich zu nehmen, haben sie es verstanden und ab dem Zeitpunkt immer mit darauf geachtet, dass er auf Grund der erhöhten Bewegung auch mehr Kohlehydrate zu sich nahm. Das heißt also: erst einmal wurde ihr Verhalten befremdlich betrachtet, als aber das Verstehen hinzukam, bekam sie sogar Unterstützung. Der diabetische Ehemann war auf Grund seiner akuten Unterzuckerung so aggressiv geworden und konnte sich auch anschließend nicht mehr an das Ausmaß dieses aggressiven Dilemmas erinnern. Damit möchte ich Ihnen verdeutlichen, wie wichtig es ist, offen mit einer Erkrankung, Ihren eigenen Verhaltensweisen und dem ganzen Therapieplan umzugehen.

Das größte Geschenk, dass man Jemandem machen kann, ist, ihm einen Teil Deiner ZEIT, Deine Aufmerksamkeit und Deine Fürsorge zu schenken.

-frei nach: Joel Osteen-

by MULTIPLE-ARTS.com

Bekannt ist auch, dass Betroffene und Angehörige unter den sozialen Folgen ihrer Erkrankung und der damit verbundenen Situation mindestens genauso stark leiden wie unter der Krankheit an sich. Denn natürlich findet erst einmal ein sozialer Rückzug statt, da die neue Diagnose so heftig ist, dass man entweder wochenlang im Krankenhaus bleiben oder auch zu Hause im Bett liegen muss oder zumindest sehr entkräftet ist.

Der Betroffene hat einfach genug mit sich selbst zu tun (zumindest anfangs) und hat gar keine Kraft, sich mit Freunden zu treffen oder gar nur Besuch zu empfangen.

Der Angehörige wiederum muss ebenfalls mit der Diagnose und der Situation klarkommen und braucht seine ganze Kraft für den Betroffenen. Man hat dann oft weder die Zeit, noch die Kraft oder Nerven, um sich mit jemandem zu treffen.

Das all dies Folgen haben kann ist selbstredend. Denn je länger die Krankheit andauert und je schwerer sie ist, umso mehr wirkt sich dies im Alltag der Betroffenen und Angehörigen aus.

Ich selbst habe das erlebt, als meine MS, beziehungsweise die entkräftende Fatigue so heftig wurde, dass ich nicht mehr so flexibel war oder mich mit Freunden treffen konnte. Ich stieß auf enormes Unverständnis, aber auch auf Mitgefühl. Es ist aber immer so, dass auch Freunde/Familien in diesem Moment von der Erkrankung mitbetroffen sind. Nun kommt es auf ihre Empathie-Fähigkeit und auch Geduld an, wie sie diese schwere Situation mittragen können. Mich haben damals einige Freunde „fallengelassen", was mir sehr weh tat und mir noch mehr aufzeigte wie beeinträchtigt ich bin und wie wenig kompatibel dies mit einem normalen Leben ist. Klar ist aber auch, dass diese Menschen nun nicht mehr meine Freunde sind, denn was ich brauche, das ist Verständnis und echtes Mitfühlen.

Es verändert sich so viel, wenn eine solche Diagnose auftritt, denn es kann auch nicht jeder gleich damit umgehen.

Nun erleben wir dies zum zweiten Mal und die Heftigkeit der Diagnose meines Mannes macht viele Menschen einfach sehr sprachlos und sie ziehen sich zurück. Dann passiert es, dass sich der Freundeskreis verkleinert und auch, dass sich innerhalb von Beziehungen einiges verändert.

Der Betroffene hat sich auf Grund der Krankheit verändert. Und die Folge der körperlichen und auch geistigen, sowie seelischen Beeinträchtigungen sind vielfältig. Beispielsweise ist der Ehemann nun nicht mehr der, der er als gleichwertiger Partner einmal war, weil sich seine kognitiven Fähigkeiten stark verändert haben, oder Beeinträchtigte können plötzlich ihre gewohnten Rollen (beispielsweise als Vater/Mutter und auch in Freundschaften) nicht mehr so ausfüllen, wie es „vorher" der Fall war. Diese Auswirkungen können beträchtlich sein und dann wiederum Folgen innerhalb der jeweiligen Beziehung haben. Noch dazu kann es zu Problemen oder gar zum Verlust des Arbeitsplatzes kommen, was dann wiederum mit großen finanziellen Einbußen vonstattengeht.

✓ **Ich halte es für wichtig, dies aufzuzeigen, denn solch eine Diagnose kann das Leben vom Betroffenen und seiner nahen Angehörigen enorm beeinflussen.**

Da oftmals der medizinische Fortschritt im positiven Sinne greift und selbst Schwerkranke häufig länger leben können, hält dieser Krankheits-Zustand womöglich auch entsprechend länger an. Wenn es dem Patienten dabei gut geht, wird er sich selbst wieder ins Leben und zu seinen Freunden zurückkämpfen. Was aber, wenn er zwar länger lebt, es aber sein Zustand nicht zulässt, sich (öfters) mit Freunden zu treffen und überhaupt „angemessen" leben zu können? Für den Patienten und seine nahen Angehörigen ist das ein Drama und der Albtraum schlechthin. Für Beziehungsgeflechte kann dies bedeuten, dass dieses Befinden für die Freunde zur Normalität wurde und sie sich nicht mehr melden. Oft auch aus Angst, neue Hiobsbotschaften zu erfahren.

Das könnte bedeuten, dass solche Patienten in die Isolation gedrängt würden und dies zunehmend mit der Krankheitsdauer und des Krankheitsverlaufes einhergeht.

Dieses Verhältnis zwischen Mitgefühl und Angst, wenn sich Freunde plötzlich einem großen Problem gegenüberstehen sehen (vor dem sie aus unterschiedlichen Gründen Angst haben) - das macht es so schwer für den Betroffenen und seinen Partner – und dessen Angehörige.

Wir wurden neulich von einem lieben langjährigen Freund zu seiner Geburtstags-Party via E-Mail eingeladen. Die Worte, die er benutzte, rührten uns. Er schrieb, dass er uns gerne einladen würde, damit wir entscheiden könnten, ob wir zur Feier kommen wollten oder könnten und dass wir gerne auch noch am selben Tag kurzfristig entscheiden könnten, ob wir es schaffen oder nicht. Das sind Erlebnisse, die ans Herz gehen, die mich tief berühren. Denn er hat uns nicht von vorneherein ausgeschlossen, sondern hat uns erstens die Wahl überlassen und zweitens hat er äußerstes Mitgefühl bewiesen. DAS war für uns ein Geschenk der besonderen Art – das ist echte Freundschaft! Es bezieht so viel mit ein, denn natürlich würde mein Mann als Betroffener sehr gerne dorthin gehen, aber er wird es nicht schaffen.

Aber selbstverständlich macht all dies auch etwas mit uns. Es zeigt uns, dass wir in dieser schweren Situation sind und dass mein Mann einfach sehr schwer krank ist. Das tut weh. Uns beiden. Und natürlich kann ich zu dieser Feier mit netten Menschen gehen, ich kann dabei sein, was an sich schon einmal toll ist. Aber auch ich werde an diesem Abend gut für meinen Mann Zuhause vorsorgen müssen und werde viel eigene Kraft aufbringen müssen, um an der Feier teilhaben zu KÖNNEN. Ich muss auch an diesem Abend LOSLASSEN: Loslassen von all den Sorgen um meinen Mann, loslassen von den besonderen Sorgen an jenem Abend (wie geht es ihm, schafft er es, wird er sich melden, wenn irgendetwas nicht ok ist?) und werde mein Handy neben mir liegen haben. Es wird ein anderes Feiern werden. Die Sorglosigkeit ist verschwunden und die Angst sitzt im Nacken. Das einmal dagewesene ausgelassene Feiern ist erst einmal vorbei. Und doch weiß ich, dass mir diese Feier guttun wird: ich komme auf andere Gedanken, ich werde abgelenkt und mit dem ein oder anderen wird auch ein gutes Gespräch über unsere Situation stattfinden können. Ich weiß aber auch, dass ich am folgenden Tag „erledigt" bin, dass ich viel Ruhe brauche und vermutlich nur mit Schlaftablette werde schlafen können. Und doch wird es das wert sein!

Anmerkung: Ich habe dann schließlich alleine an der Party teilgenommen und bin immerhin für zwei Stunden geblieben. Der Gastgeber hat uns alle Möglichkeiten gegeben und das ist wundervoll.

Was ich nicht (wie sonst immer) geschafft hatte, war, einen Salat mitzubringen – das war mir zu viel. Aber auch das ist ok.

Es wird so Vieles im Laufe der Zeit „OK", was vorher nicht vorstellbar oder gar undenkbar war.

Als mein Mann und ich zu einer Tumor-Sprechstunde in die Uniklinik bestellt wurden, saßen wir in einem Wartezimmer und ganz selbstverständlich nickten wir Menschen freundlich zu, die bereits ohne Haare dort saßen, die ausgemergelt und völlig fertig aussahen. Es scheint eine stillschweigende mitfühlende Basis zu geben und anders als in anderen Wartezimmern herrschte hier eine besondere Atmosphäre der Traurigkeit und Verzweiflung, aber auch der Abgeklärtheit. Das spürte ich bei mir in diesem Moment. Wir saßen dort und es war plötzlich „normal".

Normal in unserem von Krankheit bestimmten Alltag.

Normal, weil wir nun schon viele Wochen von der Diagnose wissen und unseren Weg des Umgangs damit haben. Es wird aber auch viel gelacht, gescherzt und geschmunzelt dort.

Alltag. Alltag mit Krebs!

Weiterhin ist mir beim Ausfüllen eines Fragebogen in der Uniklinik aufgefallen, dass mein Mann bei der Frage, in welcher schwierigen krankheitsbedingten Situation er sich momentan sieht (auf einer Skala von 1-10), er die „2" ankreuzen wollte. Ich fragte vorsichtig nach und wir sprachen dann darüber, dass es ihm doch eigentlich gerade gar nicht gut gehe. Er hat schwere Nebenwirkungen der Antiepileptika, er hat Nebenwirkungen der Strahlentherapie, kann den Fragebogen auf Grund seiner kognitiven Einschränkungen nicht alleine ausfüllen... Aber: er meint, es ginge ihm gut! Nach unserem Gespräch kreuzte er dann die „7" an.

Dieses Beispiel zeigt auf, wie schnell sich der Mensch anpassen kann. Das ist Fluch und Segen zugleich. Einerseits ist es toll, dass er es in diesem Moment so empfand, andererseits weiß ich von Zuhause, wie sehr er leidet, wie oft er weint und was er alles aushalten muss.

Die Welt verschiebt sich.

Der Alltag verschiebt sich. Und steht Kopf! ☺

Das, was vor ein paar Wochen noch völlig unvorstellbar war, ist nun unsere Realität. Eine schreckliche angstmachende und drohende Realität. Aber es ist nun UNSERE!

Eine ver-rückte Realität. Und wir leben mittendrin. Mal gut, mal weniger gut, mal schlecht und ganz oft einfach voller Angst!

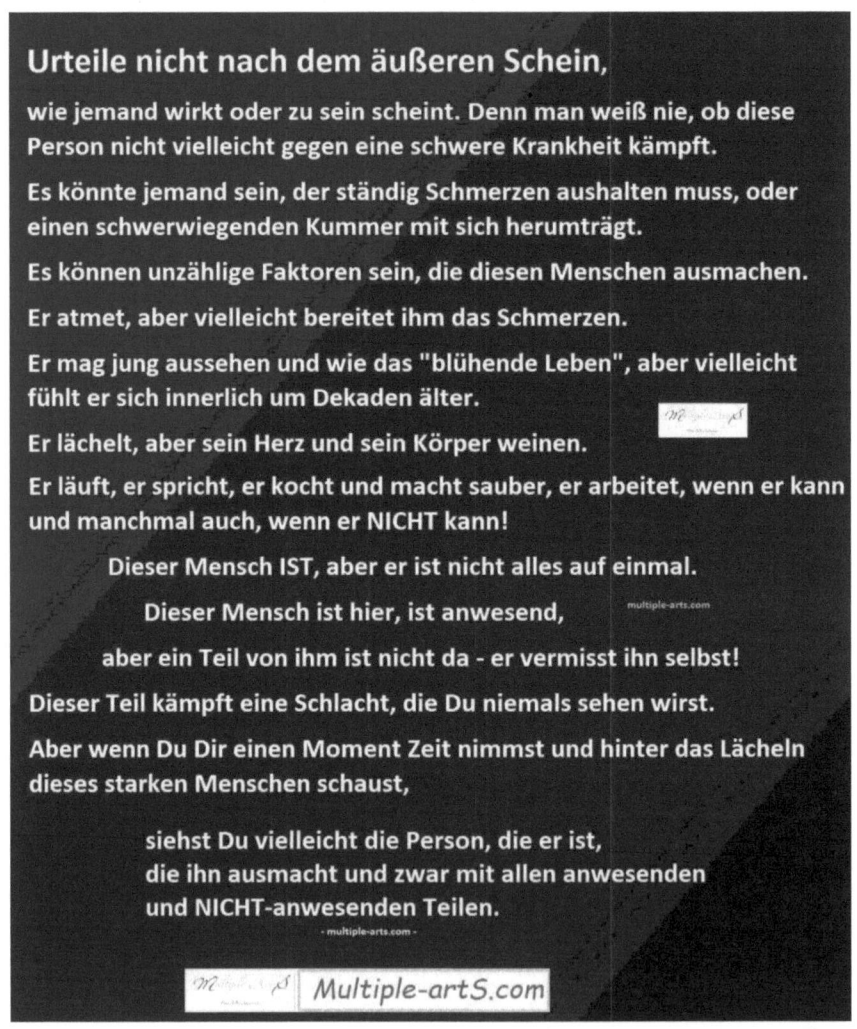

Interessant ist ebenfalls, dass Außenstehende oft denken, dass es meinem Mann doch recht gut gehe, wenn sie ihn mal kurz draußen getroffen haben. Sie sind dann verwundert, weil ich etwas anderes erzählt hatte. Aber, das kenne ich auch von mir und meiner MS, wenn Menschen nicht verstehen können, dass manchmal von Hier auf Jetzt nichts mehr geht!

Und, das ist dann immer meine Antwort:

- ✓ Wenn es uns schlecht geht, gehen wir NICHT vor die Tür, weil wir es nicht schaffen würden.
- ✓ Wenn wir nach Draußen gehen, weinen wir gerade nicht – denn das tun wir hinter verschlossenen Türen.
- ✓ Niemand sieht, was wir vorher eventuell an Energie-Management betreiben mussten, um überhaupt hinausgehen zu KÖNNEN!
- ✓ Wenn wir also vor die Tür gehen, dann in einem Moment, in dem es uns „den Umständen entsprechend" (!!!) einigermaßen ok geht. Nicht gut, nicht super – sondern OK genug, um den Mut zu haben, es zu schaffen!

Der äußere Schein trügt zu oft und dass man „verkannt" wird, kann sehr schmerzen, denn man möchte ja als Ganzheit gesehen werden.

Die Veränderungen sind so umfangreich, dass man vermutlich darüber ein eigenes Buch schreiben könnte!

*Verworren ist ein zu kleines Wort für unser Leben im Kampf gegen die unheilbare schwere Erkrankung...

Dies ist ein Text, den ich tief aus meinem Herzen geschrieben habe und der auf meinem Blog ganz viele liebevolle Aufmerksamkeit bekam. Im Grunde passt dieser Inhalt auf jeden, der mit einer schweren Diagnose oder einem Schicksalsschlag konfrontiert wird.

Hier sind meine tiefen Empfindungen, die einfach einmal raus mussten und auch mit dem Tabu „Alles wird gut, wenn man nur nicht darüber spricht" brechen:

„Wer kann sich vorstellen, wie es ist, mit einer „Endlichkeits-Diagnose/Prognose" zu leben?

Mit einer unheilbaren und schweren Erkrankung zu leben, das kenne ich – MS! Zwei Wörtchen, die das Leben auf den Kopf stellen, aber es ist eine Diagnose, die in der Regel nicht mit dem Tod endet.

Den geliebten Partner leiden, aber auch kämpfen zu sehen und zu wissen: sein Leben ist auf Grund einer unheilbaren und sehr schweren Erkrankung nun deutlich begrenzt, sehr begrenzt – das ist hart! Und mein Leben ist dadurch gleich mit begrenzt – irgendwie. Auch wenn es „danach" weitergeht.

Wie schaffen wir das bis dahin mitten durch die Ungewissheit?

Wie schafft er das und wie schaffe ICH das – noch dazu mit der MS im Gepäck???

Wird es Spuren hinterlassen an mir, an meiner „Gesundheit"? Und wie wird es überhaupt weitergehen?

Denn ich weiß, dass ich meinen geliebten Partner bald durch Krankheit verlieren werde – und ich werde zurückbleiben. Ich weiß auch, dass das Ende nicht einfach werden wird. Da können wir uns momentan noch so sehr über Teil-Erfolge der nun beendeten Strahlen- und der laufenden Chemotherapie „freuen" – **diese spezielle Diagnose haut uns um, sie zeigt uns auf, wie wertvoll LEBEN ist.**

Die Ungewissheit und Angst lassen uns weinen… Wir halten uns in den Armen, halten uns fest, möchten uns nicht hergeben…. Wir wollen noch nicht loslassen und doch sind wir schon mittendrin im Prozess des Loslassens: Loslassen von Gesundheit und Unbeschwertheit, Loslassen von kognitiven Fähigkeiten, von Kraft und Energie, von Lebendigkeit und gemeinsamen Tun.

Unsere Liebe lassen wir nicht los – sie hält und trägt uns im **Land der Ungewissheit und Angst.**

Unser Leben ist seit dieser Diagnose verworren und ein fester Knoten geworden, der sich auch durch rationales Denken und viel positives Hoffen nicht entwirren lässt. Er hat sich fest um uns gezurrt. Unsere Realität! Neu, unberechenbar, traurig und sehr sehr endlich.
Eine Realität, die wir uns nicht gewünscht haben…. und wir fragen uns oft, wie viel wir wohl noch aushalten werden müssen! Wie viel Trauer, Verzweiflung und Angst?

Geborgen in einer Liebe, die nun aber auch endlich erscheint… Aber wenigstens kann sie uns über den Tod hinaus nicht genommen werden…

Wie kann man all das aushalten und muss doch funktionieren und den neuen Alltag organisieren?

Für mich fallen nun viele Aufgaben an, die er vorher übernommen hatte, weil ich es auf Grund der MS nur schwer konnte. Die MS sitzt mir jetzt mehr denn je im Nacken und doch MUSS ich nun all dies übernehmen. Die MS und seine Prognose hängen wie ein Abstiegsgespenst in der Ecke und wie ein Damoklesschwert über mir und uns. Was ist, wenn ich ausfalle? Unvorstellbar… Aber unsere Realität!

Wie lange schaffe ich das alles noch?

Wie lange schaffe ich es noch, meinen Mann weinen und verzweifeln und gleichzeitig so tapfer kämpfen zu sehen, nicht aufgebend und zwischen Angst und Hoffnung schwankend?

Wie lange schaffe ich es noch, seine kognitiven Einschränkungen mitzuerleben, seine Hilflosigkeit, sowie seine Verschlimmerung?

Ich weiß es nicht!

Ich weiß nicht, warum uns diese schwere Doppelbelastung auferlegt wurde. Die MS alleine hätte gereicht.

Ich weiß aber auch: Ich werde und möchte nicht aufgeben!

Ich darf weinen, verzweifeln und trauern – aber ich möchte wieder aufstehen und das Krönchen richten – immer und immer wieder!

Das ist das (mein) Leben hinter dem Lachen und Hoffen, hinter der Zuversicht und hinter all dem äußeren Schein!

Neue Rollenverteilung

Fast zwangsläufig kommt es mit schweren Diagnosen auch zu einer neuen Rollenverteilung innerhalb der Partnerschaft (aber auch innerhalb anderer Beziehungen). Derjenige, der vielleicht immer der „Fels in der Brandung" war, das Standbein oder der, der immer alles geregelt hat, findet sich nun nämlich entweder in der Rolle des Kranken oder in der Rolle des Angehörigen wieder.

Plötzlich ist nichts mehr wie es war – die Welt steht Kopf und man sieht sich womöglich schwerwiegenden Prognosen gegenüber.

Ein typisches Beispiel ist, dass die „Mama" ausfällt, weil sie schwer krank wurde. Oder der Papa als Hauptverdiener!

Da es in diesem Buch aber hauptsächlich um die Angehörigen von Schwerkranken geht, möchte ich mich dieser Perspektive auch widmen.

Angehörige haben plötzlich und unerwartet jenen Part inne, der sich um den Kranken und auch um die Familie kümmert und Freunden mitteilen möchte, dass es nun eine veränderte Situation gibt.

„Theoretisch" wird dann dem Angehörigen die neue Rolle übergestülpt. Normalerweise wäre es so, dass man sich erst in eine Position einfinden muss, um dann anschließend die Rolle anzunehmen. (Das macht uns als soziales Wesen aus). Das heißt, es findet eine Anpassung statt, die in einem übergestülpten Fall allerdings heftig sein kann. Man hat keine Zeit sich darauf vorzubereiten, ist emotional noch dazu völlig durcheinander und belastet und muss nun plötzlich neue Kompetenzen aufweisen.

Und nicht nur Zuständigkeiten und Verantwortlichkeiten müssen neu gesetzt werden, sondern es gibt plötzlich noch Erwartungen, Werte oder Handlungsmuster zu überdenken.

Nicht selten kommt es dann zu einem Rollenkonflikt, da beide Seiten keine Zeit und Möglichkeit hatten, sich in Ruhe darauf einzustellen und die Wünsche und Erwartungen im Vorfeld zu besprechen. Auch wenn sich die Erwartungen widersprechen, befindet man sich ganz schnell in einem Rollenkonflikt. Ebenso können Rollenkonflikte auch auf Grund externer Faktoren entstehen.

Das heißt, der Angehörige, der sich schlagartig in einer neuen Rolle wiederfindet, hat noch dazu eine schwere Aufgabe und wird nie allen gerecht werden können, zumal er auch sich SELBST gerecht werden muss! Er muss lernen, nicht ständig Konflikte auszulösen, Kompromisse einzugehen und sich selbst dabei nicht aus den Augen zu verlieren.

Bei mir war genau das alles sehr drastisch. Da ich auf Grund meiner MS und den damit einhergehenden Beeinträchtigungen beispielsweise kaum noch große Strecken mit dem Auto fuhr und dies mein Mann immer übernahm, sah ich mich plötzlich in der neuen Rolle der „Autofahrerin", um ihn irgendwo hinzubringen. Es kostet mich viel Kraft das zu leisten und dabei auf meine so dringend notwendigen Pausen zu achten.

Auch das Einkaufen hatte zum Großteil mein Mann übernommen und das ging ja von heute auf morgen nicht mehr. Ganz oft nutzen wir nun den Lieferservice von Lebensmittel- und Drogeriemärkten.

Auch das morgendliche, sowie das abendliche Gassigehen musste ich nun übernehmen und stieß allein mit diesen zusätzlichen Dingen schon an meine MS-Grenzen!

Außerdem fiel mir natürlich die Rolle zu, alle Familienmitglieder und Freunde zu informieren, was ich dann ja kurzerhand mit Sammel-Sprachnachrichten erledigte, um nicht immer das Gleiche erzählen zu müssen!

Auch das Begleiten zu Ärzten und Therapien ist für mich als MS`ler ein riesiger Kraftaufwand und oft rächen sich diese zusätzlichen Strapazen dann mit MS-Symptomen und noch größerer Erschöpfbarkeit und Abgeschlagenheit.

Wenn man von Jetzt auf SOFORT eine neue Rolle einnehmen muss – und sei es nur in diesem „kleinen" Ausmaß, kann das fordern und natürlich überfordern. Sich selbst dabei immer im Blick zu haben und mit Selbstfürsorge und Achtsamkeit zu begegnen, das ist hier eine besondere Form der Gratwanderung.

Gratwanderung bedeutet oft auch „Anstrengung" und besondere Belastung und so stehen wir manchmal mit unserer neuen Rolle am Abgrund als pflegende Angehörige.

Noch dazu kommt die emotionale Seite: Man weiß, dass man „bald" seinen Partner verlieren wird. Das ist ein Albtraum! Wer möchte sowas denn erleben? Niemand!

Meine neue Rolle ist unter anderem auch, dass ich wie eine Mama an alles denken muss – ich muss ihm Vieles mehrfach und immer wieder erklären, ich muss Vieles für ihn erledigen und auch für ihn entscheiden. Ich bin für die Aufteilung seiner Medikamente zuständig, muss überprüfen, ob er sie genommen hat und wie er sie verträgt – das heißt, ich bin nun auch „Krankenschwester"! Und das bei einem Mann, der immer extrem selbstständig war und ihm diese Eigenschaft auch sehr wichtig war. Das heißt nun auch, dass ich den „Zerfall" meines Mannes, sowohl körperlicher als auch geistiger Natur, mitverfolgen MUSS! Das tut weh, sehr weh!

Die Rolle der Ehefrau ist zwar noch vorhanden, aber sie wird überlagert von der Rolle der Helfenden und Unterstützenden! Das ist neu und nicht schön - wenn auch notwendig - und selbstverständlich schlüpfe ich auch in diese Rollen.

Aber und das ist auch eine einschneidende Veränderung der eigenen Rollen: Als pflegende Angehörige kommen die bisherigen, beständigen und gepflegten Rollen plötzlich zu kurz: Die Rolle der besten Freundin, der Sportkollegin, der Oma und so weiter. Das hat natürlich Auswirkungen auf unsere Psyche und zeigt auf, wie sehr wir uns umsortieren müssen.

Und: Wie wird es sein, wenn ich dann plötzlich ohne ihn bin? Dann habe ich wieder eine neue Rolle: die der Witwe. Ich sehe mich oft schon als Witwe und um meinen Mann trauernd… Im Leben stehend? Oder verzweifelt? Ich weiß es nicht. Ich weiß nur, dass ich jetzt schon oft am Limit bin und es fängt gerade erst an.

Gut, ich bin Sozialpädagogin und weiß, dass man sich nicht in Rollen aufgeben darf oder diese nicht verfestigen soll. Ich weiß wie wichtig es ist flexibel zu bleiben und sich immer wieder aufs Neue anzupassen. All das weiß ich und doch ist dies hier eine Ausnahmesituation und keine der Rollen habe ich mir gewünscht, was es natürlich auch emotional verzwickter macht.

Aber ich weiß auch, dass ich es schaffen werde, denn es ist tatsächlich so: Man wächst an seinen Aufgaben! (Auch, wenn es einfach mal reichen sollte!).

Moralische Unterstützung des Patienten

Diesem Thema möchte ich auch noch ein gesondertes Kapitel widmen.

Denn sowohl der Patient, als auch der pflegende Angehörige brauchen Unterstützung und vor allem eins: TROST!

Wenn man mit einer Diagnose konfrontiert wurde, die einerseits chronisch ist – also für immer bleibt – und andererseits noch unheilbar ist und im schlimmsten Fall auch noch mit einer kurzen Lebenszeit-Prognose, dann ändert sich alles – von jetzt auf sofort!

Die Psyche aller Beteiligten sieht sich nun vor einer Endgültigkeit, die es vorher so noch nicht gab. Ich habe mich bei meiner Diagnose MS immerhin immer damit trösten können, dass ich nicht an MS sterben muss. Das ist bei vielen anderen Erkrankungen anders.

Bei der schlechten Lebenserwartung, die meinen Mann betrifft – und somit auch mich und unser Umfeld – haben wir beide psychisch zu kämpfen. Wir sind beide realistisch und vor allem bin ich ein sehr handlungsorientierter Mensch. Nun gilt es also, neben den praktischen Dingen, die geregelt werden müssen (wie beispielsweise Pflegedienst, Arzttermine, Medikamente, Krankenfahrten zur Strahlentherapie und so weiter), die verbleibende Zukunft zu organisieren.

Das ist hart. Sehr hart.

Wir müssen noch mehr lernen, im HIER&JETZT zu leben, den Augenblick zu genießen (soweit das geht) und gleichzeitig müssen wir mit der Endgültigkeit der Diagnose dealen.

Das heißt, wie müssen den Umständen entsprechend das BESTE herausholen. Und wie soll das gehen, wenn der kranke Partner nur müde und erschöpft ist, ihm übel und schwindelig ist und er einfach für nichts mehr Kraft hat?

Wie in vielen Ratgebern beschrieben, man solle schöne gemeinsame Dinge TUN, viel spazieren gehen…. DAS ist für uns momentan unmachbar. Wir hoffen natürlich, dass es eine Zeit (vielleicht nach der Strahlentherapie) geben wird, die uns das ermöglicht – momentan aber geht das gar nicht. Also müssen wir uns unsere Glücksmomente schaffen – erschaffen!

So lege ich mich manchmal mittags zu meinem Mann auf die Couch oder ins Bett, damit er meine Nähe hat. Denn wenn er zu schwach zum Aufstehen ist, komme ich nun also zu ihm! :)

Auch, wenn er ganz schlechte psychische Phasen hat und viel weint, lege ich mich zu ihm. Das tröstet uns beide, wir haben Körperkontakt und dann entstehen oft die intensivsten Gespräche.

So hat er mir in solch einer Situation zum Beispiel gesagt, wie er seine Todesanzeige gestaltet haben möchte. Natürlich war das schlimm, es war fürchterlich und grausam und doch hat es uns beiden unter vielen Tränen gutgetan. Ich habe ihn dann auch gebeten, mir all seine Wünsche peu à peu mitzuteilen, damit alles nach seinen Vorstellungen laufen kann.

Natürlich haben wir schon Vieles schon mal besprochen: zu Zeiten, als wir völlig unverfänglich (und ahnungslos) die Patientenverfügung gemacht haben (die ich jedem nur empfehlen kann, denn wir haben sie in seiner ersten Nacht im Krankenhaus tatsächlich gebraucht). (Anmerkung: wir haben sie immer und immer wieder dringend benötigt!).

Aber damals, da waren wir noch jünger und unwissender.... da dachten wir noch, dass uns „die Welt" gehört, dass wir ja noch lange leben. Natürlich war und ist es gut, dass wir die Patientenverfügung gemacht haben – das sieht man ja jetzt, als er die erste Nacht fast nicht überlebt hätte – aber man ist unbedarft, wenn man sie macht (zum Glück eigentlich) und nun, da wir mitten im Strudel sind, mitten in der Unfassbarkeit der Endgültigkeit – da sehen wir Manches doch nochmal anders. Wir haben mittlerweile auch schon mehrere Änderungen darin vorgenommen, was sich als äußerst sinnvoll und gut herausstellte.

Und deshalb ist es so wichtig, sich zu „Lebzeiten" genau darüber zu unterhalten, was man möchte.... Was man GENAU möchte, was einem wichtig, unwichtig oder dringend ist. Und wenn dann ein Wunsch nach einer bestimmten Todesanzeige aufkommt, dann ist das ein wertvoller Schritt – wenn auch äußerst schmerzhaft.

Diese Gespräche kommen aber selten beim „Essen am Tisch" auf; oft braucht man eine besondere und „nahe" Situation und die findet man vielleicht in den Armen des geliebten Partners oder Freundes.

Oder man sucht und findet andere Möglichkeiten, die je nach Beziehung und Art der Freundschaft aufkommen. Vielleicht in einem Telefonat oder einer E-Mail.

Mein Mann und ich haben das Glück, dass wir schon immer sehr gut miteinander reden konnten und das hilft uns nun auch bei den sehr sehr schwierigen und traurigen Themen.

Auch andere Themen kommen nun auf – beispielsweise, dass der Patient sich für geschehene unschöne Dinge entschuldigt, sein Leben (auch das gemeinsame) noch mal Revue passieren lässt und es werden unter Umständen auch heikle Dinge angesprochen. Da kommt es nun auf das Fingerspitzengefühl des Gegenübers an, auf die Feinfühligkeit und Zuneigung.

Ich habe schon oft meinen Stolz hinuntergeschluckt, wenn gewisse Situationen zur Sprache kamen, weil es mir mit der deutlichen Endgültigkeit, die wir vor uns haben, nicht wichtig ist, „Recht zu haben". Ich lerne zu verzeihen – auch, weil man spürt, dass Vieles nicht mehr wichtig ist und eigentlich auch nie wichtig war.

Ich möchte gerne allen Paaren und auch im Freundeskreis so Vieles sagen, so viel Geduld und Liebe und Verständnis füreinander schicken.

Denn man sieht, wie schnell es vorbei sein kann.

Oft ist man mit dem Partner und auch Freunden im Alltag ungeduldig, ist genervt und motzt, streitet womöglich bitterlich. Im Nachhinein gesehen, ist es oft so, dass diese Sache gar keinen Streit Wert war. Und doch leidet oftmals die Beziehung darunter, man wird ungerecht und ärgert sich. Natürlich wird das auch immer wieder so sein, aber wenn mir mein Mann jetzt so viel Schönes sagt, von dem er selbst hervorhebt, dass er mir das hätte schon früher und öfters sagen sollen - so sehe ich daran, dass man tatsächlich im Alltag Vieles schleifen lässt. Das ist umgekehrt natürlich genauso. Deshalb sind wir nun offen, reden über alles Mögliche, über unsere guten und auch weniger guten Zeiten, klären ganz viel und räumen sozusagen auf. Das ist manchmal sehr anstrengend, aber es ist ein guter Abschluss. Wie oft wünscht man sich, man „hätte" dies oder jenes NOCH gesagt, bevor es zu spät ist. Das ist der „Vorteil" einer Erkrankung (im Gegensatz zu einem plötzlichen und unerwarteten Tod, wie einem Unfall), dass man noch all das sagen kann, was einem auf dem Herzen liegt. So können im letztendlichen Falle alle Parteien in Ruhe gehen und gehen lassen – man hat sich ausgesprochen, eventuell auch entschuldigt und vor allem FRIEDEN mit sich und den Angehörigen, dem Patienten gemacht! Diese Chance sollte man sich absolut nicht entgehen lassen.

Natürlich – deswegen betone ich es auch nochmals – muss man auch hierbei immer an seine eigenen Grenzen denken. Wir dürfen ALLES geben, wenn wir es können und schaffen. Man kann und darf auch mal über seine eigenen Grenzen hinausgehen (was wir als pflegende Angehörige wohl sowieso tun), aber wir müssen (!) auch an UNS denken.

✓ **Wir können nur Kraft und Trost spenden, wenn wir selbst stark genug dafür sind.**

✓ **Und zu Zeiten, in denen wir diese Stärke haben, dürfen wir sie großzügig verteilen. Denn auch wir haben immer etwas davon, wenn wir GEBEN!**

Es ist also auch hier wieder die sinnvolle Gratwanderung, die alles ausmacht. Ich habe manchmal das Gefühl, dass es im Endeffekt von meiner Tagesform und meiner Kraft abhängt, wie sehr ich meinem Mann helfen kann.

Und auch hier lerne ich, mich notfalls sinnvoll abzugrenzen und meine eigenen Kräfte zu sehen und nicht ständig zu überfordern. Aber, das werden alle pflegenden Angehörige bestätigen: dies ist eine der schwersten Aufgaben als Angehöriger.

Wir als nahe Angehörige sind die wichtigste Stütze für den Patienten, das darf uns bewusst sein. Es ist eine verantwortungsvolle, sicher auch schöne, auf jeden Fall aber kräftezehrende Aufgabe. Und nicht jeder schafft das gleich gut. Deshalb: Holen Sie sich psychologische Unterstützung, wenn Sie sich dieser Aufgabe nicht oder nicht mehr gewachsen fühlen. Das ist kein Zeichen von Schwäche, sondern ein Zeichen von Stärke, WEIL man sich zu helfen weiß und für sich sorgt!!!

Auch möchte ich hier nochmal den Pflegedienst erwähnen, den man auf Grund eines Pflegegrades des Betroffenen kontaktieren kann.

Natürlich spürt man in solchen Situationen auch klar die Grenzen unseres Sozialstaates. Das möchte ich auch nicht vertuschen. Ich selbst habe auf Grund meiner MS-Erkrankung diesbezüglich schon viel Menschenverachtendes erlebt und habe nicht nur einmal geschimpft und mich sehr über unseren Staat geärgert. Ich tue es auch heute noch, da wir nun mit meinem Mann wieder an Grenzen stoßen, Hilfe bräuchten und nicht erhalten, weil beispielsweise eine Gutachterin des MDK nicht die Notwendigkeit sah. Und manchmal hat man auch für Kämpfe und Widersprüche einfach keine Kraft mehr.

Anmerken möchte ich hier auch nochmal, dass meine Ratschläge nicht bei jedem passen müssen und nicht passen können, denn jede Familie/Beziehung hat ihre eigene Struktur. Ich verstehe sie eher als Denkanstoß, dass man überlegen kann, welche Möglichkeiten man in der eigenen Beziehung haben könnte.

Wenn es beispielsweise um eine junge Familie geht, in der der eine Partner der schwer betroffene Patient ist, müssen ja „nebenbei" noch Kinder versorgt werden und man wird sich nicht jederzeit zu seinem Partner legen oder sich ihm zuwenden können. Das sind dann nochmals viel schwerere Schicksale – wie kraftraubend und entsetzlich sie sein müssen, wage ich mir nicht vorzustellen.

Mitten in Deinen Kämpfen

liegt die Fähigkeit und Möglichkeit,

Anderen zu helfen,

damit sie mit ihren Schwierigkeiten besser zurecht kommen.

Deshalb GEBE NIEMALS AUF!

Foto©Birgit Grube   by MULTIPLE-ARTS.com

Hilfe für Angehörige

Angehörige können die Belastungen durch die schwere Erkrankung besser ertragen, wenn sie sich selbst auch etwas Gutes tun, für seelischen Ausgleich sorgen und eigene Bedürfnisse nicht vernachlässigen. Es ist besonders wichtig, sich mit Freunden auszutauschen und eigene Hobbys zu pflegen. Außerdem gibt es Selbsthilfe- oder Angehörigen-Gruppen, oder auch eine umfassende und sachgerechte Unterstützung und Beratung durch Fachpersonen. (Zum Beispiel Psychotherapeuten, die dann auch weitere Rat gebende Stellen nennen können). Viele Familien stürzen durch einen kranken Hauptverdiener auch in ein finanzielles Chaos. Wenden Sie sich dafür auf jeden Fall auch an Ihren Arzt, der Ihnen entsprechende Anlaufstellen nennen kann und informieren Sie sich im Internet.

Auch starke Menschen leiden. Sie zerbrechen ebenfalls in 1000 Teile, aber sie haben gelernt, dabei keinen LÄRM zu machen...

by MULTIPLE-ARTS.com

Wenn Sie Angehöriger eines Krebskranken, MS`lers oder anders chronisch Kranken sind, werden Sie automatisch eine sehr wichtige Stütze für den Betroffenen.

Vermutlich werden Sie besonders bei der Diagnosestellung den Kranken und seine Krankheit ins Zentrum Ihres Interesses stellen, sich sorgen und versuchen, alles irgendwie GUT zu machen. Aber womöglich stellen Sie Ihre eigenen Bedürfnisse zurück und/oder Sie vermeiden es über Ihre eigenen Probleme zu sprechen. Denn verglichen mit der Erkrankung Ihres Partners/Angehörigen erscheinen Ihnen Ihre Schwierigkeiten meist unbedeutend. Das ist sehr verständlich und gerade deshalb finden Sie es vielleicht unangebracht darüber zu reden.

✓ **Aber es ist gerade aus dem Grund, dass Sie selbst stark und in der Balance bleiben können, sehr wichtig, dass Sie an sich und Ihre eigenen Interessen denken.**

✓ **Sie können nur helfen, wenn es Ihnen selbst auch gut geht.**

Die Probleme, Gedanken und Gefühle, mit denen sich Angehörige auseinandersetzen müssen, sind ENORM und sehr belastend. Es ist deshalb notwendig, dass Sie lernen, das veränderte Leben zu bewältigen.

Oft empfinden Neudiagnostizierte sich als hoffnungs- und hilflos, oder empfinden eine innere Leere, haben Angst und sind verzweifelt. Manche Menschen fühlen sich wie versteinert und sind nicht mehr in der Lage, überhaupt Gefühle empfinden zu können.

Kranke und Depressive haben oft das Gefühl,

- dass sie etwas VERLOREN haben (den Partner, Arbeitsplatz, Anerkennung, Leistungsfähigkeit und Vieles mehr)
- dass sie keine Lösung finden können und betrachten die Lage als völlig hoffnungslos
- dass man sie ablehnen und gar verurteilen würde

- dass man Erwartungen an sie hätte, die sie nicht erfüllen können (das macht traurig und frustriert)
- dass sie selbst kleine Aufgaben nicht mehr bewältigen können (selbst der Gedanke daran erschöpft sie)
- dass eine zentnerschwere Last auf ihnen ruht

Egal um welche chronische – das heißt ANHALTENDE – Erkrankung es sich handelt: die Patienten haben häufig eine Odyssee an Untersuchungen, Therapien, Arztbesuchen und Diagnosen hinter sich und haben dabei viel ihrer Energie und Kraft, sowie NERVEN gelassen. Vermutlich wurde in dieser Phase von Ihnen als Angehöriger schon viel Unterstützung eingefordert und benötigt. Irgendwann ist deshalb im Normalfall bei beiden „Parteien" der Wunsch nach NORMALITÄT da. Beide sind froh, dass die ersten Hürden vielleicht geschafft sind und sehnen sich danach, wieder in ihren, ihnen bekannten und vertrauten Alltag zurückkehren zu können. Man möchte wieder alte Gewohnheiten aufnehmen und wieder von Neuem „ankommen".

Und nun kommt das große Problem: die Erschöpfung und/oder Krankheit erschwert diesen Prozess der Rückkehr zur Normalität erheblich oder macht ihn gar unmöglich. JETZT nehmen spätestens alle aus dem nahen Umfeld die Veränderungen wahr. Dies kann sich darin äußern, dass der Patient mehr Ruhe braucht, schneller erschöpft ist, mit starken Nebenwirkungen von Medikamenten und/oder Therapien kämpfen muss und somit an manchen Aktivitäten gar nicht mehr oder nur eingeschränkt teilnehmen kann.

Somit ändert sich nicht nur das Leben der „Familie", sondern es ändert sich Vieles im Umfeld. Ich habe das selbst mit meiner Fatigue erleben müssen, die sehr plötzlich in ihrer Heftigkeit in mein Leben eintrat und ich einfach für einige „Freunde" nicht mehr die „Heike" war, die sie kannten (und schätzten). Das hat zu vielen Irrungen, Missverständnissen, zu Unverständnis und Verletzungen geführt. Diese Zeit war sowohl für mich, als auch für meinen Mann als Angehöriger sehr schwer. Wir mussten lernen, mit diesen Verhaltensweisen umzugehen; wir mussten lernen, diese bittere Realität anzunehmen und mussten uns völlig neu strukturieren. Wir haben aber auch viele sehr positive Erfahrungen gemacht und diese haben uns getragen…

Leicht war diese Zeit der Umstellung und Neu-Orientierung nicht. Aber wir wurden stärker, selbstbewusster und haben zueinander und vor allem auch gemeinsam ZU meiner schrecklichen Fatigue und den daraus resultierenden Veränderungen gestanden. Viele Menschen hat unsere gesundheitliche Krise scheinbar überfordert - diese Zeit war nicht nur für uns, sondern auch für unsere komplette Familie und unsere Freunde, selbst für Kollegen, fast wie ein Prüfstand.

Man muss lernen sich und auch die Beziehung womöglich neu zu definieren. Und man muss lernen, Enttäuschungen zu ertragen. Aber es ist einfach so, dass zu den Phasen der „allmählichen Anpassung" und Erprobung der neuen Veränderungen und Gegebenheiten, nun auch Fehlentwicklungen, Enttäuschungen und Rückschläge gehören. Das ist das Leben!

Betroffene berichten immer wieder, dass es besonders in dieser ersten Phase so wichtig ist, offen mit den Einschränkungen umzugehen. Wie ich bereits erwähnte: begreifen können Außenstehende das ganze Ausmaß sicherlich sowieso nie, aber ansatzweise verstehen können sie es nur, wenn man ihnen mit Offenheit begegnet.

Das Gespräch mit dem Partner, der Familie und auch den Freunden zu suchen, ist immens wichtig. Nur so kann man auch seine eigenen Bedürfnisse mitteilen – dies gilt für den Betroffenen ebenso, wie für seinen Partner. Denn immer geht es auch um Erwartungen und wir alle kennen das Gefühl von einer „Erwartung" enttäuscht worden zu sein. Um im Vorfeld schon manch eine Erwartungshaltung klein zu halten, müssen Sie sich äußern und den Anderen genau erläutern, wie es Ihnen geht, welche Einschränkungen Sie haben und dass es auch für Sie schlimm ist. Die Gefühle, die Sie begleiten, dürfen Sie ruhig ebenfalls äußern, denn so wirken Sie noch authentischer. Und sobald spürbare Emotionen im Spiel des Beziehungsgeflechtes sind, verankert sich auch beim Gegenüber das Problem klarer und vor allem verständnisvoller.

Wenn man offen mit allem umgeht, kann man eher Missverständnisse und Unverständnis vermeiden. Dies gilt für den Partner und das Umfeld gleichermaßen.

Gegenseitige Verlässlichkeit

Als Partner/Angehöriger muss man sich auch auf die Äußerungen des Betroffenen verlassen können – Ehrlichkeit ist hier die Grundvoraussetzung.

Ein Code-Wort bei speziellen Symptomen, wie beispielsweise einer anfallsartigen Fatigue zu benutzen ist ebenfalls sehr sinnvoll. So weiß der Partner gleich, dass der Betroffene gerade „außer Kraft gesetzt" ist und kann sowohl Rücksicht nehmen, als auch Hilfestellungen anbieten. Nur mit Offenheit und Ehrlichkeit lassen sich die Probleme GEMEINSAM bewältigen.

Wichtig ist für Angehörige/Partner aber immer, dass sie auf ihre eigenen Bedürfnisse Rücksicht nehmen. Überfordern Sie sich nicht in Ihrer Hilfsbereitschaft und bitte scheuen auch Sie sich als Angehöriger nicht, professionelle Hilfe in Anspruch zu nehmen. Es gibt sowohl die Möglichkeit von Einzeltherapien, als auch über Eheberatungen/Therapien und Familientherapien.

„ICH GLAUBE DIR!"

sind die **kraftvollsten**

und

vertrauensvollsten **WORTE**,

die man an einen MS Erkrankten

richten kann!

by **MULTIPLE-ARTS**.com

Was ist, wenn der pflegende Angehörige selbst krank wird?

Ich möchte hier nicht in den Dschungel der Paragraphen eintauchen – das würde zu weit führen und ich kenne mich rechtlich auch nicht so gut aus. Wenn man aber einen Pflegegrad ab Stufe 2 hat, hat man auch Anspruch auf Hilfsleistungen wie „Verhinderungspflege"! Dazu können Sie sich bei Ihrem Pflegedienst oder bei dem „Pflegestützpunkt" beraten lassen.

Abgesehen davon, dass ich ja durch meine MS chronisch krank bin, kommt es ja dann trotzdem noch dazu, dass man sich mal eine Erkältung aufschnappt und im Bett bleiben muss.

Unsere/meine erste „Erkältung" haben wir recht gut meistern können, da sich mein Mann gerade in einer Chemo-Pause befand und für seine Verhältnisse einigermaßen – den Umständen entsprechend!!! – „fit" war. Ich konnte beispielsweise keine Gassi-Runden drehen und er übernahm das anstandslos, ebenso wie auch das Einräumen des Geschirrspülers und so weiter. Ich bin mir aber bewusst, dass das für ihn nicht einfach war, aber er auch seine Chance darin sah, MIR mal helfen zu KÖNNEN!

Ich erwähne dies nur, um darauf aufmerksam zu machen, dass man so selbstverständlich von einer funktionierenden Pflege ausgeht, sie aber alles andere als selbstverständlich ist. Eine Erkältung ist ja nun wirklich nur eine Kleinigkeit im Verhältnis zu schwerwiegenden Diagnosen und doch kann eine solche Kleinigkeit alles erneut auf den Kopf stellen – jedes gewissenhaft organisierte Alltags-Detail, jedes liebgewonnene und wohltuende Ritual und jede sorgfältig geplante Einteilung, sowie Gestaltung des Pflege-Tages.

Auch hier ist es sinnvoll, wenn man für diese Fälle einen Notfall-Plan hat! Menschen, die einspringen und helfen können!

Tipps für Angehörige:

Für Sie als direkter Angehöriger wird es nun schwierig, denn Sie sind zum einen als vertraute Bezugsperson gefordert, die helfen will und soll. Zum anderen sind Sie selbst körperlich und seelisch von der neuen Situation selbst stark betroffen. Es stürmen viele neue und unbekannte Dinge, Situationen, Gefühle und medizinische Fachausdrücke auf Sie ein. Zugleich werden Ihnen vermutlich ungewohnte, bisher vielleicht nicht gekannte Gedanken und Emotionen hochkommen. Plötzlich finden Sie sich mitten in Aufgabengebieten wieder, die Sie bislang nicht kannten.

Hinzu kommt die Doppel- und Mehrfachbelastung von Beruf, Familie und gesellschaftlichem Leben – dies gilt es alles ebenso und gleichzeitig zu bewältigen. Das alles kann Sie sehr belasten, überbeanspruchen und schlicht und ergreifend überfordern. Und nicht jeder bekommt Hilfe von Freunden oder anderen Angehörigen und hat dann das Gefühl, dies alles alleine stemmen zu müssen.

Nehmen Sie deshalb gegebenenfalls, auch das wiederhole ich gerne, professionelle Hilfe in Anspruch. Wenn Sie gute Freunde haben, mit denen Sie über all das Neue reden können – tun Sie es. Sprechen Sie sich aus, sortieren Sie Ihre Gedanken. Denn ganz typisch ist gerade in einer Paar-Beziehung, dass der eine Partner den anderen nicht mit seinen Sorgen (noch zusätzlich) belasten möchte. Das ist verständlich und teilweise auch gut so, aber Offenheit unter den Partnern, auch das Äußern von Sorgen, Bedenken und Ängsten, ist wichtig. Das mag mit einem schwer kranken Partner nur bedingt gelingen, aber versuchen Sie es. Es gibt vielleicht Momente am Tag, an denen er „ansprechbar" und aufnahmefähig ist.

Bei Freunden und Angehörigen werden Sie die unterschiedlichsten Reaktionen kennenlernen. Gerade bei der Diagnose „Krebs" hat jeder etwas zu berichten und jeder kennt jemanden, der auch Krebs hat. Dieses Wort ist emotional HOCH besetzt und es ist möglich, dass sich der ein oder andere Gesprächspartner so heftig oder auch „aussichtslos" äußert, dass Ihnen „angst und bange" wird. Es ist schwer, sich davon zu distanzieren. Ebenso verhält es sich umgekehrt, wenn die eigenen Sorgen abgetan werden: „Ach Krebs ist doch heilbar, stell Dich nicht so an! Das wird schon wieder!". Solche Sprüche kennen auch wir MS´ler und dies belastet uns oft noch zusätzlich. Mitgefühl ist hier wichtig und ich wünsche Ihnen, dass Sie es erhalten.

Ungebetene Ratschläge werden Sie sich ebenso anhören müssen und sich dagegen zu behaupten, oder es einfach nicht zu beachten, ist ein stetiger Lernprozess und nicht einfach.

Bei schwerwiegenden und lebensbedrohenden Diagnosen werden Sie von Außenstehenden nochmals andere Reaktionen erhalten, denn diese Themengebiete werden teilweise leider immer noch tabuisiert. Hier werden Sie vermutlich noch mehr Selbststand aufbringen müssen, um sich und Ihren Partner zu schützen. Und ganz besonders hier werden Sie erleben, wer zu Ihnen steht, wer die wirklichen Freunde sind. Denn nicht nur Ihr Partner wird sich auf Grund der Erkrankung verändern, auch Sie selbst werden durch die komplett neue Situation leichte Veränderungen an sich feststellen. Einmal, weil diese Veränderungen eventuell für Ihren Alltag notwendig sind, und dann, weil Sie einer neuen Situation gegenüberstehen und somit völlig neuen Reaktionen.

> **Als Betroffener und als Angehöriger ist man oft darauf angewiesen, dass die Freunde/Kollegen GLAUBEN, was Sie berichten und sich dann freundlich gesinnt darauf einlassen.**

Informieren Sie sich

Wichtig ist auch, dass Sie sich rundum über die Erkrankung Ihres Angehörigen informieren. Wenn möglich, begleiten Sie ihn zum Arzt.

Sprechen Sie mit dem entsprechenden Arzt auch darüber, wie sich die einzelnen Therapiemöglichkeiten auf die Lebensqualität auswirken. Dies gilt sowohl für den körperlichen Bereich, als auch für den seelischen, kognitiven und rein praktischen Bereich und Tagesablauf. Viele Betroffene und Angehörige haben einfach ein besseres Gefühl, wenn sie wissen, „um was es geht"! Denn je mehr Sie über die Krankheit, über Behandlungsmethoden, Risiken, Nebenwirkungen und auch die Chancen wissen, desto weniger panische Angst werden Sie vor der veränderten Lebenssituation haben. So kann aus der Angst, die alle direkt und indirekt lähmt, eine Angst werden, mit der es sich leben lässt.

Selbst wenn es keine guten Prognosen gibt, ist es wichtig, so gut wie möglich informiert zu sein. Denn auch bei den weniger guten Fällen muss man versuchen, die Angst in gute und angemessene Schranken zu verweisen, um Lebensqualität zu sichern und nicht im Sumpf der Angst zu verschwinden. Das ist nicht einfach und mit Sicherheit holt es einen auch mehrmals am Tag ein, aber man kann es versuchen.

Wenn beide Partner/Angehörige gleichermaßen gut informiert sind, können Entscheidungen wie es weitergehen soll besser und bewusster getroffen werden. So kann man die Krankheit gemeinsam besser aktiv bewältigen. Im besten Fall werden Sie nach einiger Zeit nicht mehr so sehr das Gefühl haben, dass Sie der Krankheit völlig ausgeliefert sind. Das stärkt auch die Beziehung untereinander, denn dann kann endlich wieder etwas Hoffnung aufglimmen und diese Hoffnung wird Sie beide zusammen zuversichtlicher tragen. So müssen keine unnötigen Energien mehr verschwendet werden, sondern Sie können den Kranken besser unterstützen und der Kranke weiß, dass Sie ihn verstehen und ihn unterstützen möchten. Das schafft einige Missverständnisse schon mal ab.

Das alles ist natürlich wirklich nicht einfach und hat natürlich auch seine Grenzen! Es gibt Diagnosen, wie die meines Mannes, die eine solch große (berechtigte) Angst machen, so bedrohlich ist, dass dies alles teilweise völlig anders aussieht und man wirklich viel Kraft braucht, um nicht völlig zu verzweifeln.

Leider kommt es im Alltag immer wieder einmal vor, dass für Gespräche zwischen Arzt, Patient und Angehörigen zu wenig Zeit eingeplant wird. Zu den Kernaufgaben jedes Arztes gehören allerdings die Aufklärung und das ärztliche Gespräch. Falls sich der Arzt keine ausreichende Zeit für Sie und den Patienten nimmt, bleiben Sie bitte energisch bei Ihrem Wunsch. Eventuell kann er Ihnen ja auch einen Termin außerhalb der normalen Öffnungszeiten anbieten. Gerade am Anfang einer Diagnose braucht man die (moralische) Unterstützung des behandelnden Arztes.

Leider haben auch wir in den verschiedenen Stationen der Klinik so einige traurige Erfahrungen machen müssen. Meiner Unnachgiebigkeit und Standhaftigkeit war es zu verdanken, dass wir ab und an einen Arzt zu Gesicht bekamen und ich ihm Fragen stellen konnte. Bei allem Verständnis für die Arbeitssituation von Ärzten (und Pflegepersonal) wäre es doch schön, wenn etwas mehr Menschlichkeit herrschen würde. Wir hatten auf der „Stroke Unit" Glück, zwei sehr empathische Ärzte unter Vielen zu haben – sie haben mir sehr geholfen, ebenso wie einige unglaublich liebevolle KrankenpflegerInnen.

Ein weiterer wichtiger Aspekt ist, dass zu viele verschiedene Ärzte kontraproduktiv sein könnten („Viele Köche verderben den Brei!"). Deshalb ermuntern Sie Ihren Partner, sich einen Arzt seines Vertrauens herauszusuchen und wählen Sie diesen als Ansprechpartner. Gerade wenn schwere Erkrankungen behandelt werden, haben doch auch Fachärzte verschiedene Ansätze und Methoden. Es ist sinnvoll, sich auf eine Behandlungsmethode einzulassen und ihr treu zu bleiben, um keine Verwirrung zu stiften. Sie und der Betroffene merken selbst schnell, welche Methode greift und guttut. Das heißt nicht, dass begleitende Therapien oder Behandlungsansätze, wie auch alternative Heilmethoden, nicht gut wären – im Gegenteil. Aber man muss sich irgendwann entscheiden, damit man auch Frieden schließen kann. Bei MS gibt es mittlerweile zig Medikamente – hier muss jeder mit seinem Neurologen und für sich entscheiden, welches Präparat zu ihm passt, oder ob er ganz auf eine Basistherapie verzichtet. Oft ist der Entscheidungsprozess sehr anstrengend, nervenaufreibend und zermürbend. Wenn man sich dann aber schließlich für etwas entschieden hat, kann man gelassener werden. Das heißt aber nicht, dass man sich wiederum nicht neu entscheiden kann, wenn man merkt, dass es zum Beispiel auf Grund der Nebenwirkungen doch nicht die richtige Entscheidung war.

Betroffene und Angehörige sind irgendwann einfach nur erleichtert, wenn die Behandlung endlich beginnt. Beide Parteien werden es so empfinden, dass nun etwas Konkretes gegen die Krankheit unternommen wird. Das schafft Hoffnung. Stellen Sie sich aber trotzdem darauf ein, dass diese Zeit für Sie beide nicht einfach wird. (Und bei beispielsweise „Depressionen" dauert es etwas, bis die Medikamente greifen).

Partnerschaft/Freundschaft

Offenheit, Transparenz – das sind die magischen Wörter, die es umzusetzen gilt. Dass dies unter Umständen nicht so einfach ist, liegt aber ebenfalls auf der Hand. Denn nicht jede Beziehung ist so gestaltet, dass absolute Offenheit und auch Vertrauen herrschen. Zu Beginn wird es allen Beteiligten wahrscheinlich schwerfallen, über die jeweiligen Sorgen und Ängste zu sprechen. Das kann wirklich sehr ungewohnt sein und vielleicht müssen Sie erst üben, eine entsprechende Gesprächs-Kultur zu finden. Aber seien Sie mutig und auch hier dürfen Sie sich professionelle Hilfe holen. Manchmal ist es auch einfacher, wenn jeder seine Wünsche, Sorgen und Bedürfnisse aufschreibt und dem anderen vorlegt. Zuvor muss aber abgesprochen werden, dass keine Wertung stattfinden darf. Man muss das, was dem Partner/Angehörigen auf dem Herzen liegt, ernst nehmen. Daraus ergibt sich dann meistens ein Gespräch.

Für den Kranken wird es nicht leicht sein, seine Krankheit anzunehmen. Und Sie selbst möchten sicher ab und zu auch einmal über Ihre eigenen Probleme reden, merken jedoch, dass der Kranke damit Schwierigkeiten hat. Aber denken Sie immer daran, dass es notwendig ist, sich auszutauschen, um die Beziehung liebevoll, lebendig und respektvoll weiterführen zu können.

Es ist wichtig als Paar oder auch als Angehöriger eine neue gemeinsame Basis zu finden. Dazu gehört auch, die Bedürfnisse und Grenzen des Kranken zu respektieren – umgekehrt aber ebenso. Sie als Angehöriger dürfen den Blick auf sich selbst nicht verlieren. Dieses Aufeinander-Einspielen birgt auch Chancen – vielleicht finden Sie neu zusammen oder Ihre Beziehung gewinnt an Tiefe und Nähe. Lassen Sie sich darauf ein und beobachten Sie in Ruhe, wie sich alles entwickelt.

Kommunikation
Vorbereitung auf ein gutes Gespräch

✓ **Kommunikation, liebevolles Zuhören und völlige Konzentration auf den Partner sind wichtig, um ein konstruktives Gespräch führen zu können.**

Oft lassen sich nur durch klare Äußerungen Missverständnisse vermeiden und Erwartungen formulieren. In einem freundschaftlichen Gespräch in angenehmer Atmosphäre lassen sich liebevoll und fair all diese Dinge klären. Allerdings ist Offenheit von BEIDEN Seiten notwendig, ebenso aber auch Vertrauen.

Um sich selbst im Klaren zu sein, was genau man eigentlich ansprechen möchte, ist es hilfreich, sich alle Gedanken aufzuschreiben: alles, was einem einfällt, sollte man erst einmal unsortiert aufschreiben (Brainstorming).

Später kann man sortieren, etwas weglassen oder auch hinzufügen. Das können beide Gesprächspartner so handhaben und die Liste auch mit ins Gespräch nehmen.

Außerdem sollte man darauf achten, dass solch ein Klärungs-Gespräch in einem angenehmen wohnlichen und einem angemessenen zeitlichen Rahmen stattfindet. Es darf kein Stress entstehen, weil einer der Partner gleich „aus dem Haus" muss – ein gutes Gespräch benötigt Zeit und Ruhe.

Noch dazu muss man die Tagesform der Beteiligten beachten. Wenn beispielsweise ein Strahlentermin um 13 Uhr ist und der Patient danach immer sehr müde und unkonzentriert ist, wäre es unsinnig, direkt anschließend ein Gespräch führen zu wollen.

Gefühle, Gedanken und Ideen auf Papier zu bringen, könnten dabei helfen, sich selbst über Einiges klar zu werden und den vielleicht schwierigen Kommunikationsprozess mit dem Partner in Gang zu setzen.

Beispiele:

- Welche körperlichen Symptome behindern am meisten?
- Welche Gefühle und Assoziationen habe ich, wenn ich an die Erkrankung denke?
- Was brauche ich, was nicht?
- Was geht noch, was nicht?
- Wo genau sind meine Ängste?
- Wie möchte ich mich ausdrücken?
- Wünsche, Erwartungen…

Gesprächsoptionen:

- Den richtigen Zeitpunkt für ein Gespräch suchen.
  Es sollte in einem geschützten Rahmen stattfinden, Reizüberflutung ausschalten und die Grundstimmung sollte angenehm sein. Jeder kennt seinen Partner gut und kann die Optionen durchgehen. Direkt nach einem unbefriedigenden Erlebnis auch noch über dieses vermutlich dann heikle Thema zu reden, könnte dazu führen, dass sich der Partner der beiden Gesprächspartner noch eher zurückzieht.
- Offen über seine Gefühle reden, aber nicht mit Kritik und Beschuldigungen beginnen, sondern mit den sogenannten

  > **ICH-Botschaften: „Ich fühle mich überfordert, wenn ich so viel für Dich auf einmal tun soll.", klingt besser, als „Immer erwartest Du, dass ich das alles sofort erledige!".**

- WERTFREIHEIT ist Pflicht.
- Niemals ein Gespräch beginnen, wenn man selbst nicht ruhig und möglichst gelassen ist.
- Sich vorher gut informieren, damit man auch „Rede und Antwort" stehen kann. Ein fundiertes Wissen kann bei einem Ge-

spräch mit dem Partner oder Ärzten helfen, Dinge leichter in Worte zu fassen.

- Dem Partner unbedingt die Möglichkeit geben, auch in Ruhe antworten zu können

- Der Andere sollte wiederum darauf achten, nicht abwertend oder spottend zu kommentieren, noch dem Partner das Gefühl geben, dass er sich für seine Gedanken schuldig fühlen muss.

Wenn der Kranke von einem stationären Aufenthalt nach Hause kommt:

Die Vorstellung, dass der Patient nun nach Hause kommt und es „nun alles gleich gut wird", ist oft ein trügerischer Schein, denn wieder ist es eine Umstellung, die beide Partner verkraften und bewältigen müssen.

Es kann dem Kranken noch eine längere Zeit körperlich und seelisch schlecht gehen. Oft ist es auch schwierig dies auszuhalten, da Sie ihn womöglich nur als Menschen kennen, den Sie bisher stets als gesund, stark und zuverlässig erlebt haben. Wenn Betroffene stationär behandelt wurden, haben sie dort in einem Umfeld gelebt, das wie ein Kokon ist und müssen sich Zuhause erst einmal neu zurechtfinden. Das Gleiche gilt für Sie als Angehörige: den Patienten im Krankenhaus zu besuchen ist etwas anderes, als den Alltag mit ihm zu bestreiten und somit auch Verantwortung zu übernehmen. Dazu kommt, dass Sie nun daheim vielleicht alles Mögliche umorganisieren müssen (Betreuung der Kinder, Pflegebett beantragen oder Ähnliches). Zur rein körperlichen neuen Belastung kommt nun auch noch die seelische Belastung für Sie dazu – Sie werden sich fragen, ob Sie den Ansprüchen der „Pflege" genügen können, was die Zukunft bringen wird und wie sich Ihr Zusammenleben gestalten wird. Denn Ihre übliche Normalität, Ihr gewohnter Alltag wird nun erst einmal auf den Kopf gestellt.

Erkundigen Sie sich rechtzeitig bei dem behandelnden Arzt, wie Sie dem Kranken am besten helfen können. Und scheuen Sie sich nie, sich an den Hausarzt oder an Beratungsdienste zu wenden, wenn Sie sich überfordert fühlen. Diese Situation ist für alle Parteien neu!

Es kann (gerade zu Beginn) Zeiten geben, in denen der Kranke müde, gereizt oder gar abweisend ist. Sprechen Sie dann offen mit ihm und fragen Sie ihn nach seinem Befinden und seinen Bedürfnissen. Das aufeinander Einstellen ist nicht einfach und man muss klar regeln, wie sich jeder verhält, verhalten kann und soll, damit Sie sich weiterhin mit Achtung begegnen. Der Betroffene sollte gleich, wie Sie auch, lernen, dass es notwendig ist, einen offenen Austausch zu pflegen, zu dem auch der gegenseitige Wunsch nach „Ruhe" und „Auszeit" gehört.

Alltag mit schwerer Erkrankung

Alles verändert sich mit einer schweren Diagnose wie Krebs, MS oder Depressionen - auch mit einer Diagnose wie Fatigue. Nichts ist mehr wie es vorher war und es muss sich erst einmal alles neu einspielen. Haben Sie Geduld – mit sich und dem Betroffenen.

Vielleicht überlegen Sie, wenn möglich (je nach Zustand des Betroffenen), wie Sie gemeinsam nun den neuen Alltag meistern könnten. Was kann er weiterhin übernehmen, was ist definitiv nicht mehr möglich? Kann man gewisse Aufgaben staffeln oder langsam steigern? Am besten beziehen Sie ihn bei diesen ganzen Überlegungen mit ein.

Da ein chronisch kranker und depressiver Mensch meistens nicht mehr so belastbar ist wie früher, übernehmen Sie als Angehöriger vielleicht automatisch den größten Teil der (Haus-)Arbeit. Das will aber gut überlegt sein, denn Sie haben ja weiterhin Ihren normalen (Berufs)- Alltag, den sie meistern müssen. Kein Wunder also, wenn Sie dadurch oft unter Stress geraten. Deshalb übertreiben Sie BITTE Ihre

Anstrengungen nicht. Das nutzt nämlich weder Ihnen noch dem Kranken! Ein ausgewogenes Miteinander und Absprachen – das sind die Basis für adäquates und sinnvolles Handeln: in Achtsamkeit.

Auch findet womöglich eine völlig neue Rollenverteilung statt. Das sollte Ihnen als Angehöriger bewusstwerden und jeder wird Zeit brauchen, sich in seine neue Rolle einzufinden. Aufgaben müssen neu verteilt werden und zwar so, dass weder der Kranke noch Sie selbst überfordert sind – gleichzeitig aber muss der Betroffene auch gefordert werden. Dies ist eine sehr schwierige Gratwanderung. Am Anfang reicht es dem Kranken sicherlich schon, wenn er sich gedanklich und gefühlsmäßig beteiligen und einbringen kann und sich vor allem geborgen und verstanden fühlt.

Beziehen Sie ihn möglichst mit ein und fragen Sie ihn nach seinen Ideen, Vorstellungen und Ratschlägen. Es ist ein schwieriges Unterfangen, dem Betroffenen einerseits zu signalisieren, dass man „alles im Griff" hat, er sich geborgen und aufgehoben fühlen kann und ihn andererseits nicht zu bevormunden. Sollte der Kranke beispielsweise bislang der „Koch" der Familie gewesen sein, fragen Sie ihn nach seinen Essenswünschen und Rezepten um Rat. Das gibt ihm das Gefühl, dass er nicht überflüssig ist und gebraucht wird. Je nach Verfassung kann man den Betroffenen hier ebenfalls mit einbeziehen. Vielleicht kann er kein ganzes Essen mehr vorbereiten und kochen, aber er könnte beispielsweise Gemüse klein schneiden, oder den Salat vorbereiten. Dieses gemeinsame Tun kann für Sie beide etwas Schönes haben, aber es kann natürlich auch nerven, da Sie es nicht gewohnt sind. Das Mittelmaß herauszufinden ist sicherlich eine der schwersten Aufgaben am Anfang. Ebenso schwierig wird die Gratwanderung zwischen Ihrem Bedürfnis nach Verwöhnen und dem sinnvollen Miteinander werden. Auch das ist ein Thema, das Sie ansprechen sollten. Sehen Sie nicht alles mit der rosaroten Brille und dass alles gut wird, wenn Sie nur funktionieren, sondern stellen Sie sich auch auf Rückschläge ein. Das Zusammenleben mit einem Schwerkranken kann auch für Sie zur Hölle werden.

Ein dazu passender Blog-Artikel von mir:

*Ein Leben zwischen Hoffen und Bangen

Sollte ich momentan mein Leben beschreiben, würde ich sagen, dass es ein Leben zwischen Hoffen und Bangen UND zwischen Bürokratie und Verzweiflung ist.

Ein Leben geprägt von der Krebserkrankung meines Mannes, von Terminen in der Uniklinik und anderen Therapie-Terminen... Von Arztgesprächen, die jedes Mal anders ausfallen und auch immer von der Art und Weise des Arztes abhängig sind... Von unzähligen Taxifahrten zur und von der Strahlentherapie... Von massenhaften Telefonaten, Schriftverkehr und E-Mails mit Krankenkasse, Behörden und Vielem mehr... Von Anrufen beim Hausarzt und so ganz nebenbei von meiner MS.

UFF!

Und sicher habe ich noch einiges vergessen aufzuzählen...

Manchmal übersteigt es meine Kräfte erheblich und doch muss es erledigt werden – selbst wenn wir auch Hilfe unserer Kinder diesbezüglich haben.

Es ist ein Leben, das geprägt ist von zwei Krankheiten. Eine davon lebensbedrohlich.

Es ist ein bedrohliches Leben. Ein bedrohliches, beunruhigendes, Angst machendes und terrorisierendes Leben, das uns in Schrecken versetzt!

Das muss man nicht kleinreden – allerdings gibt es keine Übertreibung, weil selbst diese Worte noch untertreiben!!!

Unser Leben hat sich gewandelt. Es ist inniger, gefühlvoller und beseelter geworden. Aber im Hintergrund sitzt das Schreckensgespenst der Angst, die sich würgend, bedrohlich und gefährlich um uns schlingt.

Ein Leben in Zwischenräumen. Ein Leben im Hier und Jetzt und doch auch in der Vergangenheit, die uns beseelt, sowie in der Zukunft, die uns ängstigt.

Ein Leben, dem Fülle genommen wurde und gleichzeitig andere Fülle gegeben wurde. Genommen wurde uns Lebensqualität, Unkompliziertheit und Sorglosigkeit, sowie gemeinsame Zeit.

Gegeben wurde uns Nähe und die Freude, dass so viele liebe Menschen liebevoll an uns denken, uns helfen und unterstützen – was wir ohne diese Diagnose nicht erlebt hätten.

Man kann es nicht gegeneinander abwägen, denn es steht auch irgendwie jedes für sich.

Wir genießen das GUTE und versuchen das Negative zu überstehen, indem wir uns an dem Guten erfreuen.

Ver-rückte Welt!

Eine auf den Kopf gestellte Welt – unsere Welt, unsere Realität.

Manchmal steht die Welt auf dem KOPF!

Alles wird anders
Januar 2019

Natürlich wird mit dem Tag einer Diagnosestellung oder eines Verlustes alles anders. ALLES! Die eigene kleine Welt steht Kopf und nichts wird mehr so, wie es mal war: für beide Beteiligten - für den Patienten ebenso wie für uns Angehörige.

Ich möchte diesem Gedanken hier im Buch ein paar Zeilen widmen, denn oft wird diese Veränderung von außen gar nicht so wahrgenommen. Wir müssen uns der Tatsache stellen., dass unser Angehöriger krank oder verstorben ist und müssen nun SELBST damit klarkommen. Dieses Buch ist ja hauptsächlich für Angehörige geschrieben, die als Co-Betroffene sozusagen ebenfalls ihre Frau, ihren Mann stehen müssen. Auch sie müssen mit einer schweren Diagnose und eventuell schrecklichen Prognose oder dem Verlust leben. Das hat natürlich Auswirkungen auf uns selbst, auf unser Leben und auch auf weniger nahe Angehörige. (Für chronisch Kranke habe ich ja schon etliche Begleit-Bücher geschrieben).

Plötzlich muss man sich mit Behördensachen beschäftigen, die bisher vielleicht der Partner alleine gemacht hat oder man kennt sich zumindest mit seinen Sachen nicht aus. Man muss eventuell einen Pflegegrad für den Betroffenen beantragen und mit allen Schwierigkeiten mit dem medizinischen Dienst bewältigen.

Mich hat das teilweise sehr belastet und ich habe es (auch auf Grund meiner Beeinträchtigungen) nur geschafft, weil ich Hilfe hatte.

Man muss ertragen, dass man schlaue Ratschläge erhält und dass man selbst völlig entkräftet abends ins Bett sinkt – und dann eventuell trotzdem nicht schläft. Man muss aushalten, sich um die Zukunft bezüglich des Patienten zu sorgen und auch die Unsicherheiten für die eigene Zukunft aushalten. Immer wieder wird die Frage auftauchen, ob man das auch alles schafft.

Und immer wieder wird man sich dabei ertappen, dass man auf kleine Geräusche oder Ähnliches beim Patienten achtet, die einem Bauchgrummeln verschaffen und Angst machen. Bei mir zum Beispiel hat mein Mann schreckliche abartige Schnarchgeräusche gehabt, als er seinen schweren epileptischen Anfall mit Bewusstlosigkeit hatte. Wenn ich solche und ähnliche Geräusche höre, merke ich, dass ich in einer

Art Alarmbereitschaft bin, die Herzklopfen und auch Schweißausbrüche mit sich bringt. Das kann natürlich nicht unbeschadet an meinem Körper und meiner Psyche vorbeigehen. Mich in Gelassenheit zu üben, ist deshalb eines meiner „Trainingsfelder"! Ich bin morgens froh, wenn ich ihn atmen höre und nachts froh, wenn ich ihn zur Toilette gehen höre, denn dann weiß ich: er lebt. Das mag sich für Außenstehende mehr als komisch anhören, aber es ist genauso unser Alltag, wie ich auf Stolpergeräusche reagiere, da sein erster epileptischer Anfall ja einen schweren Sturz mit sich brachte. Diese Ängste sind real und schlimm und ich muss lernen, damit umzugehen (dazu mehr im Kapitel „Angst").

Unser Alltag hat sich komplett verändert – es richtet sich alles nach den (unterschiedlichen) Terminen der Strahlentherapie und sonstigen Arztbesuchen oder Therapien. Bei der Dringlichkeit seiner Erkrankung stet nun auch meine MS nicht mehr im Vordergrund, aber trotzdem muss sie notwendigerweise beachtet werden, damit sie sich nicht verschlechtert.

Ein soziales Leben findet kaum noch statt, da er zu schwach dazu ist. Das heißt also, unser komplettes Leben ist anders und wir müssen völlig anders planen und organisieren. Dabei muss ich dann auch noch auf mich achten, denn ich möchte für ihn stark bleiben und das geht nur, wenn auch ich genügend Ruhepausen/Phasen habe.

Auch wenn nun eine Haushaltshilfe des Pflegedienstes kommt und mir/uns viel abnimmt – aber auch das muss organisiert werden – und so nebenbei muss noch das Gassi mit unserem Hund so arrangiert werden, dass es in den neuen Ablauf passt.

Familientreffen müssen so ausgerichtet werden, dass mein Mann sich jederzeit hinlegen und zurückziehen kann.

Wir mussten auf Grund seiner Chemo-Nebenwirkungen auch die Ernährung völlig umstellen, was wieder mehr Aufwand auch für mich bedeutet – und für die ganze Familie.

Ich muss es aushalten können, wenn er mal alleine spazieren oder Gassi gehen möchte und darf ihn nicht bemuttern, nicht über- und nicht unterfordern. Unser kompletter Alltag ist eine Art improvisierter Eiertanz – aber aus dem Takt geraten.

Und ganz besonders müssen wir Angehörige aushalten, dass unser geliebter Partner/Freund nicht mehr der ist, der er war und das ist hart. Sehr hart! Der Mensch, der vielleicht uns immer eine Stütze war oder der Fels in der Brandung ist plötzlich stark hilfsbedürftig, kann sich eventuell nicht mehr adäquat ausdrücken und artikulieren. Von dem Menschen „auf Augenhöhe" ist vielleicht ein stark beeinträchtigter Mensch übriggeblieben. Das muss verkraftet werden und ich merke, dass es bei mir den Hauptanteil der Belastung ausmacht, dass ich nicht mehr meinen Mann vor mir habe, sondern eher ein „großes Kind", dem ich den Alltag planen, vorleben und organisieren muss. Dem ich einen Zettel für die Krankenfahrt/Taxi mitgeben muss, damit er sagen kann, wo er hin muss. Und so weiter! Das auszuhalten ist heftig und tut ungemein weh.

Oder man muss es aushalten können, wenn der Betroffene unsinnigen Kauderwelsch redet oder nicht mehr weiß wo er ist.

Ich merke bei mir, dass es für mich selbstverständlich ist, das alles mitzumachen und auch zu „ertragen"! Es ist für mich einfach ok, zumal auch mein Mann mit mir und meiner MS viel durchgestanden hat. Das kann ich ihm nun (verschärft) zurückgeben. Trotzdem wäre es uns allen lieber, wir hätten diese Erfahrung nicht machen müssen.

Die Endlichkeit einer solchen Diagnose ist auch für Angehörige ein Drama, denn sie betrifft mehrere Leben. Und natürlich mache ich mir auch schon Gedanken, wie es wohl insgesamt weitergehen wird – und auch wie es mir wohl ergehen wird. Jetzt und „danach"! Wie wird MEIN Leben weitergehen?

Ich weiß, dass dies oft auch Tabu-Themen sind und deshalb möchte ich es hier auch bewusst aufführen.

Schon durch meine Erkrankung mussten wir lernen, dass nie, wirklich nie, eine Diagnose nur den Patienten allein trifft! Das gesamte Umfeld ist davon betroffen – auf unterschiedliche Weise. Aber selbst Nachbarn, mit denen ich nicht so eng verbandelt bin, wie mit anderen, erzählen mir, was diese Diagnose mit ihnen macht und sie zum Beispiel deswegen nicht gut schlafen können. Enge Freunde und enge Nachbarn und Familie leiden sowieso ganz enorm mit und selbst wenn ich meine Kinder (und auch Freunde) manchmal schonen möchte und ihnen längst nicht alles erzähle, so merke ich doch, dass sie zwischen den Zeilen lesen können und sich natürlich sehr große Gedanken machen. Denn allein das, was sie mitbekommen, reicht schon, um eine Tonne voller Sorgen zu produzieren. Diese Kleinigkeiten, die man vielleicht nur als Partner genau mitbekommt – das sind nochmals Dinge, die uns wehtun. Und wenn man dann noch miterlebt, dass der Patient manchmal selbst wahrnimmt, was er eventuell gerade wieder für einen „Unsinn" geredet hat, dann tut es doppelt weh.

Da ich durch meine MS ja auch Selbst-Betroffene bin, weiß ich wiederum, dass man dem Partner auch nicht alles erzählt, was mit den Sorgen um die Erkrankung zu tun hat, weil man ihn ja schützen und nicht überbelasten möchte. Es ist wirklich eine Spirale, die völlig durcheinandergeraten ist. All das muss man verkraften als Angehöriger (und Patient). Man muss dies täglich mehrfach erleben und doch auch eine gewisse Zuversicht entwickeln. Ohne dieses Vertrauen würde man zu Grunde gehen – deshalb ist es wichtig, die Hoffnung nicht aufzugeben und immer wieder Lichtblicke in sein Leben hineinzulassen und wahrzunehmen. Auch wenn das – vor allem zu Beginn – fast unmöglich erscheint. Der Mensch ist aber ein Gewohnheitstier und gewöhnt sich tatsächlich auch an unschöne Alltags-Dinge. Zum Glück!

Und noch ein paar Gedanken zum Leben mit Schwerkranken:

Wir leben in einer solchen Ausnahmesituation, dass ich mir manchmal sagen muss (wenn beispielsweise alles über mir einzustürzen droht): „Ich muss gar nichts!". Ich muss nicht auf tausende Mails in Facebook antworten, ich muss mich nicht wie sonst beteiligen oder auch keine Mails von irgendwelchen Firmen beantworten, die mich bitten, irgendeine Werbung zu schalten. Natürlich kann es passieren, dass man Andere damit auch mal vor den Kopf stößt, aber unsere Freunde und auch meine Facebook- „Freunde" wissen ja, was gerade bei uns los ist. Sie dürfen Verständnis haben – müssen aber nicht.

Ich habe tatsächlich in den ersten Wochen der Krankheitsphase, als wir froh waren, dass mein Mann überhaupt überlebt hatte, gelernt, mal „alle Fünfe gerade sein zu lassen"! Mich haben die vielen Mails gestresst, weil ich gerne „anständig" geantwortet hätte – gleichzeitig war ich bodenlos erschöpft und mit den Nerven am Ende. So sind dann beispielsweise auch die regelmäßigen Sammel-Sprachnachrichten entstanden, die ich unseren Freunden zur Info schickte. Und immer mit dem Hinweis, dass sie mir nicht böse sein sollten, wenn ich nicht oder nur kurz antworte.

Und auch hier haben sich Unterschiede aufgezeigt: Freunde, die mir lieb zurückschrieben und extra erwähnten, ich bräuchte nicht zurückzuschreiben und wieder andere, die nachgefragt haben, ob ich denn ihre SMS nicht bekommen hätte. Die Feinfühligkeit der Menschen, selbst guter Freunde, unterscheidet sich stark. Und ich wiederum war besonders sensibel mit äußerst strapazierten Nerven!

Es haben mir auch viele Freunde geschrieben, dass sie mich bewundern würden, wie ich mit der ganzen Situation umginge und sogar noch Sprachnachrichten verschicken würde. Zu den Sprachnachrichten ist zu sagen, dass es mir gutgetan hat, am Abend Resümee zu ziehen und das sprachlich wiederzugeben. Es war also eine absolute gleichwertige Handlung.

Dass ich so stark sei, habe ich auch oft schon von meinen MS-Followern gehört und nun wurde mir bewusst, dass ich wirklich stark bin: ich breche nicht ständig zusammen, ich schaffe meinen Alltag - mit Hilfe meiner Kinder natürlich - in der ersten Krankheitsphase meines Mannes, ich schaffe es, meine MS kleinzuhalten, indem ich auch für mich sorgte und Medikamente einnahm – auch zur Beruhigung.

Diese Zeit war einfach nur Horror und ein Albtraum: wir wussten nie, was uns im Krankenhaus erwartet und mussten mit ständig neuen schlimmen Diagnosen umgehen.

Und auch, als er dann Zuhause war und endlich selbst fähig dazu war, mal kurz sein E-Mail-Postfach zu öffnen und liebevolle Mails von Freunden zu lesen, haben manche bei mir nachgefragt, warum er denn nicht antworten würde.

Ich bin mir mittlerweile absolut sicher, dass kaum jemand das ganze Dilemma und Ausmaß solch einer schweren Erkrankung und dann noch mit einer beeinträchtigten Partnerin, versteht. Mir wird immer klarer, dass man sich von außen nicht in die Situation hineinversetzen kann... Es scheint unmöglich und ich hinterfragte auch mich, wenn ich mir vorstellte, ein Freund wäre plötzlich so schwer erkrankt, ob ich das komplette Ausmaß erfassen könnte (bevor mein Mann krank wurde). Ich musste mir eingestehen, dass ich es auch nicht geschafft hätte, weil man es wohl einfach selbst erlebt und erfahren haben muss. Das kenne ich ja auch von der MS - da ist es ja schon schwer - gerade mit den vielen unsichtbaren Symptomen.

Aber nun ist das noch einmal heftiger: was alles an so einer Diagnose dranhängt, was man tatsächlich leisten muss, das ahnt niemand. Was es den Kranken und den Angehörigen an unermesslicher Kraft kostet und was es an absoluter Stärke bedarf... Wie viel Disziplin man braucht, um unter dieser Last nicht zusammenzubrechen... Das sehen nur Menschen, die eine große Empathie haben und den Blick auf das große Ganze werfen – und auch hinter die Kulissen. Dazu müssen sie aber bereit sein – denn dazu gehört oft auch Mut und Selbststand. Manche möchten sich unbewusst scheinbar nicht mit solchen Abgründen beschäftigen, andere wiederum setzen sich sehr genau damit auseinander und können dies auch äußern.

Es ist alles ok, denn auch Freunde sind nur „Menschen"! Aber natürlich tut uns das empathische Mitfühlen besonders gut und schafft eine besondere Form der Bindung.

Alles ändert sich und das kann sich kaum jemand von außen vorstellen.

Nun ist es im Falle von unserem Zuhause ja auch noch einigermaßen human, was den Pflegeaufwand (momentan!) betrifft, aber alleine schon, dass er Hilfe benötigt, macht es schwer.

Außenstehende sehen den Betroffenen vielleicht Müll zur Mülltonne bringen und denken sich: „Er sieht doch völlig normal aus – angeblich ist er doch so kraftlos und schwach!".

Das sind Gedanken von Außenstehenden, die ich von meiner MS auch kenne – sehe ich doch aus wie das „blühende Leben", aber die ganzen unsichtbaren Symptome sieht man nun mal nicht.

Außerdem ist es ganz einfach so: Man geht nur vor die Tür, wenn es „gerade einigermaßen passt"! Man geht nicht vor die Tür, wenn die Beine gerade versagen oder man fürchterlich weinen muss.

➢ **Das heißt, man ist nur dann in der Öffentlichkeit (Arztbesuche usw. ausgenommen), wenn es möglich ist – wenn man physisch UND psychisch stabil genug ist, um irgendetwas zu tun.**

Was auch niemand sieht, ist, dass der Betroffene vielleicht vorher viele Stunden liegen musste, um überhaupt an den Müll gehen zu **können** und dass er sich danach womöglich auch gleich wieder hinlegen muss. Man sieht von außen immer nur den IST-Zustand und auf Grund der nicht sichtbaren Symptome sieht man noch nicht einmal diesen. Man sieht den „Schein" und dieser trügt oft!

Ebenso verhält es sich, wenn der Betroffene lächelt – oder auch man selbst als Angehöriger! Auch hier kann der Schein trügen, denn ich als Angehöriger gehe auch nicht mitten in einem Weinkrampf einkaufen, sondern warte ab, bis ich mich beruhigt habe.

So mag nach außen oft ein völlig falsches Bild entstehen und womöglich muss man sich auch noch rechtfertigen.

Mein Mann schafft es beispielsweise, recht fit zu wirken, wenn Besuch da ist (kurz). Dieser wundert sich dann vielleicht, was ich bisher als Angehörige vom Patienten berichtet habe – dass er verwirrt sei, keine Kraft habe und so weiter! Wenn man den Betroffenen als Besuch so erlebt, sollte man sich einfach freuen und nicht die Aussagen in Frage stellen. Denn viele Patienten schaffen es, sich so zusammenzureißen oder auch so aufzublühen wenn Gäste da sind, dass der äußere Schein trügt. (Und er vermutlich danach völlig fertig ist!). Außerdem sind solche Besuche Ausnahmezustände und kein Alltag, in dem der Patient vergessen hat, wo die Mikrowelle steht, oder Zusammenhänge wiederholt nicht verstehen kann.

Ich finde es manchmal belastend, wenn man das Gefühl hat, sich noch rechtfertigen zu müssen. Diese Kraft hat man meistens gar nicht. Aber: man **muss** sich auch **nicht** rechtfertigen – man kann es auch einfach so stehen lassen. Meistens allerdings belasten solche Aussagen die Betroffenen und Angehörigen noch zusätzlich.

Von daher kann sich auch kaum jemand vorstellen, was es bedeutet, mit einem Schwerkranken zusammenzuleben. Der Alltag gestaltet sich teilweise so schwierig und „ver-rückt", dass man als Angehöriger aufpassen muss, nicht den Boden unter den Füßen zu verlieren.

Alles passt sich dem Rhythmus des Kranken an: Das Aufstehen und eventuelle Therapien, Arztbesuche und so weiter, und die Medikamenten-Einnahme, die zu bestimmten Zeiten und/oder in einem bestimmten Abstand genommen werden müssen und und und. Das Ganze ist meist gespickt mit körperlicher und geistiger Arbeit, die man als Betroffener dann leisten muss. Hilfestellungen geben, (beim Duschen, Anziehen) … Und das alles neben der eigenen Hygiene, neben des eigenen Alltags. Manchmal beschreibe ich es so, dass ich ein großes „Kind" Zuhause habe, wobei das so natürlich nicht stimmt. Aber einfach alles richtet sich erst einmal nach dem Kranken und seinen Abläufen. Mit der Zeit wird man vielleicht routinierter, aber dann taucht mit Sicherheit schon wieder ein neues Problem auf.

All dies körperlich zu schaffen, kann eine Höchstleistung sein, der man gegebenenfalls nicht oder kaum gewachsen ist. Mir fehlen beispielsweise auf Grund meiner MS meine gewohnten Ruhepausen. In Bezug auf die veränderten Umstände kann ich mich hinsichtlich meiner MS nicht genügend ausruhen. Dass mein Mann dann teilweise um 16 Uhr für die Nacht ins Bett geht, hilft dann auch nicht weiter, da dies nicht MEIN Rhythmus ist, den meine MS bräuchte.

Noch dazu kommt die seelische Komponente, die für alle Angehörigen nicht abstreitbar ist. Manchmal ist es Stress pur, zuweilen einfach nur unsagbar traurig. Gelegentlich frage ich mich, wie ich das Gesamtpaket eigentlich aushalte. Sicherlich ganz wesentlich durch die Beruhigungstabletten, die ich nehme oder vielleicht auch, weil man sich einfach „daran gewöhnt"! Ich weiß, dass mich mein Mann täglich mehrfach fragen wird, ob ich auch das Taxi zur Fahrt zur Strahlentherapie gebucht habe. Ich weiß auch, dass er mich vielfach fragen wird, was es nachher zum Essen gibt und ob ich alles eingekauft habe, oder dass er mit seiner Medikamenten-Einnahme durcheinanderkommt. Ich weiß es – ich erwarte es fast schon. Und ich weiß auch, dass es nicht hilfreich ist ihm zu antworten: „Das habe ich Dir doch schon mehrfach heute gesagt!". Er kann schließlich nichts dafür und ich würde ihn womöglich noch demütigen. Also gebe ich immer liebevoll Antwort und erwähne dann später irgendwann einmal, dass er doch wüsste, dass ich immer alles richtig organisiere.

Ein Leben auf Augenhöhe? Das, was man von einem Partner erwartet?

Schwierig – ganz schwierig.

Und doch gibt es sie bei uns oft noch, diese „normalen" Momente/Phasen und die altbekannte „Augenhöhe". Wach und klar ist er dann – so, wie er früher war. Aber innerhalb eines Augenblicks kann sich das ändern und allein das eigene Bewusstsein, dass es so sein kann und man dann gedanklich eventuell komplett umschalten muss – das kostet auch viel Kraft und Flexibilität und vor allem eins: Konzentration. Hin und wieder bin ich dann selbst ganz durcheinander und all das erschöpft!

Es erschöpft, sich auf die situative geistige Tagesform des Betroffenen einlassen zu müssen, auf seine körperlichen Beeinträchtigungen (die ja auch variieren), oder darauf, dass man wieder unauffällig seine ausgefallenen/ verlorenen Haare im Bad aufsammelt und in den Müll wirft, weil nun der Haarausfall Einzug gehalten hat. Es erschöpft, morgens nicht zu wissen, wie es dem Patienten geht. Nicht zu wissen, wie er drauf ist, ob er Schmerzen, Übelkeit oder Wortfindungs-Störungen hat, ob seine Atmung regelmäßig geht und er hoffentlich keinen epileptischen Anfall mehr bekommt. Es erschöpft, besonders (auf ihn angepasst) kochen und den Haushalt völlig allein schmeißen zu müssen und gleichzeitig auf ihn aufzupassen. Es erschöpft, all den Papierkram für ihn erledigen müssen, die endlosen

Telefonate mit Pflegedienst, Krankenkassen und so weiter. All das erschöpft… maßlos…. Es laugt aus. Abgrundtief.

Seelisch UND körperlich.

*Ob jemand ahnt, wie es ist? / *Blogbeitrag*

„Niemand, noch nicht einmal ich als nahe Angehörige, kann sich wirklich vorstellen, wie es ist….

Wie ist es, wenn man solch eine Diagnose bekommt?

Wie geht man mit einer derart schlechten Prognose um?

Was möchte man noch alles erleben und kann es nicht, weil man sich zu schwach fühlt?

Wie ist es, mit solch einer Diagnose zu leben?

Was bedeutet es?

Was bedeutet es für den Patienten – und was bedeutet es für den nahen Angehörigen?

Wie ist es, auf einem Pulverfass zu sitzen?

Wie ist es, nie zu wissen, ob die holprige Sprache eben Zufall war, oder etwas neues Ernsthaftes dahintersteckt?

Wie es ist, jeden Moment mit dem Schlimmsten zu rechnen…?

Wie ist es, wenn Dein Hund nach dem Gassi mit Deinem Schatz zu Dir gelaufen kommt und Dir nonverbal unbedingt etwas mitteilen möchte - und Du dann bei Deinem Mann nachfragst und erzählt bekommst, dass er beim Gassigehen hingefallen ist? Was geht in Deinem Kopf dann vor? War es ein erneuter epileptischer Anfall oder war es „nur" ein Stolpern?

Wie ist es, das täglich auszuhalten?

Wie ist es, dieses und Vieles andere mehr stündlich und minütlich auszuhalten?

Wie ist es, wenn Du Deinen geliebten Partner nun noch mit den Augen des Pflegenden anschauen musst, weil Dir keine noch so kleine Kleinigkeit entgehen DARF?

Wie ist es, in all dem Albtraum Ruhe zu bewahren?

Wie ist es, mitansehen zu müssen, wie Dein geliebter Partner kognitive Defizite hat und sie auch nicht besser werden?

Wie ist es, wenn Du IHM helfen musst und selbst kaum kannst?

Wie ist es, wenn Du ihn an die Hand nehmen und durchs Leben führen musst?

Wie ist das alles und was fühlt man dabei?

Es ist und bleibt ein Albtraum.

Es ist ein Drama.

Es ist abgrundtief traurig und es ist Verzweiflung und Angst, die Dich durch den Nebel immer noch einen Hoffnungsschimmer erhaschen lässt.

Es ist wie es ist.

Das ist es!

Es ist unser Leben – im Hier&Jetzt! Das ist es!"

Meine Achtung steigt vor den pflegenden Angehörigen, die Schwerstkranke und Demente umsorgen.

In meinem Fall ist es schon eine Art Super-Gau, dass ich ebenfalls krank bin, denn ich kann all das nicht VOLL leisten, sondern benötige selbst Hilfe.

Und trotzdem schaffen wir es alle: meine Kinder, die weiter funktionieren müssen – als Eltern und Arbeitnehmer; meine 81-jährige Mama, die mit sich selbst genug zu tun hat und gleichzeitig Fahrdienste und Anderes für uns übernimmt und auch weitere Familienangehörige und gute Freunde, die für uns da sind und sich selbst ab und an zurückstellen und die diese Dramatik der Diagnose auch aushalten müssen.

Und ich als nächste Angehörige? Ich schaffe es bis jetzt auch… irgendwie… ausgelaugt und doch versorge ich uns (mit viel Hilfe). Dafür stelle ich viel von meinem Leben zurück. Ich sage das ohne Wertung. Es ist ein Fakt.

Bis dahin.

Aber natürlich macht all dies auch etwas mit mir. Es kann gar nicht spurlos an mir vorbeigehen. Wie denn auch?

> **Ich befinde mich mitten im Sturm, ich muss Segel setzen und sie wieder einholen – und das alles gleichzeitig.**

Ich sitze tröstend nebendran, wenn er weint und seine Ängste ausdrückt. Ich bin da. Schlicht und ergreifend da – und ich tue es gern – sonst würde ich es nicht so gut aushalten und überleben können. Je wertfreier ich es tue und je mehr an Selbstverständlichkeit dahintersteckt und es bereitwillig passiert, umso klarer und natürlicher wird es. (Ich betone hier, dass ich nicht von Härtefällen rede). Mit eingeschlossen sind alle seelischen Höhen und Tiefen, alle Weinkrämpfe, alle Ängste die in uns lauern, alle Sorgen…. Dies ist eingeschnürt in das Komplett-Paket, das uns mit der Diagnose gebracht wurde.

Es gehört einfach **alles** zum Alltag mit Schwerkranken; selten bekommt man nur einen Teil des Päckchens geöffnet, sondern immer das „volle Programm". Keine Rücksende-Möglichkeit, keine Möglichkeit zur „Verweigerung der Annahme" des Paketes. Wir sind ausgeliefert – zusammen mit dem Paket.

Niemand braucht so etwas und niemand möchte es erleben. Man KANN es sich von außen einfach NICHT vorstellen, wie es wirklich ist. Das kann man erst verstehen, wenn man selbst drinsteckt. Und doch bin auch ich nur ein Angehöriger und letztlich muss vor allem mein Mann mit dieser Diagnose zurechtkommen und seine vorzeitige Endlichkeit anders aushalten als ich.

Ver-rückte Momente, Phasen und Zustände. Ein völlig ver-rücktes Leben, das auf der einen Seite dabei ist auszuhauchen.

Ein Drama – ob es gesehen wird, oder nicht!

(Aber Verständnis und Mitgefühl von allen Angehörigen und Freunden kann enorm unterstützend helfen!).

Zum Thema, wer unsere Mühen sieht, hatte ich schon 2014 einen Blogartikel geschrieben, den ich hier nun auch teilen möchte:

*Wer sieht meine Mühen?

Wer sieht meine Anstrengung, die ich jeden Tag brauche, um aufzustehen und meinen Alltag zu leben und zu bewältigen?

Wer sieht, wie viel Kraft und Energie mich das an manchen Tagen kostet?

Wer sieht die fast übermenschliche Macht, die mich so oft behindern will…?

Wer sieht meine Erschöpfung?

Wer sieht meine gefühlte Reizüberflutung?

Wer sieht MICH???

Wer sieht mich NACH einem langen (oder normalen) Tag, wie ich all meine Kräfte verloren habe, mein **Selbstbewusstsein, meine Authentizität und meine Selbstachtung?**

Wer sieht mich dann als Häufchen Elend?

ICH sehe mich so und das tut weh!

Mein Mann sieht mich so und dies tut ihm weh und mir für ihn.

Wer ahnt, was wir täglich leisten?

Es ist müßig darüber nachzudenken – eines ist sicher: „The Show must go on!" Auch morgen werde ich wieder versuchen mein Bestes zu geben. Für MICH!

Das gilt für Patienten ebenso, wie für Angehörige und manchmal schmerzt es einfach, wenn all der Kraftaufwand nicht gesehen und womöglich noch unschön kommentiert wird.

Mein Mann und ich haben schon zu meinen schlechten MS-Zeiten immer gesagt, dass die Angehörigen zu wenig beachtet werden. Dass man sie nie oder selten fragt, wie es ihnen mit diesen Umständen geht. Mein Mann hat dazu als „Angehöriger einer MS-Kranken" sogar mal einen Artikel geschrieben:

(https://einblick.ms-persoenlich.de/artikel/tabubruch-angehoerige-und-partner-von-chronisch-kranken-einmal-aus-einem-anderem).

Wir haben damals schon VIEL über dieses Thema gesprochen und nun befinde ich mich plötzlich selbst auf der anderen Seite - leider habe ich aber noch dazu mein Paket MS dabei. Ich muss es tragen ... und doch nicht unter der doppelten Last zusammenbrechen!

> **Ich möchte deshalb die Sensibilität dafür schaffen, auch mal hinter die Kulissen zu schauen, mal die ganze Tragweite wahrzunehmen!**

Meine Familie und einige gute Freunde tun das, aber nicht alle...

Und manchmal schmerzt es schlicht und ergreifend, wenn man mit all seinem Tun und der unter widrigen Umständen vollbrachten Leisten nicht gesehen wird.

Umso mehr bedeutet es mir, wenn Freunde ganz selbstverständlich fragen, wie mein Mann UND ich das schaffen und sich Lösungen überlegen, wie sie uns beiden helfen können und somit dieser besonderen Situation gerecht werden. Das rührt mich immer sehr, denn den Blick auf das Ganze zu haben, das schaffen nicht Viele.

Gut, wenn man Familie und ein paar Freunde hat, die das begreifen, denn deren Hilfe ist dann auch umfassender....

Große Dankbarkeit erfüllt mich dann, denn solche Menschen sind unbezahlbare Schätze!

Es ist als Angehöriger auch wichtig, sich Tage mit Muße zu schöpfen. Darunter fallen beispielsweise mal eine schöne Massage, ein gutes Buch zum Lesen oder das zu tun, was IHNEN so richtig guttut. Ebenso ist es wichtig, seine Hobbys zu pflegen oder sich neue zu schaffen.

Mir tut das Schreiben als „therapeutisches" Schreiben sehr gut und so ist ja auch inmitten des Sturms dieses Buch entstanden. Mich treibt es in schweren Situationen geradezu danach, mich hinzulegen (meine Form der Pause und auch um die Fatigue zu verhindern oder auszubremsen) und dann muss ich einfach alles herausschreiben. Das hat natürlich glücklicherweise noch den Vorteil, dass es für Andere auch noch etwas bewirkt! :)

Außerdem male ich ja sehr gerne und wenn es meine Erschöpfung zulässt, dann packe ich meine Farben und die Leinwand aus und lasse meiner Kreativität freien Lauf.

Ich tue das alles für MICH, um Kraft schöpfen zu können und einen Ausgleich zum traurigen Alltag mit einem Schwerkranken zu haben. Somit ist es auch FÜR meinen Mann, denn ihm kommt meine wiederhergestellte BALANCE ja auch zu GUTE!

Sich selbst aufzugeben um NUR für den Partner da zu sein, ist nie gut. Wir MÜSSEN einigermaßen fit bleiben, um voll und ganz die Energie-Reserven für den Betroffenen übrig zu haben.

Auch ein Kaffeeklatsch mit Freundinnen tut mir ab und an gut. Daran konnte ich die ersten Wochen nicht denken – auch, weil ich ihn nicht alleine lassen wollte. Aber so langsam werden meine Lebensgeister auch wieder geweckt und ab und zu habe ich Lust darauf. Am Anfang habe ich das nur so regeln wollen, dass ich nicht weit entfernt war – denn ich wollte im Notfall schnell Zuhause sein. Ebenfalls wollte ich mir nicht die Arbeit antun, Zuhause Gäste zu empfangen, zumal das auch für meinen Mann zu viel war.

✓ **Aber es ist wichtig, dass WIR unser EIGENES Leben weiterführen, dass wir weiterhin genießen und Freunde empfinden wollen.**

Mit einem Kreis meiner Nachbarinnen feiern wir auch immer privat „Altweiber-Fastnacht" – sie fragten mich sogar, ob wir es in Anbetracht der schweren Erkrankung meines Mannes überhaupt feiern sollten. Meine klare Antwort auf diese liebevolle Geste war: „JA, denn das Leben geht weiter!". Außerdem möchte ich versuchen, in diesem kleinen Kreise auch mitzufeiern und Freude und Spaß zu haben. Die Erkrankung meines Mannes kann ich nicht ändern, aber ich kann dafür sorgen, dass ich meine Kraftreserven auftanke. Er steht voll hinter mir und freut sich mit mir.

Auch das gehört nämlich zum Thema „Alltag". Wenn ich mich trauernd in eine Ecke setze, kann ich ihn leider auch nicht mehr gesund machen. Ich kann an einem solchen Abend dafür sorgen, dass er versorgt ist und eventuell einen nahen Angehörigen bitten bei ihm zu bleiben. Das muss alles organisiert werden – aber genau das ist unser neuer Alltag – und auch dieser will gelebt werden.

Ich werde unsere Situation beim Feiern nicht völlig vergessen, aber ich kann mal einfach nur ICH sein – nicht die pflegende Ehefrau.

Ich nehme dies nur als Beispiel um Ihnen aufzuzeigen, dass es so wichtig ist, für sich selbst zu sorgen – um die Kraft für den Betroffenen überhaupt aufbringen zu können.

Ebenso muss man lernen, auch einmal „NEIN" zu sagen. Man kann sich einfach nicht ganz aufgeben. Und auch wichtige Telefonate mit Behörden kann man auf einen späteren Zeitpunkt verschieben, wenn man als Angehöriger gerade nicht die Kraft dazu hat. Auch das darf man sich zugestehen.

➤ **Wir können nicht immer funktionieren!**

Wir funktionieren schon fast 24 Stunden täglich, um uns und unserem Angehörigen einen möglichst GUTEN Tag zu gestalten, um ihn zu entlasten, Dinge abzunehmen und aufzupassen, dass er seine Medikamente regelmäßig nimmt. Wir tun enorm viel – das scheint manchmal unterzugehen, aber man darf es sich immer wieder ins Bewusstsein holen. Und jeder Mensch, der arbeitet, braucht Pausen und einen Feierabend. (Letzteren haben wir quasi mit einem pflegebedürftigen Angehörigen kaum). Es gilt lediglich, dies alles so zu organisieren, dass es eine befriedigende Lösung für beide Parteien gibt.

➤ **Wenn man selbst mal völlig erschöpft ist, MUSS man sich seine Pausen gönnen; man muss in sich hineinhorchen und feststellen, wo der Stressfaktor liegt und wie man ihn bewältigen kann.**

Meine Kinder haben mir beispielsweise vorgeschlagen, dass ihre Männer mal auf meinen Mann „aufpassen" könnten und wir Mädels in dieser Zeit mal shoppen gehen! Genial! :)

Natürlich hat nicht jeder so viel Helfende um sich, aber auch da sollte es Lösungen geben.

Im nächsten Kapitel geht es um den „Pflegegrad" – den haben wir beantragt und dort gibt es Möglichkeiten, dass man Hilfe bekommt.

*Werde ich als *helfender* Angehöriger gesehen?

Blogbeitrag 12.11.19

Manchmal habe ich das Gefühl, dass ich nicht gesehen werde. Nicht vom Erkrankten und auch von manchem Umfeld nicht.

Ich schreibe diesen Text, damit sich andere helfende Angehörige verstanden fühlen, denn ich bin mir sicher, dass es den meisten von uns so geht…

Ich glaube auch, dass es ein Dilemma ist, in dem wir uns befinden: zwischen helfen, den Alltag planen und die noch so kleinen Dinge organisieren (wie Medikamente) und dem Dasein der „normalen" Partnerin. Normal ist allerdings schon lange nichts mehr.

Wenn man mit einem dementen Partner zu tun hat, ist das Verhältnis zwischen dem Betroffenen und dem Angehörigen zwangsläufig manchmal nicht mehr auf Augenhöhe.

Und wie viele Dinge erledigen wir einfach so – ohne, dass es überhaupt jemand bemerkt. Und wie oft wird dann das ein oder andere noch vom Erkrankten hinterfragt.

Ein Beispiel: Ich verwalte komplett die Medikamente meines Mannes und schreibe ihm für den wöchentlichen Arztbesuch (Blutabnahme) immer die Medikamente auf, die er wieder neu braucht. Jedes Mal kommt dann mehrfach die panische Frage: „Habe ich noch genug, ist alles in Ordnung…???" Jedes Mal antworte ich: „Natürlich. Du hast noch genügend Medikamente bis Du das neue Rezept bei der Apotheke einlöst, sie es gegebenenfalls bestellen müssen und Du es dann rechtzeitig abholst!" Jedes Mal!

Jedes Mal halte ich die Luft an, jedes Mal versuche ich gleichbleibend freundlich zu sein und doch merke ich, wenn er dann etwas aggressiv nachfragt (nochmals!!!), dass es mich auslaugt.

Mich laugt es aus, so Vieles unsichtbar zu tun, immer und immer wieder die gleichen Sachen erklären zu müssen, immer für alles verantwortlich zu sein und so viele Dinge im Stillen nebenbei zu erledigen, damit der Alltag möglichst reibungslos laufen kann. Mich laugt es aus.

Mich laugt es aus, immer mitdenken zu müssen, die Launen aushalten zu müssen (da sie teilweise zum Krankheitsbild dazu gehören), morgens einen weinenden Mann am Frühstückstisch sitzen zu haben und wieder den von ihm gedeckten Tisch für mich zusätzlich decken zu müssen. Er merkt es offensichtlich nicht und deckt zwar stolz den Tisch: aber nur für sich.

Ich fühle mich manchmal nicht gesehen und es laugt mich aus.

Und ich weiß, dass ich noch ganz am Anfang stehe. Es wird noch schlimmer – das ist mir bewusst.

Als er damals aus dem Krankenhaus nach Hause kam und ihm das Ausmaß seiner Erkrankung bewusstwurde, hatte er mir öfters mal gesagt, dass er wisse, wie viel ich leiste. Das hat sich nun im Alltag verloren. Er ist – je länger die Chemo und Bestrahlung her ist – wieder etwas fitter geworden und zwar nicht weniger dementer, aber irgendwie anders... so dass es sich im Alltag teilweise besser händeln lässt. Aber er hat scheinbar das Gefühl, dass er wieder „normal" sei und so agiert er auch in vielen Situationen, ohne zu merken, was er da gerade tut, „anstellt" oder sagt.

Es laugt mich aus.

Ich habe selbst mit meiner MS zu kämpfen, ich muss immer noch starke Beruhigungsmittel nehmen, damit ich meinen Alltag schaffe. Damit ich es schaffe, möglichst gut für ihn sorgen zu können. Diese Beruhigungstabletten haben als Nebenwirkung schwere Albträume und so quäle ich mich jede Nacht durch fürchterliche abartige und nicht greifbare Träume – und habe auf Grund der MS doch sowieso Schlafstörungen.

Es laugt mich aus.

Ich kann diesem Teufelskreis nur entkommen, indem ich für MICH sorge. Indem ich mir Zeit für mich nehme, indem ich Dinge tue, die mir guttun.... Da haben wir aber auch schon das nächste Problem: Mein Mann sucht Nähe und sitzt beziehungsweise liegt den ganzen Tag im Wohnzimmer. Da ich auf Grund meiner MS ja auch viel liegen muss und mir schon seit jeher eine Ecke als meine kleine „Schaltzentrale" eingerichtet habe, liegen wir oft gemeinsam im Wohnzimmer. Das bedeutet aber neben der Nähe auch, dass ich wenig Freiraum habe. Ich lade kaum Freundinnen zu mir ein, da wir hier nicht in Ruhe reden können. Auch das Telefonieren gestaltet sich schwierig, da er, wenn ich den Raum verlasse, wie ein kleines Kind agiert und fragt, ob ich Geheimnisse hätte. Es lähmt mich – es laugt mich aus. Und so gehe ich zu den Freundinnen, nehme oft einen gebackenen Kuchen als Dank mit und bin für jeden Moment froh, den ich nicht Zuhause sitze. Ich kann mich dann erholen, kann meine Sorgen erzählen und mal nur die „Heike" sein und nicht die pflegende Angehörige.

Aber, auch das ist nur relativ, denn ich habe immer das Handy neben mir liegen – falls es einen Notfall gibt und er mich anruft. Und: ich weiß nie, was mich erwartet, wenn ich nach Hause komme. Manchmal scheint alles ok zu sein, ein anderes Mal schreckt er dermaßen tief aus einem komatösen Schlaf hoch, dass er nicht weiß, wo und wer er ist… und hat ganz glasige Augen (wie bei seinen epileptischen Anfällen). Ein anderes Mal empfängt er mich mit Tränen in den Augen oder will mir etwas abnehmen (zum Beispiel die Kuchenform) und ist dabei so überfordert, dass wir gefühlte Stunden brauchen, um das zu regeln… und der Hund mittendrin, da er diese merkwürdige Situation spürt.

Es laugt mich aus.

Es macht mich fertig.

Und manchmal könnte ich einfach losheulen.

Nichts ist mehr, wie es war. Nicht mehr ansatzweise. Mein „Ehemann" ist quasi verschwunden und ein zu pflegender Angehöriger ist an seine Stelle getreten. Ganz normale Unterhaltungen sind fast gar nicht mehr möglich, weil er entweder den Zusammenhang nicht mehr begreift oder beim Antworten völlig abschweift und durcheinanderkommt. Nicht falsch verstehen: ich weiß, dass das Teil seiner Erkrankung ist und als solches werte ich es auch. Aber: es ist nicht mehr unser Leben. Es ist ein anderes beschwerlicheres Leben und – es laugt mich aus!

Und all das merkt er nicht. Selbst Freunde sagen manchmal: „Sei doch froh, dass er seine Beeinträchtigungen nicht so bemerkt!". Tja, einerseits ist das gut, andererseits macht es das für mich umso schwerer. Er ist einerseits wie ein Kind und doch ist er ein Erwachsener – aber ein beeinträchtigter! Diese Gratwanderung täglich, stündlich, minütlich zu bewältigen – das laugt aus!

Bei aller Liebe, bei allem Verständnis: ich **muss** es aushalten!!! Noch dazu mit meinem Paket – der MS!

Einfach ist anders.

Einfach… das Wort kenne ich schon gar nicht mehr und doch weiß ich, dass es erst der Anfang ist, denn es werden noch viel schwere Zeiten kommen. Ich sollte dankbar sein, dass es noch so ist, wie es ist – und ich bin es auch. Nichts desto trotz laugt es mich aus. Auch das ist ein FAKT!

Und dann stellt sich mir immer die Frage: Werde ich als helfender Angehöriger gesehen? Wer sieht all meine Mühen, wer sieht meine Erschöpfung?

Natürlich gibt es liebe Menschen, die es sehen – aber sicher nicht in dem Ausmaß….

Ich würde mir so wünschen, dass mein Mann es sehen könnte – denn dann hätten wir eine andere Basis. Aber ich weiß auch, dass er es nicht sehen kann!

Aber – es laugt mich aus!

Foto copyright 2019 Gerald Meier

Es gibt Berge, über die wie hinüber müssen.
Ob wir wollen oder nicht.
Denn nur so wird unser Weg weitergehen.

-Kerstin D -

Multiple-artS.com

Pflegeversicherung / Pflegegrad

Ganz kurz möchte ich dieses Thema beleuchten, da viele Betroffene gar nicht wissen, dass es die Möglichkeit einer Antragstellung auf Pflegegrad gibt. Dabei kann sie eine wichtige Unterstützung bieten und den/die Angehörigen entlasten; oder die Angehörigen für ihre Arbeit mit dem Patienten „entlohnen"!

Allerdings ist das Procedere nicht einfach. Ich selbst habe einen Pflegegrad und von Antragstellung bis zum Gutachter-Termin hat alles meine Tochter geregelt. Nun endlich kann ich sie auch finanziell entlohnen (ebenso die Schwiegertochter), denn allein die Fahrten, die sie für mich erledigen kosten ja unter anderem auch Benzin-Geld.

Dass solche Gutachter-Termine des MDK (Medizinischer Dienst der Krankenkassen) unterschiedlich verlaufen können und es wohl immer auf die Empathie, Menschenkenntnis und auch Professionalität des Gutachters ankommt, kann man sich vorstellen. Mein Mann und ich haben jeweils völlig verschiedene Gutachter erlebt.

In meinem Fall hatte die Gutachterin wohl alle beschriebenen Kompetenzen und überschaute scheinbar auch die Gesamt-Situation und kannte sich mit MS gut aus.

Im Falle meines Mannes hatten wir Pech: Die Gutachterin war weder empathisch noch fachlich kompetent. So konnte sie den Fachausdruck „Glioblastom" nicht als das erkennen, was es ist und meinte zusätzlich noch völlig erniedrigend: „Naja, in einem Jahr sind sie ja wieder völlig gesund – wir befristen das Gutachten!". Dass die Prognose eines Glioblastoms sehr grauenvoll ist und von einem bis drei Jahren Lebenserwartung ausgeht, war ihr wohl nicht bekannt. Ebenso nahm sie auf die betreuenden Angehörigen keine Rücksicht, befragte nur den Patienten und als wir ihr sagten, dass er vieles (zu seinem Schaden) durcheinandergebracht hätte und wir das gerne korrigieren würden, klappte sie hämisch ihren Laptop zu. Für meinen armen Mann war die fast dreistündige Befragung äußerst kräftezehrend, erniedrigend und demütigend, sowie völlig „daneben"! Er möchte sich nie mehr einem solchen Gutachter-Termin aussetzen, sodass wir dem ermittelten Pflegegrad 1, der viel zu niedrig ob dieser Diagnose und den Folgen ist, leider nicht widersprechen können.

So unterschiedlich können also Begutachtungen innerhalb einer Stadt, innerhalb eines Haushaltes sein und wie so oft ist man relativ machtlos.

Ich kann Ihnen aber nur empfehlen, den **Pflegestützpunkt** in ihrer Stadt zu konsultieren, denn dort arbeiten ausgebildete Sozialarbeiter, die Ihnen mit viel Rat zur Seite stehen können. Sie kommen auch zur Beratung nach Hause, wenn dies erwünscht ist.

Pflegegrad

Das neue Begutachtungsverfahren NBA

Die Gutachter/Prüfer ermitteln nach einem Punktesystem wie selbstständig der Antragsteller noch ist.

- Pflegegrad 1: Geringe Beeinträchtigung der Selbständigkeit (12,5 bis unter 27 Punkte)
- Pflegegrad 2: Erhebliche Beeinträchtigung der Selbständigkeit (27 bis unter 47,5 Punkte)
- Pflegegrad 3: Schwere Beeinträchtigung der Selbständigkeit (47,5 bis unter 70 Punkte)
- Pflegegrad 4: Schwerste Beeinträchtigung der Selbständigkeit (70 bis unter 90 Punkte)
- Pflegegrad: Schwerste Beeinträchtigung der Selbstständigkeit mit besonderen Anforderungen an die pflegerische Versorgung (90 bis 100 Punkte).

Durch die Pflegereform 2016/2017 wurden die bisherigen Pflegestufen 0, 1, 2, 3 in fünf neue Pflegegrade 1, 2, 3, 4 und 5 umgewandelt. Diese Überleitung ist in § 140 Sozialgesetzbuch Elf (SGB XI) verankert.

Seit Januar 2017 werden Pflegebedürftige und Menschen mit eingeschränkter Alltagskompetenz (wie Demenzkranke, längerfristig psychisch Erkrankte oder geistig Behinderte) nun je nach ihrer noch vorhandenen Selbstständigkeit in die fünf Pflegegrade eingestuft.

Dementsprechend erhalten sie dann entweder die passenden Leistungen aus der Pflegeversicherung, oder eine Ablehnung dieser.

Bedeutsam für den Erhalt eines Pflegegrads ist der **Grad der Selbstständigkeit einer Person in folgenden sechs Modulen:**

> ➢ **Modul 1: Mobilität (10 Prozent)**
> ➢ **Modul 2: Kognitive und kommunikative Fähigkeiten (Modul 2 und 3 ergeben zusammen 15 Prozent)**
> ➢ **Modul 3: Verhaltensweisen und psychische Problemlagen**
> ➢ **Modul 4: Selbstversorgung (40 Prozent)**
> ➢ **Modul 5: Bewältigung von und selbständiger Umgang mit krankheits- oder therapiebedingten Anforderungen und Belastungen (20 Prozent)**
> ➢ **Modul 6: Gestaltung des Alltagslebens und sozialer Kontakte (15 Prozent)**

Eigentlich gibt es neben diesen sechs Modulen noch zwei weitere Pflegegrad-Module: **Außerhäusliche Aktivitäten (7)** und **Haushaltsführung (8)**. Allerdings werden diese beiden Module nicht für die Einstufung der Pflegebedürftigkeit herangezogen, sondern sollen beispielsweise Pflegekräfte durch einen Pflegedienst ermöglichen.

Antragsstellung

Den Antrag kann man formlos bei der Krankenkasse des Betroffenen stellen. Er kann auch direkt schon von der von ihm ausgewählten „Betreuerin" (in meinem Fall meine Tochter) gestellt werden.

Daraufhin erhalten Sie Post und Bestätigung der Krankenkasse und anschließend des MDK!

Dann wird Ihnen der Termin zur Begutachtung mitgeteilt.

➜ Ich kann Ihnen insgesamt nur raten, sich im Internet schlau zu machen, damit Sie in etwa wissen, was auf Sie zukommt.

Im Falle meines Mannes erhalten wir nun leider „nur" einen „Entlastungsbetrag" – das heißt, dieser Entlastungsbetrag dient der Erstattung von Aufwendungen, die den Versicherten entstehen im Zusammenhang mit der Inanspruchnahme von Leistungen der Tages- oder Nachtpflege, der Kurzzeitpflege, der ambulanten Pflegedienste im Sinne des § 36, in den Pflegegraden 2 bis 5 jedoch nicht von Leistungen im Bereich der Selbstversorgung sowie von Leistungen der nach Landesrecht anerkannten Angebote zur Unterstützung im Alltag im Sinne des § 45a.

Wir nutzen ihn dafür, dass wir Hilfe beim Einkaufen, Waschen. Putzen und so weiter erhalten, was mich natürlich enorm entlastet und meine Kinder als meine „Betreuer" dadurch ebenso.

(Anmerkung: später haben wir einen Verschlechterungsantrag gestellt, der dann auch gut verlief).

Und dennoch wünscht man sich nur das Eine:

Ein gesunder Mensch
mag tausend Wünsche
haben -

ein chronisch

KRANKER

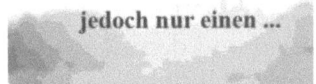
jedoch nur einen ...

Ein nützlicher Link:
https://www.pflege.de/pflegekasse-pflegerecht/pflegeleistungen/zusaetzliche-betreuungsleistungen-entlastungsleistungen-entlastungsbetrag/

Wichtige
Hintergrund-
Infos

ANGST -
Natürlich haben wir alle Ängste

Das Wort Angst beinhaltet ein gewaltiges Ausmaß an Emotionen. Sofort kommen Gefühle hoch, wenn man es hört, es fallen einem eigene ängstliche Momente und auch Ängste ein.

Und natürlich hat man sowohl als Patient als auch als Angehöriger angesichts einer schwerwiegenden und/oder lebensbedrohlichen Diagnose Angst. Angst vor Verlust, Krankheit, Schmerzen und neurologischen Ausfällen (wie Sprache), motorischen Ausfällen wie Lähmungen oder steife Beine und und und. Diese Angst-Palette kann man je nach Erkrankung beliebig und individuell verlängern.

Bei MS ist es beispielsweise die Angst vor Verschlechterung, eines neuen Schubes oder auf Grund der schleichenden Verlaufsform.

Bei einer Krebsdiagnose wie „Glioblastom" ist es vor allem die Angst vor dem „schnellen Ende". Alle Krebspatienten werden das auf die ein oder andere Weise kennen und ihre Angehörigen gleichermaßen mit.

Auch die Angst, wie man eine Chemo- oder Strahlentherapie verträgt, ist dann ein großes Thema.

Deshalb ist es wichtig herauszufinden, wie man als Angehöriger mit den Ängsten des Patienten und den eigenen Ängsten umgehen kann.

Denn davon, WIE man mit der Angst umgeht, hängt Vieles ab: die Lebensqualität, die Beziehung und gar der Verlauf der Erkrankung.

Hier entnehme ich aus meinem Buch „Hilfe annehmen / Abgrenzen /Nein sagen" einige Passagen, um der Angst auf den Grund zu gehen. Denn wenn man den „Gegner" kennt, ist das schon viel Wert. Man kann ihm ins Angesicht blicken und ihm die Stirn bieten.

Was ist ANGST?

Laut „Wikipedia" bedeutet Angst: „**Angst** ist ein Grundgefühl, welches sich in als bedrohlich empfundenen Situationen als Besorgnis und unlustbetonte Erregung äußert. Auslöser können dabei erwartete Bedrohungen etwa der körperlichen Unversehrtheit, der Selbstachtung oder des Selbstbildes sein." (https://de.wikipedia.org/wiki/Angst / Stand Februar2018)

Oder sie wird als ein „beengender und bedrängender" Zustand beschrieben.

Angst ist der Oberbegriff für eine Vielzahl von Gefühlsregungen, deren Gemeinsamkeit auf einer Verunsicherung des Gefühlslebens beruht. Der Psychoanalytiker Fritz Riemann unterscheidet verbundene „Grundängste" des Menschen und beschreibt sie unter anderem als die „Angst vor Veränderung", die „Angst vor der Endgültigkeit".

Und somit hätten wir das Phänomen der Ängste von chronisch Kranken auch geklärt.

> ➢ Unsere Gefühlsregungen und die daraus resultierenden Ängste vor Veränderung unseres Lebens- und Gesundheits-Zustandes und vor allem vor der Endgültigkeit jener Veränderung sind einfach da und real.

Wie oft bekomme ich gesagt: „Ach, mach Dir doch keine Gedanken, ich kann auch morgen von einem Auto überfahren werden!".

Einmal abgesehen davon, wie unfeinfühlig mein Gegenüber in diesem Moment mit meinen ausgesprochenen Ängsten umgeht und wie wenig er sie respektiert: Ja, das kann Jedem passieren, MIR auch. Aber mir noch zusätzlich (!!!) zu meiner Erkrankung und der daraus resultierenden ohnehin schon eingeschränkten Lebensweise.

Angst hindert uns oft daran Hilfe anzunehmen

Angst ist eine so starke Emotion, dass sie verhindern könnte, dass wir Hilfe annehmen. Deshalb gehe ich hier auch ganz ausführlich auf dieses besondere Thema ein. Als Angehörige wollen wir ja dem Betroffenen helfen und das geht nicht, wenn man voller Angst steckt.

Sich also seiner Angst zu stellen und sie (eventuell mit HILFE) zu überwinden, das ist das Ziel!

Wege hinaus aus der Angst

Das Gefühl von Angst kennt jeder. Aber was passiert, wenn sie das Leben stark beeinträchtigt? Wie viel Angst ist normal?

Ohne Angst könnten wir nicht (über-) leben, denn sie bewahrt uns davor, zu viel zu riskieren, und treibt uns wiederum in Gefahrensituationen zu Höchstleistungen an.

Aber es gibt auch die Angst, die unsere Seele völlig aus dem Gleichgewicht bringen kann. Das können sein: Angst vor der schrecklichen Diagnose des Patienten und Angst vor all den damit einhergehenden Problemen, Angst vor der Zukunft, vor dem Alleinsein oder auch davor, dem Leben nicht mehr gerecht zu werden.

Manchmal sind Ängste klar und deutlich, manchmal nicht greifbar. Und oft sind sie unbegründet, aber umso belastender. ANGST ist ein großes Wort und auf jeden Fall macht es etwas mit uns.

> ✓ **Fakt ist: Angst führt in unserem Körper zu einer heftigen Reaktion. Sie kann uns stärken oder schwächen.**

Angst und chronische Erkrankung

Konkreter werden Ängste, wenn es beispielsweise um Angst vor einer Krankheit oder Verschlechterung dieser geht.

Als Betroffener weiß man beispielsweise nicht, wann es zur nächsten Verschlimmerung oder einem Rückfall kommt. Das bedeutet ein Leben in Ungewissheit und das macht schlicht und ergreifend Angst!

Bei chronischen Krankheiten sind die Ängste oft sehr real und leider auch begründet. Oft schaffen Betroffene es kaum selbst aus diesem Strudel der Angst - und dem Schwanken zwischen Angst und Hoffnung - alleine herauszukommen und geraten in eine Abwärtsspirale. Diese muss behandelt werden und auch hier zählt: Sollte es Ihnen so ergehen, bitte suchen Sie sich ärztlichen und/oder therapeutischen Rat und HILFE!

Wenn Sie als Angehöriger solch eine Tendenz beim Patienten wahrnehmen, kann es hilfreich sein, wenn Sie das Thema ansprechen und auch eventuell (notfalls) vorsichtig mit einem Arzt darüber sprechen. Oft sind Menschen in solch einer Situation nicht mehr in der Lage, sich selbst zu helfen und sich um geeignete Maßnahmen zu kümmern.

Sollte es ihnen selbst so ergehen, dann gilt das gleiche Verfahren!

Körperliche Symptome der Angst

Die körperlichen Symptome sind sehr vielfältig. Typisch sind Beschwerden wie Herzrasen, Schlafstörungen, Müdigkeit, Konzentrationsmangel, Schweißausbrüche, Zittern, Verspannungen, Schwitzen, Übelkeit. Die Psyche ist in dieser Situation in einem Zustand höchster Anspannung – bereit, blitzschnell mit Kampf oder Flucht zu reagieren.

Treten diese Symptome längere Zeit auf, können sich daraus Erkrankungen wie Depressionen, Bluthochdruck oder Rückenschmerzen entwickeln. Am besten ist es daher, der Ursache für den Unruhezustand auf den Grund zu gehen und einen Arzt aufzusuchen.

Angst vor Verlust der Gesundheit

Der Verlust von Gesundheit ist in unserer Gesellschaft ein ernst zu nehmendes Handicap, weil man dann einfach nicht mehr so leistungsfähig ist, wie ein vergleichbar Gesunder. Das kann Abhandenkommen von Jobs bedeuten, Verlust von Verantwortung und vieles mehr! Damit haben viele Behinderte zu kämpfen.

An einer schweren oder lebensbedrohlichen Krankheit zu leiden, die sich stündlich verschlechtern kann; eine Krankheit, bei der man nicht weiß, ob man am kommenden Morgen noch im gleichen körperlichen Zustand aufwacht, in dem man eingeschlafen ist; eine Krankheit, bei der man am Morgen nicht weiß, ob man bis abends noch diesen Zustand halten konnte...: solch eine Krankheit zehrt an den Nerven und das macht ANGST: **Schlicht und ergreifend Angst.**

In meinem Fall ist es so, dass ich die Angst, was meine MS betrifft, recht gut im Griff habe und sie keine Priorität einnimmt. Das ist sicher Teil meiner Lebenshaltung, aber auch Glück, dass ich einfach ein unverbesserlicher Optimist bin. Allerdings gibt es auch Tage, da überfällt sie mich scheinbar „grundlos", ohne konkreten Auslöser.

Ich habe gelernt abzuwarten, keine Panik zu bekommen – mir Ruhe zu gönnen und mich in Geduld zu üben.

Aber nun der sehr lebensbedrohlichen Krebs-Erkrankung meines Mannes ins Auge zu schauen: Das ist einfach noch einmal eine neue

Dimension. Es ist noch viel mehr eine tickende Zeitbombe und eine unglaubliche Bedrohung der Unendlichkeit. Dass wir alle irgendwann sterben müssen, das wissen wir. Wenn das aber so vorzeitig passiert, dann entkräftet es uns und stellt die Welt auf den Kopf. Vieles, das wir geplant hatten, kann nun vermutlich nicht mehr – und nicht mehr „so wie vorher" stattfinden. Träume platzen, Gelegenheiten zerfließen und die Chancen werden kleiner. Das macht Angst und zwar GREIFBA-RE Angst.

Angst um den Partner und was er eventuell noch alles aushalten muss und Angst um sich selbst (als Angehöriger). Denn unsere Welt wird ebenfalls auf den Kopf gestellt und auch wir gehen einer sehr ungewissen Zukunft entgegen. Wir wissen auch nicht, wie wir diesen Weg schaffen, welche Blessuren wir davontragen und schließlich: Wir haben einerseits das riesengroße Glück, dass wir weiterleben dürfen – aber auch das wird wieder NEU für uns sein und mit vielen Ängsten zusammenhängen. Emotionale Ängste (auch vor dem Alleinsein) und vielleicht auch finanzielle Ängste. Wie wird sich die Wohnsituation verändern (müssen) und so weiter!

Die Angst annehmen

Es ist wichtig (wenn auch schwer), die Angst anzunehmen. Mir hilft es, wenn ich sie verstandesmäßig „begründen" kann – es mir erklären kann. Aber ich kann mich auch kurzfristig mal in meiner Angst verkriechen und male mir dann all die Horror-Szenarien aus: „Morgen wird er mit einem epileptischen Anfall aufwachen, oder nicht mehr sprechen können…. und Vieles mehr!

Konfrontation mit der Angst

Der Angst ins Gesicht schauen - ganz direkt: so kann man sich ihr als ersten Schritt stellen – nicht wegschauen, nicht verdrängen! Man kann als nächsten Schritt versuchen, sie zu überwinden, sich „zur Vernunft" rufen und versuchen, wieder die Kontrolle über sich zu erlangen. Ich mache dann das, was mich meine MS gelehrt hat: Mich in Geduld üben; mich ablenken und abwarten, bis „es" hoffentlich vorbei ist.

Einfach ist das nicht und es war ein langer Weg bis zu meiner recht guten „Angstfreiheit", aber auf jeden Fall war es ein Weg voller Disziplin zu üben, mich dem zu stellen und etwas dagegen zu tun: zu handeln!

Nun übe ich die gleichen Schritte in Bezug auf den Gehirntumor meines Mannes. Ich sehe die Bedrohung, aber versuche, sie nicht über mich zu stülpen, sondern sie abzuwehren. Ich schreibe bewusst „versuche", denn es wäre unwahr, etwas anderes zu behaupten. Ob ich es jemals schaffe: ich weiß es nicht. Ich übe und übe und rede mit guten Freunden darüber, in der Hoffnung, ein paar liebevolle und gute Tipps zu erhalten – oder einfach mal eine andere Sichtweise zu erhalten und diese Situation aus einer anderen Perspektive zu betrachten.

Anmerkung: ich schreibe hier von „normaler" Angst, die nichts mit Panik-Attacken oder ausgewachsenen Ängsten zu tun hat. Diese gehört immer in die Hand von Fachleuten!

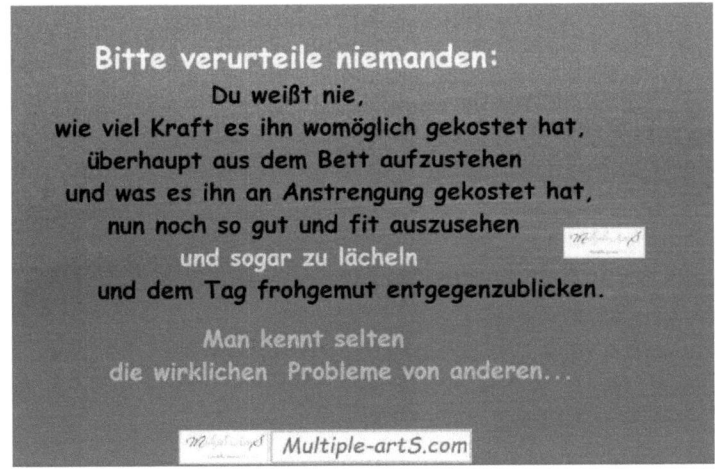

Wird man krank vor lauter Sorgen?

Ein Grund von Ängsten ist der Verlust von Sicherheiten.

Angsterkrankte sind allerdings permanent in Sorge. Dabei ist der Anlass oft nachvollziehbar, das Ausmaß aber nicht. Die Angst schränkt Betroffene im Alltag ein, lässt sie leiden. Deshalb kann man wohl vor lauter Sorge krank werden. Und Sorgen und Beklemmungen können sich zu einer Angststörung auswachsen.

Körper und Geist müssen im Einklang sein

Noch dazu sind Geist und Körper meiner Meinung nach niemals getrennt voneinander zu betrachten. Ich bin der festen Überzeugung, dass sie im Einklang, in einer guten Balance sein müssen, damit beide zusammen funktionieren können.

Sie sind keine zwei voneinander getrennten Dinge, sondern tatsächlich sind beide untrennbar verbunden. Denn nahezu alles, was unser Körper tut, wird mittels Signalen aus Gehirn und Rückenmark gesteuert oder reguliert - dem Zentralnervensystem (ZNS).

Die Verbindung von Körper und Geist

„Wissenschaftler sind sich seit langem im Klaren über die Verbindung zwischen Körper und Geist im Hinblick auf Krankheiten, und

145

eine Reihe von Studien hat bereits gezeigt, wie der Geist das Immunsystem beeinflussen kann. Eine Studie, in der Medizinstudenten vor und während der Prüfungswoche Blutproben abgaben, erbrachte, dass bei den Studenten die Werte der T-Zellen niedriger waren (Zellen, die eindringende Bakterien angreifen und zerstören), solange sie gestresst waren." (https://www.msundich.de/fuer-patienten/service/living-like-you/lly-artikel/artikel.html?id=191971)

Angst behindert uns im Alltag!

Wer als Patient oder Angehöriger mit einer schweren Erkrankung lebt, muss auf viele „Sicherheiten" zwangsläufig verzichten. Wir leben umgekehrt sogar mit sehr vielen Unsicherheiten. Und das macht Angst. Und das ist OK.

Angst zu haben ist ok!

Angst zeigt uns auf deutliche Art und Weise, was uns im Innersten beschäftigt. Und nun kommt es auf uns selbst an:

✓ **Wir müssen uns der Angst stellen um sie bewältigen zu können!**

Es lohnt sich immer, die eigene Angst zu hinterfragen und das zu ergründen, was einem selbst Stress bereitet.

Wenn wir der Angst ins Angesicht blicken, haben wir bereits den ersten wichtigen Schritt in Richtung Heilung unternommen: Wir sind nämlich weder weggelaufen noch haben wir weggeschaut. Das zeigt unsere Bereitschaft hinzuschauen und zu HANDELN!

Herzlichen Glückwunsch! ☺

Wege aus der Angst

Hinzuschauen bedeutet „Wahrnehmen und Annehmen" der Angst und signalisiert, dass wir bereit zum Handeln sind – dass wir bereit sind, Strategien zu erlernen oder anzuwenden, die uns Wege aus der Angst aufzeigen und ebnen. (Siehe auch „Coping"). Nicht immer schafft man diesen Weg alleine und sollte sich deshalb auch nicht scheuen professionelle Hilfe zu suchen.

Schwere und chronische Erkrankungen bedeuten immer eins: UNSICHERHEIT! Das heißt, uns wurde am Tag der Diagnose eine gewisse Sicherheit genommen. Die Angst bekam einen Namen!

Unsicherheiten sind schwer auszuhalten und bei einer heimtückischen und unkalkulierbaren Erkrankung erst recht.

Wenn man es erlebt hat von einem auf den anderen Augenblick blind oder gelähmt zu sein – dann ist es schwer *keine* Angst zu haben.

Angst ist wichtig und ok. Genauso wichtig ist es aber auch, sie nicht übergroß werden zu lassen und rechtzeitig Vorsorge zu betreiben. Ein Körper, der ständig mit Angst lebt, also ununterbrochen auf „Flucht" und „Anspannung" programmiert ist, kann nicht entspannen, kann nicht gesund bleiben. Das Immunsystem gerät noch mehr aus den Fugen und die Angst, die lähmend wirken kann, lähmt uns dann tatsächlich. Sie sucht sich unsere Schwachstellen aus: Jene Bereiche, die sowieso schon beeinträchtigt sind und das belastet dann doppelt. ☹

Deshalb ist es so wichtig, dass Körper und Seele im Ausgleich sind, im Einklang und in der Balance!

Nur so ist Heilung möglich. Und mit einem geschwächten und vor Angst erstarrten Körper lässt sich deutlich schlechter gegen die Angst und auch gegen die Erkrankung angehen.

✓ Wir müssen bei UNS SELBST beginnen und die Verantwortung für uns selbst übernehmen.

✓ Wir selbst haben es in der Hand.

Wichtig zu wissen ist:

- **Die Angst zeigt sich bei jedem Betroffenen anders.**
- **Keiner sucht sich seine Ängste aus!**

Unsere Ängste sind so vielfältig wie die Krankheit selbst!

Zum Beispiel: Angst vor Verschlechterung, einem neuen Krankheits-Schub, vor dem „Rollstuhl" und insgesamt vor Mobilitätsverlust, vor Demenz, vor Inkontinenz, vor Hilfsbedürftigkeit, dem Sterben und Vielem mehr. Wir haben dann Angst vor der Zukunft und was uns die Erkrankung PLUS das Schicksal ansonsten noch bringen könnten. Und das ist für mich auch der große Unterschied zu Gesunden:

Jeder hat Ängste und jeder kann morgen vom Bus überrollt werden. Das ist aber bei einer chronischen Erkrankung kein Trost, denn wir SIND BEREITS gehandicapt und unheilbar krank und ja, auch wir können vom Bus überrollt werden. Wir leben nicht im Entferntesten das Leben, das ein Gesunder lebt, falls er morgen vom Bus überrollt wird. **Wir haben bis dahin schon mit zum Teil sehr starken und schweren Einschränkungen gelebt – leben müssen.**

Wer es, wie bereits erwähnt erlebt hat, von jetzt auf gleich eine vielleicht bleibende Beeinträchtigung erlitten zu haben, der hat allen Grund ängstlich zu sein. Und doch bin ich fest der Meinung, dass wir es lernen können, mit dieser Angst zu leben. Wir müssen es lernen, oder haben wir eine andere Wahl? ICH möchte es lernen und bin auf diesem Weg, denn ich möchte mein eingeschränktes Leben genießen können – möglichst angstfrei. Ich möchte lebendig sein und nicht vor Angst gelähmt!

Und ich möchte für meinen kranken Mann die Energie und Kraft haben, die er benötigt!

Anmerkung: Ich schreibe hier von „normalen" Ängsten. Schwere und häufige Angstzustände gehören in die Hände eines erfahrenen Arztes und Therapeuten!

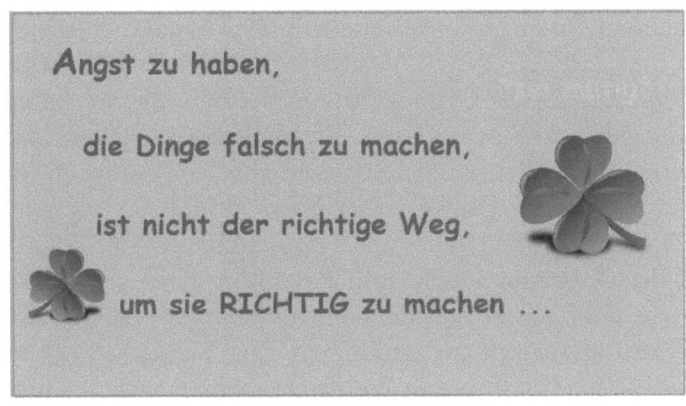

Angst zu haben,

die Dinge falsch zu machen,

ist nicht der richtige Weg,

um sie RICHTIG zu machen ...

TIPPS, um der Angst zu entkommen

Es gibt natürlich keine Wundermittel und auch nicht „DEN" Tipp.

Ich habe viel recherchiert und hier mal zusammengetragen, was man beachten und schon präventiv betreiben oder auch als „Erste Hilfe" anwenden kann.

Aber noch einmal zur Erinnerung:

> **Sich Hilfe zu suchen, ist kein Zeichen von Schwäche, sondern ein klares Zeichen dafür, dass man gewillt ist sein Leben in die Hand zu nehmen!**

Der erste Schritt besteht deshalb erst einmal darin inne zu halten, sich der eigenen Situation bewusst zu werden und zu erkennen, was eigentlich los ist - um sich dann der Angst stellen zu können.

Es ist wichtig das Neue – wenn auch Unwillkommene – zu akzeptieren. Es ist nun mal so und das gilt es anzuerkennen.

Die Angst als Feind zu sehen ist nicht hilfreich. Besser ist es, die Angst als das zu sehen, was sie ja auch ist: Als eine Art **Warnzeichen!** Denn immerhin macht sie uns doch auf Situationen aufmerksam, die für uns unerträglich, traurig oder gefährlich sind. Und sie ist in diesem Fall ein Indikator dafür, dass etwas gerade nicht stimmt in unserem Leben...

In meinem Buch „Die Reise zum Glück" habe ich viele Tipps gegeben, unter anderem gegen negatives Denken: Es hilft beispielsweise, sich jeden Abend fünf Gründe aufzuschreiben, die an diesem Tag gut gelaufen sind, worüber wir uns gefreut haben und worauf wir stolz sein können. Das hilft, seine Gedanken auf das Positive zu richten und somit die „Angst" schon vorher beim „Schopfe zu packen" und macht tatsächlich glücklicher und selbstsicherer. Oft fokussieren wir uns auf die negativen Dinge und Erlebnisse und das ist schade. Immerhin hat ein Tag 24 Stunden und es werden täglich nicht volle 24 Stunden erfolglos sein, in denen wir nur Negatives erfahren, nicht lachen oder nicht positiv sein können. Es hilft wirklich - probieren Sie es mal aus, denn auch wenn es nur Kleinigkeiten sind, wird es immer Dinge geben, die uns erfreuen! ☺

Prävention /Vorsorge gegen Ängste

Prinzipiell ist es sinnvoll, sich seiner aufkeimenden Angst zu stellen.

Man kann sein Leben so gestalten, dass man lernt, sich über die kleinen Dinge zu freuen, sich Pausen gönnt und mehr im „HIER und JETZT" lebt. Wenn man die Gegenwart mehr genießen kann, stabilisiert das und nimmt kleinen Ängsten den „Wind aus den Segeln"!

Auszeiten während des Alltags und des Tagesablaufes einzuplanen, diese sich auch schön zu gestalten (Kaffee, Musik) – das tut der Seele gut.

➢ **Eine glückliche Seele ist nicht so schnell ängstlich und weiß sich zu helfen.**

Dazu gehört auch, sich ab und an etwas Schönes zu gönnen. Man kann überlegen, was einem GUT tut.

Des Weiteren sind soziale Kontakte sehr wichtig. Denn wer über seine Ängste sprechen kann, überwindet sie viel leichter.

Entspannende Techniken wie Meditation oder progressive Muskelentspannung sind ebenfalls hilfreich, sowie auch autogenes Training.

Tipps gegen Angst-Attacken

Während einer Angstattacke kann man versuchen

- tief ein- und ausatmen (ruhig zu atmen)
- etwas zu kauen, wie Kaugummi oder Mandeln/Nüsse, denn kauen baut Stress ab und entspannt
- sich das STOPP-Wort laut und deutlich vorsagen
- sich ein Gummiband ans Handgelenk anziehen und es so lange schnappen/ziepen lassen, bis die Angst weniger wird
- etwas Kaltes trinken – das erfrischt und regt den Organismus an
- mit seinen Ängsten zu „sprechen": „Hallo, da bist Du ja schon wieder!" – das nimmt den Druck
- sich mehr ins Außen richten, sich um- und abzulenken mit dem Betrachten eines Vogels, Hauses, von Menschen und Bussen usw.
- sich etwas Gutes tun: zum Beispiel Musik hören, singen, tanzen, telefonieren, malen und Vieles mehr
- sich bewegen

Wichtig ist:

> ➢ Es sind nicht die Symptome, die einen Angstanfall auslösen, sondern lediglich die BEWERTUNG der Symptome durch uns selbst!

Natürlich ist das angesichts einer lebensbedrohenden Krankheit leicht gesagt. Die Diagnose und/oder Prognose steht im Raum, sie erschreckt uns und hebelt alles Gewesene vielleicht erst einmal aus. Trotzdem halte ich es für wichtig, sich all der Theorie bewusst zu werden, damit man einen besseren oder bewussteren Umgang damit finden KANN!

Das wünsche ich Ihnen von Herzen, damit sie die nötige Kraft für den Patienten haben!

Selbstfürsorge

Hier möchte ich mal auf das Wort „Selbstfürsorge" eingehen und warum es für (pflegende) Angehörige so enorm wichtig ist.

ICH GLAUBE an MICH!

Selbst-Achtung und Selbstwertgefühl

Selbstachtung ist eng verknüpft mit dem Selbstwert (auch: Selbstwertgefühl, Selbstwertschätzung, Selbstachtung, Selbstvertrauen, oder unpräziser: Selbstbewusstsein, Eigenwert, umgangssprachlich auch Ego). Die Psychologie versteht darunter die Bewertung, die man von sich selbst hat. Das kann sich auf die Persönlichkeit und die Fähigkeiten des Individuums, die Erinnerungen an die Vergangenheit und das Ich-Empfinden oder auf das Selbstempfinden beziehen. Äußere Faktoren können das Selbstvertrauen prägen, wenn bei bestimmten Anforderungen hinreichend objektive Gründe gegeben sind, wie zum Beispiel Methodenkompetenz, ausreichende Kenntnisse oder Erfahrungen, wiederholte Tätigkeiten in ähnlichen Situationen oder Ähnliches. Ein hohes Selbstvertrauen gegenüber Anforderungen zeigt sich,

wenn vorausschauend eingeschätzt wird, dass diese Situation gut ge-
meistert werden kann. Ein zu hohes Selbstwertgefühl muss jedoch
keineswegs günstig sein und kann sich zu Überheblichkeit entwickeln,
was bei Anderen Antipathie hervorruft.

(Quelle: https://de.wikipedia.org/wiki/Selbstwert)

Die sechs Säulen des Selbstwertgefühls:

Neben den im Laufe der Entwicklung wichtigen Faktoren zu einem
gesunden Selbstwertgefühl, nennt der Psychologe Nathaniel Branden
die folgenden Bedingungen, die „die sechs Säulen des Selbstwertgefühls" bilden:

1. Bewusstes Leben
2. Selbstannahme
3. Eigenverantwortliches Leben
4. Selbstsicheres Behaupten der eigenen Person
5. Zielgerichtetes Leben
6. Persönliche Integrität

Authentische Selbstsicherheit und Selbstwertgefühl sind nach der
Meinung Brandens in einem positiven Ansatz weitgehend abgekoppelt
von der Rückmeldung eines Gegenübers. (https://de.wikipedia.org/wiki/Selbstwert)
Wenn die ACHTUNG vor sich SELBST da ist, schätzt man die ei-
gene Person wohlwollend. Wenn wir andere Personen achten, dann
schätzen wir sie auch, dann sind wir ihnen gegenüber respektvoll und
höflich. **Genau das sollten wir auch uns selbst gegenüber gelten
lassen.** Ähnlich wie beim Selbstvertrauen würde eine mangelnde
Selbstachtung beinhalten, dass wir uns selbst ablehnen, uns ungesund
hinterfragen und immer befürchten, andere könnten schlecht über uns
denken. Das verursacht Stress und Angst und kann sich in körperlichen Symptomen äußern – beispielsweise in Depressionen und Fatigue.

Die „Zauberformel" um an mehr Selbstachtung zu gelangen wäre demnach, sich vorzustellen, wie wir anderen Menschen gegenüber in bestimmten (Problem)-Situationen reagieren würden. Würden wir sie beschimpfen, oder würden wir sie eher trösten und versuchen ihnen zu helfen? Mit Sicherheit würden Sie die letzten beiden Dinge tun und dies gilt es sich zu verdeutlichen. Sie mögen Ihren Partner auch mit all seinen Schwächen, Fehlern oder Macken. Und er Sie ebenfalls. Deshalb dürfen auch SIE sich SELBST mit all diesen Schwächen mögen… Dazu gehört natürlich auch, dass Sie die Erwartungen an sich auf ein normales Maß herunterschrauben und Ihnen bewusst ist, dass Sie nicht perfekt sein müssen. Lernen Sie, sich anzunehmen, mit all den kleinen Schwächen und zollen Sie sich selbst gegenüber Respekt.

Gehen Sie höflich mit sich um und so tolerant, wie Sie auch mit einem Freund umgehen würden! ☺

Sie haben wie jeder andere auch Stärken und Schwächen und wie jeder andere auch sind Sie trotzdem liebenswert. Sie haben genauso viel zu bieten, wie andere auch – vielleicht auf anderen Gebieten…

Es ist sehr wichtig, sich selbst anzunehmen, auch wenn man nicht perfekt ist. Das hat auch nichts mit „Eigenlob" zu tun, sondern mit Wertschätzung sich selbst gegenüber. Nur wenn man seine Stärken kennt, kann man wirkliche Zufriedenheit erlangen, da man diese ausbauen und einsetzen kann.

Sie dürfen sich auch gerne für Ihre Fortschritte belohnen. Setzen Sie sich kleine Ziel-Etappen, die Sie auch wirklich bewältigen können. Wenn Sie Angst vor großen Menschenmengen haben, muss man als erste Etappe ja weder gleich auf den Weihnachtsmarkt gehen, noch den Jahrmarkt oder ein Festival besuchen. Kleine Ziele, die erreichbar scheinen – das sind die ersten Etappen. Haben Sie Geduld mit sich, bleiben Sie möglichst gelassen, auch bei Rückschlägen. Es ist noch kein Meister vom Himmel gefallen. In dem Moment, in dem Sie spüren und wahrnehmen, dass es Ihnen an Selbstvertrauen mangelt, haben Sie bereits den ersten so wichtigen Schritt getan!!! ☺

Selbstfürsorge. Es scheint einfach so, als ob dieses Thema der Angelpunkt unseres Lebens sei.

Irgendwie macht das ganze Leben und Miteinanderleben keinen Sinn und gibt auch keine Kraft für ANDERE her, wenn keine Selbstliebe und Selbstfürsorge praktiziert wird.

Und dazu zählen nicht mal die großen Dinge, sondern KLEINIGKEITEN, die uns einfach GUT tun!

Das kann ein entspanntes Eincremen sein, bei dem wir durchatmen und entspannen können.

Oder auch mal die Wohnung nicht perfekt aufgeräumt zu haben, ohne sich selbst (wieder) niederzumachen.

Manchmal scheint das sehr schwierig zu sein, aber ich spüre dann, dass ich zutiefst dankbar für diese Entwicklung bin!!!

Mein Mann weint seit seiner Diagnose oft, wenn ich das Haus verlasse.... Er kann es nicht regulieren. Das ist ok und Teil seines Krankheitsbildes, aber für einen winzigen Moment macht es mir Schuldgefühle. Bis ich mich ermahne und mir sage, dass ich das darf und auch MUSS, um für MEINE Seele etwas GUTES zu tun! Nur so habe ich dann wieder Kraft wieder für ihn und die besondere Situation.

Aus diesem Grund habe ich dies auch nochmal so aufgeführt – ich wünsche mir, dass Sie sich ebenfalls immer wieder reflektieren und darauf achten, dass Sie wirklich etwas für sich selbst tun.

Manchmal ist es für die Erkrankten nicht einfach, wenn sie unser Tempo miterleben oder auch, dass wir überhaupt weiterleben und auch für die Zukunft sorgen.

Als Bloggerin habe ich beispielsweise immer mal Engagements, die entweder Zuhause zeitintensiv sind, oder ich auch mal über Nacht verreisen muss, um zu einem Meeting zu kommen. Ich merke, dass dies für ihn in der momentanen Situation, in der alles einen oder viele Schritte rückwärts geht, befremdlich ist.

Natürlich konnte ich in den ersten Wochen so etwas nicht wahrnehmen, weil ich es selbst nicht gepackt hätte. Aber momentan (Mitte 2019) geht es für mich und ich möchte auch zukunftsorientiert leben. Mein Leben wird weitergehen, ich werde auf meine Kontakte und auch eventuell die damit in Zusammenhang stehenden kleinen Verdienste angewiesen sein.

Mein Mann musste sein heißgeliebtes Auto abgeben, weil er nicht mehr fahren darf. Ich habe meinen alten Kleinwagen ebenfalls abgegeben, aber bei mir war etwas anderes: Ich hatte die Wahl, denn aus dem Erlös der beiden und vom Gesparten haben wir uns (...ich mir) einen neuen Kleinwagen gekauft. Ich genieße das neue Auto – er weint seinem Auto nach, da es natürlich ein klarer Schritt rückwärts war. Ich sehe nach vorne in eine vielleicht vielversprechende Zukunft – er registriert, was er alles verliert. Das ist hart!

Aber: auch das müssen wir Angehörige mittragen und auch aushalten. Zur Selbstfürsorge gehört auch, dass man solche Dinge trennen lernt. Ich kann mich nicht jedes Mal mit einem schlechten Gewissen in das neue Auto setzten – das würde mich kaputt machen.

Es ist so schwer, sich das immer wieder ins Bewusstsein zu rufen. Deshalb ist es sinnvoll, sich immer wieder klarzumachen, dass wir trotz der Tragödie und des Elends unseres Partners auch etwas Schönes, Neues oder Aufregendes in unserem Leben haben dürfen!

Und wir dürfen uns bewusst machen, dass wir das alles mittragen, denn es „macht" ja schließlich auch mit uns etwas, wenn es beim geliebten Partner rückwärts geht. Das müssen wir aushalten und so in unseren Alltag integrieren zu lernen, dass wir nicht völlig zusammenbrechen.

Wir dürfen uns auch immer wieder vergegenwärtigen, was wir tatsächlich alles aushalten müssen und wie viel mehr wir leisten als vorher. Meine Tage bestehen manchmal nur noch aus Telefonaten mit Ärzten und Behörden, aus Schriftverkehr mit denselben und demzufolge einem ständigen Haareraufen – und an die Grenzen meiner Nervenkraft kommend! Zeitweise könnte ich laut schreien vor Überforderung und Machtlosigkeit.

Und doch antwortete ich oft auf die Frage, wie es mir ginge, mit einem „OK"! Das passiert mir nun, da ich täglich mehr Selbstfürsorge betreibe, nicht mehr: Nein, mir geht es nicht gut. Mich belastet und überlastet die Situation, ich bin hin- und hergerissen zwischen Pflege und Betreuung – und meinen eigenen Bedürfnissen und meinem Leben, so wie es sich noch gestalten lässt. Es geht mir nicht gut. Das ist kein Jammern, sondern ein Zustand. Ein realer Zustand und zu diesem dürfen wir auch stehen!

Wenn wir nicht dazu stehen, verleugnen wir uns selbst und machen unsere Arbeit mit dem Betroffenen klein und das sind wir nicht WERT! **Denn wir sind wertvoll, leisten einen außerordentlichen Beitrag – wie alle Pflegekräfte der Welt, sind auch wir Helden! :)** Das entspringt keinem übersteigerten Selbstwertgefühl, sondern wir leisten manchmal einfach Unglaubliches. Ein Außenstehender kann sich das nicht im Geringsten vorstellen. Das hätte ich „vorher" auch nicht gekonnt. Wir arbeiten oft unsichtbar und im Verborgenen – ohne uns würde das „Konstrukt Alltag" zusammenbrechen.

Und was auch klar ist: Lob vom Betroffenen erhält man oft nicht, denn erstens kann es sein, dass sie so krank sind, dass sie es nicht wahrnehmen können, oder sie sind so in sich und dem Zustand gefangen, dass sie keinen Raum dafür haben. Das heißt also, dass wir uns selbst immer wieder MUT zusprechen müssen.

Ich reagiere mittlerweile auch anders, wenn mir Freundinnen sagen, dass sie es unglaublich finden, was ich leiste. Noch vor ein paar Wochen habe ich abgewunken. Jetzt aber stehe ich dazu: Ja, ich leiste Unglaubliches und Sie ebenfalls. Das ist etwas Besonderes und nicht selbstverständlich.

Für mich mag es zwar eine Selbstverständlichkeit darstellen, aber das macht es nicht weniger anstrengend. Ebenso, wenn wir es wirklich gerne tun – es ist und bleibt eine schwere Aufgabe.

Das dürfen wir uns wirklich immer wieder zugestehen!

Auch das ist Selbstfürsorge!

Und noch ein Text dazu, den ich mitten in einer Erschöpfung schrieb:

*Diese Momente

Diese Momente,
wenn Du nicht mehr kannst…
wenn Du Dich von all der Last erschlagen fühlst…
wenn Du keinen Telefonhörer mehr sehen kannst…
und wenn Du keine Kraft mehr hast, ein Telefonat zu erledigen
oder nur ein Wort zu hören, auf das du antworten musst.
Dieser Moment, in dem Du spürst, dass Du als pflegender Angehöriger Deine Kräfte verlierst,
wenn Du erschöpft und völlig matt in Dich zusammensackst….
wenn Du nicht mehr weißt, wie es noch weitergehen soll….
… und wie Du das schaffen sollst…
Wenn die Tränen nur so purzeln, wenn Dich das Weinen weiter entkräftet und Du nur noch zusammensinkst….
Dann ist es Zeit, auch an DICH selbst zu denken, Dir Freiräume zu verschaffen.
Aber das ist alles andere als einfach: immer hat man das schlechte Gewissen im Nacken sitzen ob der drohenden Prognose mit Endgültigkeit. Immer wieder fühlt man sich verantwortlich und immer wieder gibt es diese Momente, in denen Dir alles zu viel wird!
Ich habe das Glück, dass ich in diesen Momenten schreiben kann und das erleichtert mich – mit einem leckeren Cappuccino oder einem Glas Saft. Was ich aber immer brauche, ist Rückzug – für mich sein, das ist dann notwendig… um mich wieder zu sammeln, um mich zu sortieren und aufzurappeln – um letztendlich wieder aufstehen zu können!
(2019)

Schwere Wege – und trotzdem das Schöne noch sehen

Es ist wichtig, auch mitten im Sturm nicht das Schöne aus den Augen zu verlieren. Einfach ist das nicht, das erlebe ich gerade selbst oft genug. Aber: nur wenn wir es schaffen, sinnbildlich den Kopf über Wasser zu halten und uns auf das Positive zu konzentrieren, haben wir die Chance, nicht im Strudel unterzugehen.

Als Betroffener ist das genauso wichtig wie für den Angehörigen.

Ich habe schon im Laufe meiner 26 Jahre MS oftmals wiederholt lernen müssen, mich auf das Positive zu besinnen. Ich kann heute sagen, dass ich es schaffe, denn ohne diesen Blick würde ich straucheln und depressiv werden. Diese Zeit wiederum hat mich gut auf diese jetzige Phase als Angehörige eines sehr schwer Erkrankten vorbereitet. Unfreiwillig, aber effektiv.

Wie oft schaue ich meinen Mann an, der äußerlich momentan fast unversehrt aussieht und kann nicht begreifen, wie schwer krank er ist und dass er vielleicht nur noch wenige Monate zu leben hat.

Ich werde oft gefragt, wie ich das aushalte. Natürlich gibt es darauf keine pauschale Antwort, aber ich weiß, dass ich es schaffe, mich immer wieder auf das GUTE in meinem Leben zu konzentrieren – neben dem Drama!

Es hilft, wenn man sich eine Liste macht und chronologisch die GUTEN Sachen aufzählt.

Bei mir sind es beispielsweise meine Kinder, Schwiegerkinder und Enkel; meine Eltern und mein Bruder mit Familie; mein Seelenhund Smiley, meine wunderbaren Freundinnen/Nachbarinnen; meine Deko-Freude im Haus; Lesen und Musikhören; Schreiben und Bloggen und vieles mehr. Und das ist doch schon viel, oder?!!!

Wenn ich mit meinem Hund unterwegs bin, bin ich abgelenkt – er fordert meine Aufmerksamkeit und wir haben ein schönes Miteinander. Wenn meine Enkelchen da sind, dann blühe ich regelrecht auf und finde meine aus den Fugen geratene Balance wieder.

Auch stelle ich mir immer frische Blumen auf den Tisch – das erinnert mich unter anderem daran, dass das Leben immer weiter geht… der Kreislauf des Lebens – Frühling, Sommer, Herbst und Winter – funktioniert. Auch wenn mein geliebter Mann vielleicht den nächsten Sommer nicht mehr erlebt. Es zeigt aber, dass es weitergeht – auch hinterher. Es zeigt, dass ich wundervolle Möglichkeiten habe, mich einerseits abzulenken, aber auch Wege gehen kann, die mich erfüllen: trotz Trauer.

Wichtig ist hier, dass man auf schweren Wegen seinem Herzen und dem wachen Blick folgt und sich Zeit nimmt, das GUTE wahrzunehmen – es zu sehen, zu spüren…. Und es in sich aufzunehmen und zu verwirklichen.

Das bedeutet nicht, dass man wegblickt oder die schwere Zeit verdrängt. Nein, es bedeutet, dass man sich die Fähigkeit bewahrt, trotz Verzweiflung und unendlicher Trauer auch des Wundervollen zu vergegenwärtigen und somit einen Sinn zum Leben zu finden. Das mindert auch nicht das Gefühl der Trauer, aber es kann es etwas „angenehmer", leichter und hilfreicher machen…. Es hilft nach vorne zu schauen und sich auf die Zukunft zu freuen – weil sie noch so viel mehr zu bieten hat als Trauer!

AKZEPTANZ

Akzeptanz ist ein Wort, das ebenfalls Gefühle auslöst. Der eine meint, wenn man etwas akzeptiere, würde man „nachgeben", der andere versteht es als ein Ab- und Zugeben.

Akzeptanz (von lat. „accipere" für gutheißen, annehmen, billigen) ist eine Substantivierung des Verbes akzeptieren, welches verstanden wird als annehmen, anerkennen, einwilligen, hinnehmen, billigen, mit jemandem oder etwas einverstanden sein. Dementsprechend kann Akzeptanz definiert werden als Bereitschaft, etwas oder jemanden zu akzeptieren. (Drosdowski, 1989). (Wikipedia.de)

Ich widme mich hier deshalb der Akzeptanz, da sie erstens in Bezug auf schwere Schicksalsschläge notwendig ist und sie zweitens eine Grundvoraussetzung für ein positives Leben ist – nämlich, dass wir fähig sind, Einiges hinnehmen – zu akzeptieren.

> ✓ **Akzeptanz ist eine Grundvoraussetzung für ein positives Leben!**

Etwas zu akzeptieren ist noch einmal ein Schritt weiter, als etwas zu tolerieren, was eher die „Duldung" bedeutet. Akzeptanz drückt ein zustimmendes Werturteil aus und bildet demnach den Gegensatz zur Ablehnung (Aversion).

Das Besondere an der Akzeptanz ist, dass sie auf Freiwilligkeit beruht. Akzeptanz ist immer auf ein Objekt bezogen, beispielsweise auf ein bestimmtes Verhalten des oder der Anderen, auf eine Person oder eine Gruppe, die eine bestimmte Rolle repräsentiert oder Funktion ausübt, Angebote wie Offerten oder Vorschläge von Dritten, Zielsetzung und Wertmaßstäbe, die zunächst fremd sind. Im Detail kann sich Akzeptanz also auf Personen oder deren Verhaltensweisen, auf ihre Emotionen, sowie auf Äußerungen und Vorschläge beziehen.

Ebenso kann sich Akzeptanz auf eine Sache wie unsere Erkrankung beziehen und schon sind wir inmitten des Themas. Nur wer seine Erkrankung und die damit verbundenen Umstände „akzeptieren" kann wird ein trotzdem erfülltes Leben haben können. Solange man seine Krankheit nur verdrängt, nicht wahrhaben will oder gar leugnet, würde der Blick nach vorne verschleiert. Akzeptanz drückt sich auch durch das Verhalten und Handeln, mit dem man eine bestimmte Haltung ausdrückt, aus.

Zwar wird in dieser Definition die Akzeptanz als positive Einstellung beschrieben, allerdings bleibt sie dies nur, wenn dann eine positive Handlung erfolgt. Das heißt, aus psychologischer Sicht müsste eine Gleichsetzung mit dem entsprechenden Verhalten stattfinden. Somit kann Akzeptanz durch VERSTEHEN erreicht werden (also die Erkenntnis, dass etwas so sein kann). Wenn man das Unvermeidbare akzeptieren kann/lernt – zum Beispiel das Akzeptieren der eigenen Krankheit oder die des Partners, der zeitlichen Begrenztheit der eigenen Existenz, des begrenzten Einflusses auf das Verhalten anderer Personen, sowie des Auftretens aversiver emotionaler Reaktionen – dann hat man einen sehr großen Schritt in Richtung Zukunft getan: mit Hoffen, Zuversicht, Verstehen und Vertrauen. In vielen psychotherapeutischen Behandlungen ist genau dies das Therapieziel: akzeptieren und dadurch Zuversicht gewinnen.

So wird deutlich, wie eng ein Nicht-Akzeptieren mit einer Depression verknüpft sein kann, oder eine Depression auslösen kann. Akzeptanz wiederum kann zur Heilung beitragen – mit oder ohne Depression wäre das ein sehr wichtiges Ziel.

Dies bedeutet: wenn wir die Dinge so anzunehmen, wie sie sind, ersparen wir uns Aufregung, Ärger und negative Gefühle ebenso, wie Hilflosigkeit und Verzweiflung.

„Glücklich ist, wer vergisst, was einfach nicht zu ändern ist!".

Diesen Satz schrieb mir mein Papa vor über 45 Jahren in mein Poesie-Album und wie wertvoll ist er heutzutage für mich! Nur so können wir wieder tief in uns ankommen und unsere Aufmerksamkeit den positiven Dingen widmen – weg von dem Negativen. Wir können unsere Energie wieder bündeln, loslassen und den Augenblick annehmen und somit auch eher genießen. Annehmen heißt ja auch immer, dass wir uns selbst annehmen – auch mit Beeinträchtigungen – seien sie körperlicher oder seelischer Natur.

Ein nicht gesundes Akzeptieren gibt es natürlich ebenfalls – dies beinhaltet das Hinnehmen, das Nachmachen und all dies ohne eigenen Willen, ohne ein sinnvolles Nachdenken und nicht aus sich selbst heraus. Aber dieses Akzeptieren ist in der oben erwähnten Definition natürlich nicht gemeint. Wie immer ist es die gesunde Gratwanderung, die den Weg in ein positives und erfülltes Leben ebnet.

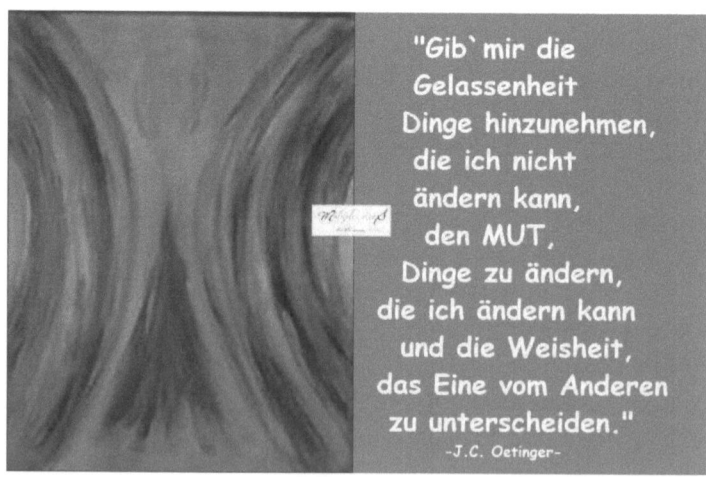

"Gib` mir die
Gelassenheit
Dinge hinzunehmen,
die ich nicht
ändern kann,
den MUT,
Dinge zu ändern,
die ich ändern kann
und die Weisheit,
das Eine vom Anderen
zu unterscheiden."
-J.C. Oetinger-

BEDÜRFNISSE

Ein Bedürfnis kann man als „Verlangen" bezeichnen. Jeder Mensch hat Bedürfnisse, die den Grundbedürfnissen unterliegen. (Essen/ Trinken, Liebe, Schlaf und Einiges mehr). Sogenannte „Individualbedürfnisse" können von einem erwachsenen Menschen alleine befriedigt werden (beispielsweise das Bedürfnis nach Essen), die „Kollektivbedürfnisse" wiederum können nur von einer Gemeinschaft (Familie, Gruppen) befriedigt werden (beispielsweise das Bedürfnis nach Sicherheit).

Ein wesentliches Bedürfnis ist außer Freiheit für alle Menschen noch die Gesundheit.

Aus diesem Grund weise ich hier auch auf dieses Thema hin. Es geht mir nicht um die Bedürfnisse nach Luxus oder einer tollen Reise. Sondern hier geht es schlicht und ergreifend um das Bedürfnis nach Gesundheit und Heilung. Gesundheit ist wohl den meisten Lesern dieses Buches oder einem Angehörigen nicht gegönnt. Die Chance auf Heilung hängt von der Erkrankung ab. MS ist bislang unheilbar und so müssen wir, wie auch einige Krebspatienten, lernen damit zu leben, dass unser Bedürfnis nicht befriedigt wird. Und hier zeigt sich, dass wir keine Wahl haben. Ich kann mich gegen das Bedürfnis nach „goldenen Wasserhähnen" stellen und mich verstandesgemäß dagegen entscheiden, weil ich merke, dass es mir vielleicht doch kein so großes Bedürfnis ist. Mein Bedürfnis nach Heilung allerdings ist momentan aussichtlos. Dieses Wissen verändert logischerweise auch in mir und mit meiner Psyche etwas. Denn ich muss lernen, den Tatbestand dieses ungestillten Bedürfnisses zu AKZEPTIEREN.

Angehörigen ergeht es ganz genauso – ihr geliebter Partner/Freund ist eventuell unheilbar erkrankt und sogar noch mit einer schlechten Prognose.

Allerdings ist das Leben in oder mit Akzeptanz nicht immer so einfach, aber sie ist die Grundlage für ein erfülltes Dasein. Wenn man von „echten" und „falschen" Bedürfnissen nicht unterscheiden kann, wird man ebenfalls ein Problem haben.

Vielleicht haben Sie einmal Lust, sich IHRE Bedürfnisse aufzuschreiben. Untergliedern Sie dabei auch eventuell nach materiellen Bedürfnissen und immateriellen Bedürfnissen. (Materielle Bedürfnisse zielen auf stoffliche Gegenstände, wie beispielsweise das Verlangen nach Essen oder einem Smartphone. Immaterielle Bedürfnisse werden dagegen im religiösen, ethischen oder geistigen Bereich befriedigt, wie zum Beispiel das Verlangen nach gesellschaftlichem Zusammensein, aber auch nach Prestige, Macht, Gerechtigkeit, Geborgenheit oder auch nach einem Kinobesuch.). Sie können die Liste einfach ungegliedert herunter schreiben und später gliedern, oder sie sich gleich aufteilen – das obliegt Ihnen. Aber durch das Notieren werden Sie sich IHRER Bedürfnisse bewusst und können sie analysieren.

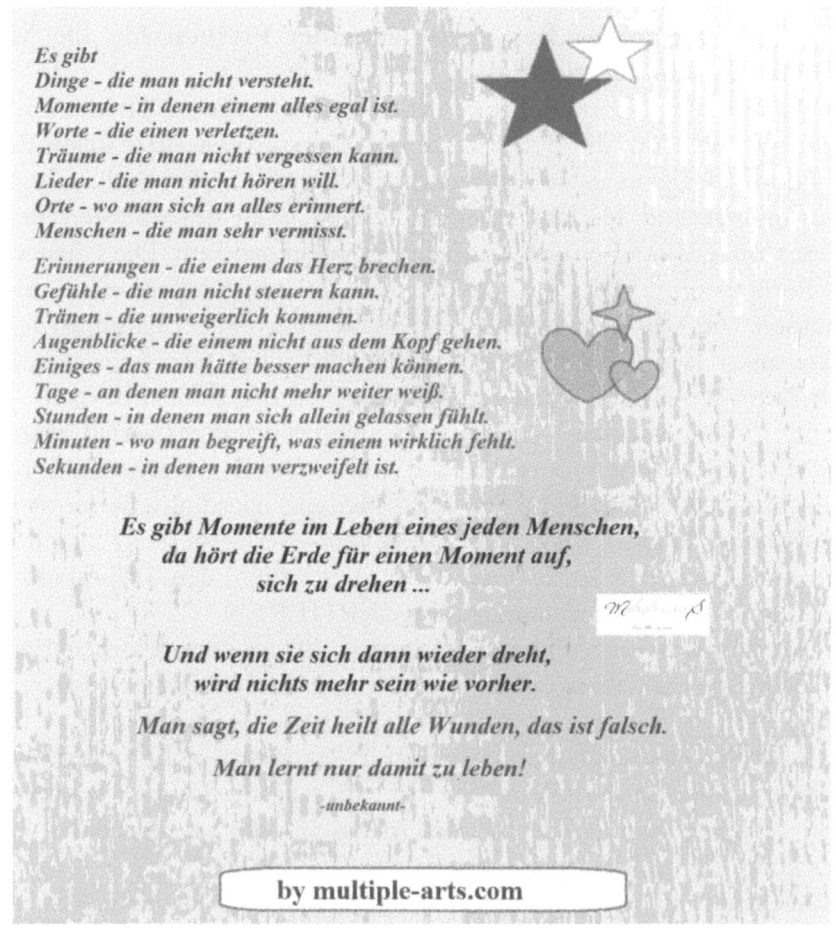

Es gibt
Dinge - die man nicht versteht.
Momente - in denen einem alles egal ist.
Worte - die einen verletzen.
Träume - die man nicht vergessen kann.
Lieder - die man nicht hören will.
Orte - wo man sich an alles erinnert.
Menschen - die man sehr vermisst.

Erinnerungen - die einem das Herz brechen.
Gefühle - die man nicht steuern kann.
Tränen - die unweigerlich kommen.
Augenblicke - die einem nicht aus dem Kopf gehen.
Einiges - das man hätte besser machen können.
Tage - an denen man nicht mehr weiter weiß.
Stunden - in denen man sich allein gelassen fühlt.
Minuten - wo man begreift, was einem wirklich fehlt.
Sekunden - in denen man verzweifelt ist.

Es gibt Momente im Leben eines jeden Menschen,
da hört die Erde für einen Moment auf,
sich zu drehen ...

Und wenn sie sich dann wieder dreht,
wird nichts mehr sein wie vorher.

Man sagt, die Zeit heilt alle Wunden, das ist falsch.

Man lernt nur damit zu leben!

-unbekannt-

by multiple-arts.com

Viele Bedürfnisse schlummern im Verborgenen und können zu offenen Bedürfnissen werden, wenn sie geweckt werden. Dies geschieht sehr häufig durch Werbung. Wenn Sie Ihre Bedürfnisse erkennen und wahrnehmen, können Sie besser mit der Befriedigung oder Nicht-Befriedigung dieser umgehen (lernen).

Für Angehörige ist diese Liste deshalb so wichtig, da wir uns oft im „Helfen" verlieren… Aber auch wir haben ein Recht auf Leben, wir haben Bedürfnisse und diese kann man nicht ununterbrochen zurückstellen, weil man sonst schlicht und ergreifend verkümmert.

Sich seinen Bedürfnissen zu stellen ist deshalb notwendig, um in der körperlichen und seelischen Balance zu bleiben.

✓ **Sie nutzen Ihrem kranken Angehörigen auch nichts, wenn sie entkräftet und völlig ausgelaugt umfallen.**

Die Hoffnung nicht aufgeben

Es ist schwer inmitten eines Sturms, inmitten der Aussichtslosigkeit die Hoffnung zu bewahren. Ich bin wirklich ein absoluter Optimist und habe selten ohne Hoffnung gelebt, da ich fest davon überzeugt bin, dass es immer einen Weg geben wird. ABER: ein Verlust, ein Tod oder eine entsprechende Diagnose: wo ist hier der Sinn? Und ohne Sinn ist Hoffnung nicht mehr viel Wert – und doch brauchen wir sie, damit wir nicht aufgeben.

Bei meiner Erkrankung und dem recht milden Verlauf habe ich eine sehr begründete Hoffnung, dass ich nicht (zumindest nicht in unmittelbarer Zukunft) als Pflegefall enden werde. Bei MS ist zwar alles möglich, auch die sofortige drastische Verschlechterung, aber es gibt nun mal diesen Hoffnungsschimmer, der mich trägt, der mein Leben lebenswert macht und der mir auch eine frohe Zukunftsaussicht geben kann. Ich weiß, dass dies nicht bei allen MS'lern so ist oder sie auch eben diese Hoffnung nicht haben. Aber ich weiß auch, dass ich auf Grund dieser Hoffnungs-Fähigkeit einige Symptome weniger beachte, mich mehr an kleinen Dingen erfreuen kann und einfach nicht „hoffnungslos" bin!

Mit der Diagnose meines Mannes, die begründet – auf Grund der Schwere des Glioblastoms – eine Prognose von noch zu erwartenden ein bis drei Lebensjahren aufbringt: Wo soll ich hoffen? Und was?

Dass er doch noch länger hat? Aber unter welchen Umständen und mit welcher Lebensqualität?

Dass es schnell geht und er nicht leiden muss?

Dass ein Wunder geschieht?

Ich bin so mittendrin mit meinem „Hoffen": ich hoffte auf ein Wunder, dass er nach der Strahlen- und Chemotherapie geheilt wäre, oder dass er nicht leiden müsse. Daran sieht man schon meinen merkwürdigen Zwiespalt – meinem Mann geht es übrigens ähnlich.

Also hoffen wir – so haben wir uns geeinigt – auf noch ein paar gute gemeinsame Jahre, genießen die guten Momente doppelt und nehmen die Entkräftung und andere Beeinträchtigungen einfach hin – so wertfrei wie möglich. Ob uns das gelingt? Wir werden sehen.

Hier noch ein paar Infos zum Thema Hoffnung:

Hoffnung ist ein großes Wort. In die „Hoffnung" wird viel hineininterpretiert, in die Hoffnung wird vor allem viel hineingelegt.

„Hoffen wir mal", „Ich gebe die Hoffnung nicht auf!", oder „Hoffentlich passiert ihm/ihr nichts!" - Diese Liste könnte man endlos weiterführen. Jeder Mensch wird seine eigenen und ganz individuellen Hoffnungen haben. Chronisch kranke Menschen werden vor allem hoffen, dass sie nicht noch kranker oder lieber gar wieder gesund werden. Manche Hoffnungen gehen in Erfüllung, andere Hoffnungen erfüllen sich nie…

✓ **Hoffnung ist wohl der wichtigste Kraftspender, den wir haben.**

Der Satz: „Die Hoffnung stirbt zuletzt!", gibt in Zeiten, in denen uns die Kraft fehlt, viel Halt - es hält uns dann sozusagen die Hoffnung.

Und auch wenn wir „hoffentlich" über die Fähigkeit zum Hoffen verfügen: sie fällt keineswegs einfach vom Himmel. Es wird immerhin vermutet, dass sie der eigenen Lebenseinstellung entspringt.

Dies schenkt uns die unglaublich wertvolle Möglichkeit, viel dafür tun zu können, dass und WIE uns diese Kraftquelle zur Verfügung steht, sollten wir sie brauchen.

Die HOFFNUNG

ist das Fenster zur Seele,

durch das wir immer

ein Stück HIMMEL sehen.

-unbekannt-

Sicher ist, dass Hoffnung in unserem täglichen Sprachgebrauch etwas Positives ist - ein positiv besetzter Begriff, der auf eine bessere Zukunft ausgerichtet ist. Die Erfüllung ist in der Vorstellung des Hoffenden meist realistisch — sogar auch dann, wenn die Wahrscheinlichkeit des Eintreffens jenes hoffnungsvollen Ereignisses eventuell gering ist.

Die Basis eines hoffnungsvollen Lebens und der entsprechenden Einstellung dazu ist unter anderem:

- **Eine positive Grundeinstellung zum Leben**
- **Die Überzeugung, dass alles auf seine Art einen Sinn hat**
- **Ein kraftvolles Ja zu allem, was kommt**
- **Der Glaube daran, dass wir meistern können, was sich uns an Herausforderungen stellt**

Das alles hilft uns auch in sehr schweren Phasen genug Kraft, Ausdauer und Mut zu haben, zuversichtlich und hoffnungsvoll zu bleiben und dabei noch ebenso zuversichtlich in die Zukunft zu blicken. Hoffnung pur sozusagen!

Trotz einer hoffnungsvollen und zuversichtlichen Grundeinstellung wird natürlich niemand vor Schmerzen, Enttäuschungen oder Misserfolgen geschützt sein. Das wäre ein ungesunder Irrglaube. Aber dieser Optimismus kann bedeuten, dass man auch durch schwere und schmerzhafte Phasen des Lebens gehen kann und dabei darauf vertraut, dass es sich alles „richten" wird – und falls doch nicht, dass man auch diese Phase schaffen wird – wie so viele andere schweren Phasen vorher womöglich schon ebenso!!!

Derjenige, der hoffnungsfroh, zugewandt und konsequent daran arbeitet, eher vertrauensvoll und positiv durchs Leben zu gehen, wird es auch insgesamt im Leben leichter haben.

Auch wenn wir Hoffnung als etwas Zerbrechliches betrachten, werden wir - wenn wir es zulassen - beobachten, dass Hoffnung etwas STARKES ist. Ein beruhigendes Gefühl, das Balsam für unsere Seele, Körper und Geist ist, das uns stärkt und Energie gibt. Im besten Fall verwandelt sich die Hoffnung von heute in die Realität von morgen.

Ich biete hier im Buch wieder einige „Theorie" an. Nicht um Sie damit zu „erschlagen", sondern um die Unerlässlichkeit vieler Kompetenzen und Zusammenhänge aufzeigen, die notwendig sind, um überhaupt hoffnungsvoll leben zu können. Beim Lesen stellen Sie vielleicht fest, dass Sie die eine oder andere Sichtweise verständlich, oder völlig unverständlich finden, dass Sie sie kennen oder sie Ihnen unbekannt vorkommt. Sie werden so Ihre Stärken besser erkennen und annehmen können und eventuelle „Defizite", die niemals wertend gesehen werden dürfen, „sehen" – so aber können sie daran arbeiten: Stärken ausbauen und intensivieren, Schwächen „überarbeiten" oder gar mit professioneller Hilfe angehen.

Ich habe zwar eine sehr fundierte pädagogische und psychologische Ausbildung, aber ich sehe mich hier trotzdem als Laie, der einfach Wichtiges zusammenträgt und Ihnen somit zusammengefasst den Weg zur Hoffnung darstellt. Ich möchte weder Lehrbücher neu schreiben, noch umformulieren – ich möchte Sie einfach teilhaben lassen an meinen Gedanken und Recherchen zum Thema Hoffnung und Ihnen damit vielleicht eine kleine Tür öffnen, mal hinzuschauen, zu reflektieren und um sich des Wortes und des Ausmaßes bewusst werden zu können.

Deshalb werde ich auch versuchen, Sie mit Impressionen, Texten und Zitaten anzuregen und Ihr Bewusstsein zu öffnen. Ich habe bewusst viele Fotos beigefügt – sie regen ebenfalls entweder zum Nachdenken an, oder Sie können in sie hineintauchen und sich darin verlieren. Das Buch soll alle Sinne ansprechen, damit Sie sich wohlfühlen und Ihnen das Lesen somit etwas einfacher fällt.

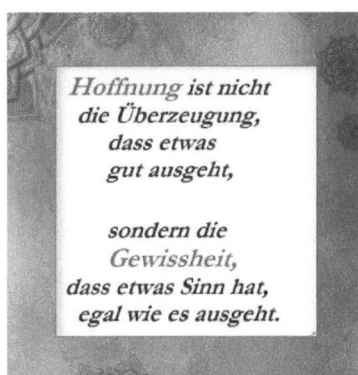

Hoffnung ist nicht
die Überzeugung,
dass etwas
gut ausgeht,

sondern die
Gewissheit,
dass etwas Sinn hat,
egal wie es ausgeht.

LOSLASSEN

Wer loszulassen
vermag,
siegt noch,
wo er aufgibt.

©Peter Rudl / Deutscher Aphoristiker

Loslassen ist besonders dann ein großes Thema, wenn man selbst oder der Angehörige eine chronische Erkrankung hat. Loslassen von Gesundheit, vom geliebten Partner.... Es ist notwendig, das Loslassen zu lernen, denn es sichert und hebt die Lebensqualität erheblich. Ich muss den Gedanken zum Beispiel loslassen, dass ich unheilbar krank bin. Vor allem aber muss ich lernen, alle negativen Gedanken loszulassen. Denn an ihnen festzuhalten stellt eine übergroße und sinnlose Belastung dar. Als Angehörige eines Krebskranken muss ich lernen, meine übergroßen Sorgen um ihn loszulassen, von einem gesunden Partner loszulassen und vielleicht leider bald endgültig von ihm loszulassen. Und trotz des Wissens um die Notwendigkeit dieses Loslassens, ist das Freigeben der Emotionen nicht einfach.

Aber wenn wir nicht loslassen, verharren wir aber in der jeweiligen Situation – auch gefühlsmäßig. Das wiederum bringt uns keinen Schritt weiter. Verharren ist wie eine Starre – sie wird uns nicht guttun, sondern sowohl die Psyche, als auch den Körper schädigen. Denn im Grunde sind dies krankmachende Verhaltensmuster. Psychosomatische Beschwerden sind häufig die Folge, sowie Schlaf- und Konzentrationsstörungen, Depressionen und Vieles mehr. Dieses Verhalten bringt uns sehr weit weg vom hoffnungsvollen Weg, denn wenn wir verharren, wenn wir verweilen, bleiben wir **stehen.** Wenn wir nicht an die Zukunft glauben, sind wir ohne Hoffnung – hoffnungslos. Deshalb ist es so wichtig zu lernen, sich aus solchen Situationen und Phasen zu befreien und weiterhin **vorwärts** zu schreiten.

In dem Moment, in dem wir ein solches Ereignis AKZEPTIEREN lernen, lassen wir schon los, weil wir uns mit dem Akzeptieren aus der Starre heraus bewegen.

Loslassen kann Trauer, Verlust und Abschied bedeuten, aber in dem Moment, in dem wir diese Gefühle wahrnehmen und uns ihnen stellen, zeigen wir schon Bereitschaft zum Loslassen. Denn auch wenn wir wissen, dass das Ereignis zwar verheerend und schlimm ist und wir es womöglich auch nicht ändern können, bewegen wir uns dann vorwärts.

    ✓ **Das Wahrnehmen dieser Emotionen in diesen entsprechenden Situationen ist also der erste Schritt zum Loslassen.**

✓ **Eine solche Situation zu VERLASSEN, ist der nächste wichtige Schritt.**

Wir können das willentlich steuern, denn es liegt hier ein bisschen an uns, unserer Disziplin und unserem Willen, eine belastende Situation gedanklich ab und an zu verlassen. Natürlich ist das, wenn ein naher Angehöriger im Krankenhaus oder Zuhause liegt und eine schwere Erkrankung hat, nicht dauerhaft möglich, denn wir leben dann ja momentan in dieser Situation. Aber man kann versuchen auch mal abzuschalten, etwas für sich selbst zu tun – ein gutes Buch zu lesen und die belastenden Gedanken somit in eine andere Welt zu entführen. Das sind schon kleine Momente des Loslassens.

Wir müssen dafür gedanklich IMMER die JETZT-Situation verlassen.

Wenn es um Vergangenes geht, ist es wichtig, die Bereitschaft zu haben, das Gewesene zu akzeptieren, ohne es zu bewerten – die Vergangenheit ruhen zu lassen und sich auf das Neue zu konzentrieren.

Wenn es darum geht, dass wir Vertrauen in die Zukunft haben möchten, ist das unter „normalen Umständen" möglich, allerdings in der Situation mit einem schwerkranken Angehörigen natürlich deutlich schwieriger. Auch hier appelliere ich gerne nochmal daran, sich auch professionelle Hilfe zu suchen: sowohl als Patient, als auch als Angehöriger.

Und machen Sie sich gerne auch bewusst, dass LOS-**LASSEN** kein Aufgeben, keine Niederlage oder gar Versagen ist – es ist einfach ein kluges und sinnvolles und bewusstes Agieren mit hoffnungsvollem Blick nach vorne!!!

Passend hier noch ein Blog-Artikel von mir:

*Loslassen

Loszulassen heißt nicht, dass man vergisst, nicht mehr nachdenkt, oder gar etwas ignoriert.

LOSLASSEN hinterlässt keine unguten Gefühle, wie Ärger, Neid, Reue oder Eifersucht.

Loslassen bedeutet weder GEWINNEN, noch VERLIEREN.

Es hat nichts mit Stolz zu tun, oder wie Du erscheinst...

Es hat auch nichts damit zu tun, dass man besessen von der Vergangenheit wäre, oder ihr nachhängen würde.

Loslassen bedeutet nicht, Erinnerungen zu blockieren oder traurigen Gedanken nachzuhängen.

Loslassen hinterlässt keine LEERE, keinen Schmerz oder Traurigkeit.

Es bedeutet weder aufgeben, noch einlassen.

Loslassen ist kein Verlust und keine Niederlage.

Loslassen bedeutet, Erinnerungen zu pflegen, sie gegebenenfalls zu überwinden und weiter zu leben. Es bedeutet, eine offene Geisteshaltung zu haben und mit Vertrauen in die Zukunft zu blicken.

Loslassen ist AKZEPTIEREN.

Es ist das Lernen, Erfahrungen zu sammeln und daran zu wachsen.

Los zu lassen ist Dankbarkeit für all die Erfahrungen, die Dich zum Lachen und Weinen brachten und Dich wachsen ließen.

Es ist all das, was Du hattest, was Du hast und haben wirst.

Loslassen ist der MUT, den Wandel zu akzeptieren und die STÄRKE, um weiter fortzuschreiten.

Loslassen ist WACHSEN.

Und es ist das Bewusstsein, dass das Herz manchmal das größte Heilmittel sein kann.

Los zu lassen, ist wie eine Tür zu öffnen, den eigenen Weg ganz klar vor Dir zu sehen und Dir somit Deine individuelle FREIHEIT zu schenken.

Lasse LOS, akzeptiere und erreiche inneren Frieden.

Das LOSLASSEN
kostet weniger Kraft als
das FESTHALTEN -

und trotzdem scheint es
schwerer zu sein!

GELASSENHEIT

Das Loslassen zeigt sich auch im Wort „GeLASSENheit" und ist somit auch eng verkoppelt. Für mich ist es schon immer wichtig, mich in Gelassenheit zu üben, da ich ein recht ungeduldiger Mensch bin. Und in der Situation als Angehörige spüre ich, wie schwer es mir angesichts der tragischen Umstände fällt, mich auf meine Gelassenheit verLASSEN zu können. Sie kommt mir teilweise abhanden und Panik und Angst macht sich breit. Aber ich möchte sie natürlich wiedererlangen, denn mit der ständigen Angst leben zu müssen: das stresst Körper und Seele.

Allgemein sind als Voraussetzung zur Gelassenheit ein gutes Selbstwertgefühl und Selbstvertrauen nötig. Wenn man ge-**lassen** reagieren und leben kann, weil man sich seines eigenen SELBST bewusst ist, erleichtert dies Körper, Seele und Geist gleichermaßen und äußert sich in Gelassenheit. In dem Moment, in dem wir uns selbst nicht achten sind wir unsicher. Unsicherheit bewirkt immer Angst und diese ist ein schlechter Ratgeber im Umgang mit anderen Menschen oder auch in bestimmten Situationen. Wer allerdings optimistisch gestimmt ist und Zuversicht lebt und ausstrahlt, wer daran glaubt und darauf vertraut, dass er immer eine Lösung finden wird - derjenige kann hoffend in die Zukunft blicken und dabei GELASSEN bleiben.

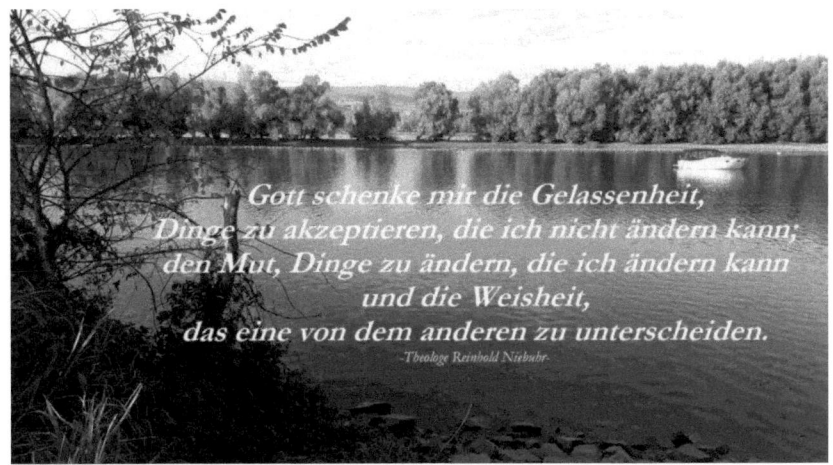

Gott schenke mir die Gelassenheit,
Dinge zu akzeptieren, die ich nicht ändern kann;
den Mut, Dinge zu ändern, die ich ändern kann
und die Weisheit,
das eine von dem anderen zu unterscheiden.
—Theologe Reinhold Niebuhr—

Nun kommt das „ABER", denn in unserer Situation als Angehörige gelten zwar die gleichen Regeln, aber sie sind natürlich angesichts der dramatischen Umstände erst einmal Theorie. Sich in Gelassenheit zu üben, wenn ein Partner im Sterben liegt oder starke Schmerzen auf Grund seiner heftigen Erkrankung hat – das ist wirklich schwer, denn wir fühlen mit und natürlich löst das alles auch in uns etwas aus. Trotzdem halte ich es für wichtig, dass wir uns dieser Theorie bewusst sind, denn wir brauchen sie verstandesmäßig, um unsere Emotionen dann steuern zu können.

Denn Gelassenheit beginnt im Kopf: unsere eigenen Gedanken und leider auch die Gedanken der anderen beeinflussen unser Denken. Zu oft lassen wir uns auch (negativ) beeinflussen – mit einem entsprechenden Selbststand würde uns dies nicht so häufig passieren.

Cool bleiben – das ist der heutige Ausdruck für die Gelassenheit. Und die Coolsten sind immer die, die auch mal über den Dingen stehen können, die nicht werten und es auch nicht nötig haben, andere schlecht zu machen…

Los zu lassen

heißt nicht, dass man vergisst, nicht mehr nachdenkt,
oder gar etwas ignoriert.
LOSLASSEN hinterlässt keine unguten Gefühle,
wie Ärger, Neid, Reue oder Eifersucht.
Loslassen bedeutet weder GEWINNEN, noch VERLIEREN.
Es hat nichts mit Stolz zu tun, oder wie Du erscheinst ...
Es hat auch nichts damit zu tun, dass man besessen von der
Vergangenheit wäre, oder ihr nachhängen würde.
Loslassen bedeutet nicht,
Erinnerungen zu blockieren
oder traurigen Gedanken nach zu hängen.
Loslassen hinterlässt keine LEERE,
keinen Schmerz oder Traurigkeit.
Es bedeutet weder aufgeben, noch einlassen.
Loslassen ist kein Verlust und keine Niederlage.

Loslassen bedeutet,
Erinnerungen zu pflegen,
sie gegebenenfalls zu überwinden und weiter zu leben.
Es bedeutet,
eine offene Geisteshaltung zu haben
und mit Vertrauen in die Zukunft zu blicken.

Loslassen ist AKZEPTIEREN.

Es ist lernen,
Erfahrungen zu sammeln und daran zu wachsen.

Los zu lassen ist Dankbarkeit für all die Erfahrungen,
die Dich zum Lachen und Weinen brachten
und Dich wachsen ließen.

Es ist all das, was Du hattest, was Du hast
und haben wirst.

Loslassen ist der MUT,
den Wandel zu akzeptieren und die STÄRKE,
um weiter fortzuschreiten.

Loslassen ist WACHSEN.

Und es ist das Bewusstsein,
dass das Herz manchmal
das größte Heilmittel sein kann.

Los zu lassen, ist,
wie eine Tür zu öffnen,
den eigenen Weg ganz klar vor Dir zu sehen
und Dir somit Deine individuelle FREIHEIT zu schenken.

Lasse LOS,
akzeptiere
und erreiche inneren Frieden.

178

Sorgenvolle Gedanken überwinden

Wenn wir momentan eins haben, dann sind es Sorgen: Sorgen um den kranken Angehörigen, um die Beziehung und um uns selbst. Und leider wissen wir auch, dass sich solche Sorgen verfestigen und man in Grübeleien oder das „berühmte" Gedanken-Karussell verfällt und wir kaum wieder hinausfinden. Dies kann sich so manifestieren, dass wir krank von all den Grübeleien werden.

Wir nehmen uns aber selbst die Lebensqualität, die wir uns bisher so sorgsam aufgebaut und erhalten haben.

Im Allgemeinen verlernen wir damit, im „Hier und Jetzt" zu leben; wir sind erschöpft vom vielen Nachdenken, wir verspannen uns und bekommen davon Schmerzen; wir fühlen uns abgeschlagen und traurig, gar depressiv.

Sich zu sorgen, ist prinzipiell erst einmal nichts Negatives – ohne vorsorgende Sorgen, wie Vorsorgeuntersuchungen oder der vorsorgenden Aufmerksamkeit vor schwierigen Situationen, wären wir gar nicht lebensfähig. Aber sobald sich diese Sorgen übertrieben äußern oder wir in eine Art Starre oder Karussell gelangen, muss man die Gedankengänge mit einem klaren „Stopp!" und/oder „Nein!" unterbrechen. Denn wir Menschen neigen zum Drama. Wir meinen Katastrophen erahnen zu können in unserem Sorgen-Dasein und tun uns damit nicht gut. Angst und Panik machen sich breit und psychosomatische Beschwerden, wie Herzrasen, Kopfschmerzen und ähnliches können auftreten. Dann sind diese Gedanken krankmachend und wenig bis gar nicht hoffnungsvoll.

In unserer speziellen Situation als Angehörige ist die Theorie wieder nicht so einfach umzusetzen, denn das Gedanken-KARUSSELL nimmt einfach seinen Lauf, da die Sorgen zu real und tief verwurzelt sind. Außerdem sind es existenzielle Ängste und diese bohren sich tief in uns hinein. Trotzdem und gerade deswegen erscheint es mir so dringend, dass wir uns diese Grübelfalle bewusst anschauen, sie wahrnehmen und auch inmitten des Sturms versuchen, die Theorie etwas anwenden können.

Ist LACHEN im Drama erlaubt?

Aber JAAA!

Lachen ist immer die beste Medizin und auch, wenn einem auf Grund einer schwerwiegenden Diagnose nicht zum Lachen zu Mute ist, darf man auch in den traurigsten Phasen lachen. Sowohl mit oder über sich selbst als Angehöriger oder auch mit Anderen UND mit dem Kranken!

Deshalb möchte ich ein kleines Kapitel dem Lachen widmen. Es werden vielleicht wieder Zeiten kommen, in denen Sie als Angehörige wieder frei lachen können. Eins ist aber sicher: Sie sollten sich sowieso ihren Humor behalten. Sie brauchen ihn, um die Erkrankung ihres Angehörigen aushalten, ertragen und überstehen zu können; Sie dürfen und sollen lachen. Lachen gehört zum Leben ebenso dazu, wie das Weinen. Lachen ist ein Lebenselixier und tut Seele und Körper gut. Denn unser wichtigstes freundliches Signal ist das Lächeln. Mit dieser angeborenen Verhaltensweise sind wir in der Lage, uns mit völlig Unbekannten anzufreunden. Ein Lächeln entwaffnet. Diese „Entwaffnung" brauchen auch Kranke – auch wenn sie eventuell nicht „antworten" können.

Es wird Zeiten geben, in denen Ihnen das Lachen sprichwörtlich vergeht, vergangen ist und sie es vielleicht auch kaum ertragen können, wenn ein Anderer laut lacht, weil doch Ihre Welt so in Trümmern liegt. Ich denke, dass das zur Bewältigung der ganzen Umstände auch dazugehören kann. Aber es sollte der Moment kommen, in dem sie TROTZ der traurigen und bedrohenden Umstände lachen können. Lachen befreit, baut Brücken (auch zu Außenstehenden, die vielleicht nicht wissen, wie sie mit der Situation umgehen sollen).

Lachen ist dann nicht unbedingt einfach und bei meinem Mann kam noch dazu, dass er anfangs auch keine lustigen Bemerkungen mehr verstand. Aber als er immer mehr der „Alte" wurde (und ich kenne seine Form des Humors ja gut), da konnte ich wieder mit kleinen Späßen andocken und ihm die Welt der Vielfalt wieder näherbringen. Mittlerweile lachen wir oft gemeinsam: manchmal ist es Galgenhumor, manchmal lachen wir über uns oder auch einfach über komische Situationen (auch im Fernsehen beispielsweise).

180

Leider verlor sich das auf Grund seiner kognitiven Probleme wieder – fast komplett.

Als Angehörige spürte ich, wie gut mir das gemeinsame Lachen tat und auch wenn ich ohne ihn unterwegs bin, freue ich mich, wenn es viel Grund zum Lachen oder Schmunzeln gibt. Das befreit mich und entzieht mich für klitzekleine wundervolle Augenblicke all der Dramatik zu Hause. Lachen entführt in besondere Welten, in denen es in diesem klitzekleinen Moment keine Dramen gibt. Damit tanke ich Energie und Kraft auf, die ich danach wieder für meinen Mann einbringen kann. Davon profitieren wir also beide!

Noch ein paar Gedanken zum Lachen:
Lachen ist ansteckend – was ein Glück! Endlich eine sinnvolle Ansteckung! ☺ Lachen ist gesund! Lachen ist die beste Medizin!
„Humor ist, wenn man trotzdem lacht…!"
Lachen – etwas Wundervolles, etwas Vereinendes, Wohltuendes und Harmonisierendes. Lachen tut Körper und Seele gleichsam gut.
Beim Lachen werden etwa 80 Muskeln im gesamten Körper aktiv (im Gesicht 17). Beim Lachen werden Endorphine (sogenannte Glückshormone) ausgeschüttet, die Immunabwehr wird gestärkt, der Stoffwechsel angeregt, Schmerzen lassen nach und Vieles mehr). (Quelle: http://www.lebenshilfe-abc.de/lachen.html).
Also sollte uns nichts vom Lachen abhalten. Und doch tut genau dies unser Alltag sehr oft. Die Kunst ist es also, sich das Lachen und den Humor zu bewahren, auch wenn uns das Leben gerade in die Knie zwingt.
„Gibt Dir das Leben Saures, streue Zucker drauf und trinke es als Tequila" – so ist ein beliebter Spruch, der nichts anderes besagt, als zu lernen, aus jeder noch so traurigen Situation das Beste zu machen.
Lachen ist uns zum Glück angeboren und wirkt immer befreiend und auch entlastend. Mit Lachen können wir Stress abbauen und unser körperliches und seelisches Wohlbefinden stärken. Lachen - Ein Medikament ohne Nebenwirkung und diese Medizin kostet nichts. Und doch vergeht uns das Lachen auch oft.
Also gilt es wieder einmal, dass wir lernen, auch in weniger lustigen Momenten etwas Komisches daran finden zu können, denn Humor kann uns in manch einer heiklen oder auch peinlichen Situation schlicht und ergreifend retten.

Lachen zu erzwingen scheint unmöglich, sich aber etwas Lustiges vorzustellen, sich lustige Sprüche durchzulesen – das tut gut und zaubert uns vielleicht gar ein Lächeln ins Gesicht. Deshalb schadet es auch nicht, den Tipp zu beherzigen, sich morgens schon zuzulächeln, denn unser Gehirn registriert dies sehr wohl als „Lachen" und schüttet Endorphine aus. Dies können Sie so oft wie möglich am Tage wiederholen – Lächeln macht glücklich und lässt uns mit Zuversicht und Hoffnung in die Zukunft schauen.

Ich wünsche Ihnen sehr, dass Sie miteinander lachen können und dass der Humor (auch wenn es Galgenhumor ist) nicht zu kurz kommt!

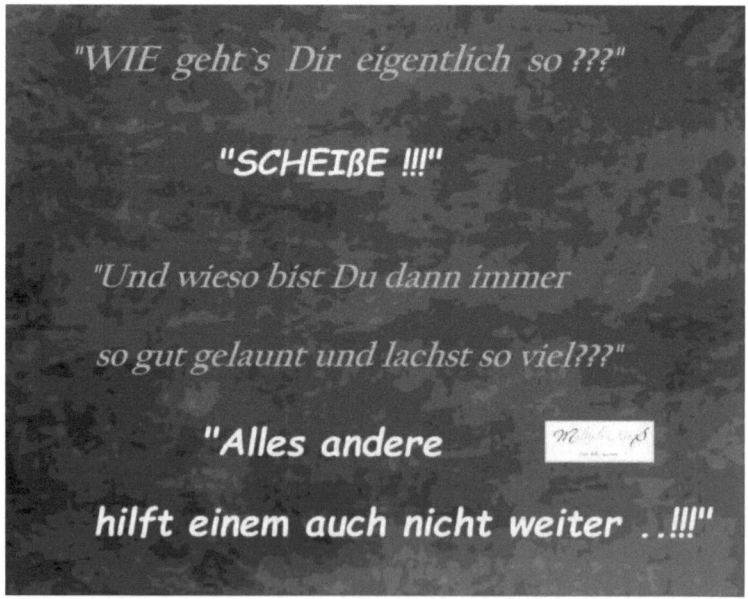

Das Leben ist kontrastreich
– besonders im Drama

Kontrastreich bedeutet „einen stark ins Auge fallenden Unterschied" und ist somit erst einmal wertfrei zu betrachten.

Kontrast bietet ja auch „viele Facetten", macht Gegensätze und Abweichungen deutlich.

Im normalen Leben macht man sich selten Gedanken um Kontraste. Das änderte sich dann, wenn man aus seiner „Bahn geworfen" wird, wenn beispielsweise eine schwerwiegende (und/oder chronische) Erkrankung plötzlich das Leben bestimmt.

Ich weiß noch, wie es mir anfangs mit meiner MS-Diagnose als absonderlich vorkam, dass meine kleine Welt gerade stillsteht und doch das Leben draußen weiter pulsiert. Bis ich begriff, dass dies ein Segen ist! Denn der Fluss des Lebens zeigt uns - wie auch das regelmäßige Wellenschlagen, sowie die kontinuierliche Ebbe und Flut - dass es immer weiter geht. Frühling, Sommer, Herbst und Winter…. von den Knospen bis zu fallenden Blättern, von Hitze bis zur klirrenden Kälte. Es passiert einfach – die Natur ist im Fluss.

Wir sind mittendrin, aber im Verhältnis klitzeklein.

Wenn also unsere Welt angehalten wird – wie bei mir gerade noch einmal auf Grund der sehr schweren und unheilbaren Erkrankung meines Mannes - dann verändert oder verschiebt sich etwas.

Während wir uns über die Symptome und Behandlung seiner Erkrankung unterhalten und dies von tiefer Trauer und Verzweiflung begleitet ist, muss/darf ich trotzdem Telefonate für mein Bloggerleben führen, muss rationale Entscheidungen treffen, Verhandlungen führen und so nebenbei noch das Auto zur Inspektion bringen. Das sind KONTRASTE.

Kontraste von tiefer Emotionalität, über Rationalität und Realität. Kontraste zwischen einer Endgültigkeit des Lebens und der Planung eines Lebens.

Gut, das Planen steht auf meiner Seite – mein Mann muss mit der drohenden Endlichkeit dealen. Wir beide kämpfen mit Verzweiflung, Verlustängsten und Bestürzung. Und doch geht das Leben weiter. Das sind Kontraste, die man im normalen Leben so nicht häufig findet, die aber immer dann auftreten, wenn etwas „anders" und / oder bedrohlich wird.

Trotzdem oder gerade deswegen sehe ich das kontrastreiche Leben aber im Endeffekt als sinnvoll an, denn wir versinken somit nicht im Sumpf der traurigen Emotionen, sondern wir leben im Hier&Jetzt und weiter…

Wir schauen somit nach vorne – auch wenn uns das Angst macht, berechtigte Angst! Trotzdem verweilen wir nicht im Zustand der Verzweiflung, sondern richten unseren Blick vorsichtig und mit viel Organisation und Planung in die Zukunft. Eine sehr ungewisse Zukunft momentan, aber wir treten zumindest nicht auf der Stelle.

Kontraste sind vielleicht auch dazu da, uns auf etwas aufmerksam zu machen. Ohne Schatten kein Licht! Aber auch: Ohne Licht keinen Schatten.

Die Sonne geht jeden Morgen auf – genießen wir also unser eingeschränktes Leben im Hier&Jetzt und üben uns in Zuversicht und Selbstmitgefühl. DAS hilft!

Natürlich haben wir uns verändert…

Natürlich haben wir uns verändert….

Wenn man sich gar nicht verändern würde, wäre das immerhin auch nicht ganz normal.

Aber natürlich verändern wir uns, wenn wir es bei uns selbst oder einem Partner mit einer schweren Krankheit oder einem Schicksalsschlag zu tun bekommen.

Denn: Die Situation verändert sich. Unser Leben verändert sich. Von Grund auf. Verheerend, Angst machend!

Zwangsläufig verändern wir uns, weil die äußeren Umstände sich ändern.

Als selbst Betroffener, wie auch als Angehöriger spürt man bei- spielsweise im Moment der Diagnosestellung einen Schock und je nach Krankheit musss man sich auch komplett umstellen und auf die neuen Gegebenheiten einstellen. Man muss mit Umständen dealen, die man nie erwartet hätte, steht plötzlich als Kämper da und ist völlig verheddert im Knoten der Ängste, Sorgen und Beeinträchtigungen.

Bis sich so ein Knoten entwirrt…. das dauert…. Und währenddes- sen „wurschtelt" man sich durchs Leben: mal besser, mal schlechter.

Wenn ich meine Fatigue betrachte, dann habe ich mich nach außen hin verändert – denn das haben mir vor vielen Jahren einige „Freun- de" gespiegelt: es war plötzlich kein „Verlass" mehr auf mich, ich musste bei Partys früher gehen oder konnte gar nicht erst teilnehmen.

Manche Vorwürfe waren grotesk, aber daran sieht man, wie viele Missverständnisse uns so oft im Wege stehen.

Natürlich verändert es mich, wenn ich nicht mehr die Person bin, sein kann, die ich vor der Diagnose war.

Und natürlich verändert es mich (und meinen Mann), wenn wir nun mit einem so aggressiven Krebs zu kämpfen haben.

Freunde möchten helfen und das machen sie mir auch immer wie- der deutlich – einige ;). Darüber freuen wir uns auch aufrichtig! :) Oh- ne diese Hilfe und die aufmunternden Worte wären wir verloren….

Aber manche Hilfe wäre in unserer momentanen Situation einfach zu viel.

Wenn mir jemand einen Kuchen backen und vorbeibringen möch- te, dann weiß ich, dass sich die „Angelegenheit" nicht an der Tür re- geln lässt, sondern man bittet den Helfenden herein und zack ist man voll aktiv, muss eventuell noch Kaffee machen und so weiter. Das heißt, die Ruhe, die man in solchen Situationen braucht (aber da ist natürlich auch jeder anders), die würde dann unterbrochen. Das hat nichts mit der Person an sich zu tun, sie würde unter anderen Um- ständen mit Sicherheit herzlich willkommen sein, sondern es hat damit zu tun, dass wir beide sehr kraft- und energielos sind und unser Ener- gie-Management, das wir so dringend brauchen und auch „organisie- ren/planen", wäre dahin. Die Folgen könnten fatal sein, denn wenn ich meinem Mann helfen möchte und ihn versorgen muss, dann MUSS ich dafür fit genug sein und das geht nur mit dem erwähnten Energie-Management.

Auch wenn uns jemand etwas kochen möchte, oder bügeln - es ist immer auch mit einem Besuch verbunden – und ganz ehrlich: ich glaube die Wenigsten würden wirklich direkt wieder gehen oder mich liegen und Ruhe halten „lassen"…

Rührend ist es, und das erleben wir momentan oft, wenn Freunde etwas vorbeibringen, indem sie es vor unsere Haustür stellen und mir dann eine Message schreiben, dass sie dort etwas hinterlassen hätten. So bekamen wir auf diese Weise schon Kuchen, Adventskalender, Büchlein, Karten, Plätzchen, Blumen und so weiter! Auch per Post bekommen wir liebevolle Päckchen.

Das macht dankbar, unendlich dankbar und zündet sozusagen in unserem Dunkel ein Lichtlein an. Es erhellt unser Leben und das ist wundervoll!

Natürlich verändern wir uns…

Denn: all das hinterlässt Spuren. Ein Alltag, der (in meinem Fall) auf dem Bewältigen der MS basiert und nur mit gut geplantem Energie-Management möglich ist UND der nun noch als helfende Pflegeperson agieren muss – das schlaucht. Das raubt kaum vorhandene Kräfte.

Telefonate führen mit Ämtern, Banken, Versicherungen, Krankenkassen und MDK; mit dem Hospiz (was hoch emotional besetzt ist und dementsprechend auch fertig macht); Pflegebett bestellen und organisieren…. DAS ist mein Alltag, der für mich als MS'ler mit Fatigue viel zu voll ist.

Zum GLÜCK habe ich auch viel Hilfe von meiner Familie und auch von liebevollen und zuverlässigen Gassi-Geherinnen. Ohne dieses Netz würde auch rein gar nichts funktionieren, da ich mit meiner MS dann völlig überfordert wäre.

Ich merke jetzt schon, dass meine Ruhepausen dem Alltagsrhythmus meines Mannes unterworfen und somit auch nicht mehr ganz so nachhaltig sind. Das ist momentan einigermaßen ok – noch. Und auch, weil ich starke Beruhigungsmittel nehme, die mir diese Kraft und auch eine gewisse Gelassenheit geben. Außerdem nehme ich momentan so viel CBD-Öl (Hanf-Öl) ein, dass mir das zwar enorm hilft, aber in meinem Geldbeutel ein Loch hinterlässt! ;)

Aber nichts ist mehr wie es war und wir wissen, dass das Leben so endlich ist, so ungerecht und dramatisch. Auch damit muss man erst einmal klarkommen.

Wie mag es tief drinnen meinem Mann gehen, der weiß, dass er nur noch eine begrenzte Lebenszeit hat??? Wie fühlt man sich da? Selbst ich als so nahe Angehörige kann es nur ahnen. Man blickt in den eigenen Abgrund.

Und auch ich muss mit dieser unaufhaltsamen Tatsache umgehen können. Auch ich muss damit zurechtkommen, dass mein Mann nicht mehr ewig lebt – und ich zurückbleibe. Was kommt dann? Was sagt meine MS dazu? Und wie schaffe ich das???

DESHALB verändern wir uns, weil nichts mehr ist wie es war. NICHTS! Gar nichts!

Wir sind in einem Sumpf, im Albtraum und in der Hölle, wir schmoren dort in der Ungewissheit und mit der Angst.

Und doch leben wir und lachen, schmunzeln und freuen uns an vielen Dingen. Denn das ist auch Leben – neben diesem Abgrund.

Wir funktionieren, gehen einkaufen und erledigen in Routine so Einiges. Neben der Bedrohung. Das verändert und raubt Kraft!

Es raubt so unfassbar viel Kraft, dass wir manchmal noch nicht einmal die Kraft haben zu telefonieren....

Liebe Freunde, bitte versteht das – wir würden auch lieber fit sein und zu Partys gehen können – wir würden so gerne normal am Leben teilhaben können. Aber es geht nicht. Wir sind nicht komisch geworden, wir sind äußerst belastet und müssen auf uns achten, **damit die Last nicht über uns zusammenbricht.**

Halleluja!

Es ist wie es ist.

Leben ist JETZT!

Zeit mit positiven Menschen genießen

Zeit mit Menschen zu verbringen, die uns glücklich machen, ist immer wichtig. In Phasen, in denen schwere Krankheiten aber unser Leben überschatten, ist es doppelt wichtig, die wenige und so kostbare Freizeit mit Menschen zu verbringen, die positiv und lebensbejahend sind und die uns schlicht und ergreifend glücklich und zufrieden machen.

Auf Grund meiner MS und den Erfahrungen mit Freunden haben mein Mann und ich schon über viele Jahre hinweg viele Erkenntnisse gewonnen: positive und negative! Und wir haben gelernt, uns von negativen Menschen, oder auch Menschen, die uns langweilen oder nicht guttun, oder stressen, einfach fernzuhalten. Denn durch das Erleben der Auswirkungen meiner Fatigue und wie unterschiedlich unsere Freunde damit umgingen, hat sich schnell die „Spreu vom Weizen" getrennt. Manche Trennungen waren schmerzlich, andere notwendig oder sogar erleichternd.

Nun erleben wir erneut durch die schreckliche Diagnose und unserer Abgeschlagenheit, wie wichtig positive und vor allem empathische Menschen sind. Es nutzt meinem Mann niemand, der ihn besucht und so tut, als gäbe es die Diagnose nicht. Ebenso wenig ist es hilfreich, wenn Freunde dermaßen in Tränen ausbrechen würden, dass man sie trösten müsste.

Und wie ich schon erwähnte: weder der Kranke, noch wir Angehörigen müssen uns in dieser schweren Zeit zu irgendetwas zwingen, das uns nicht guttut. „Wir müssen NICHTS!". Wir müssen uns nur guttun und auf uns achten, unsere Kräfte einteilen und in Fürsorge den Betroffenen und uns selbst behandeln.

Manchmal muss man in seinem Leben
klare Grenzen ziehen.
Man braucht nicht alles hinzunehmen, denn schnell
wird Gutmütigkeit mit Schwäche verwechselt
und man wird ausgenutzt.

Diese Grenzen zu ziehen - das ist notwendig!
Nicht, um dem Anderen weh zu tun,
sondern um sich selbst vor Verletzungen zu schützen
und vor allem,
um sich selbst mit Achtsamkeit zu begegnen.

Ein besonderes Augenmerk gehört auch jenen Freunden/Angehörigen, die wirklich mitfühlen und „nah dran" sind.

Denn, wie ich schon erwähnt habe, betrifft eine chronische und schwere Erkrankung nie nur den Betroffenen (und eventuell seinen Partner), sondern das ganze nahe Umfeld ebenso.

Immer wieder habe ich auch intensive Gespräche mit unseren Freunden geführt und habe dabei nochmals andere Sichtweisen verspürt und konnte andere Perspektiven einnehmen, was wichtig ist, um das große Ganze zu begreifen.

Positiv gesehen, hat eine Freundin ihre Alters-Teilzeit-Rente beantragt – ihr Grund: sie habe an meinem Mann gesehen, wie schnell das Schicksal zuschlagen und wie schnell das Leben vorbei sein könne, da wolle sie lieber auf ein bisschen Geld/Rente verzichten, aber noch gesund in die Rente gehen. Das ist meiner Meinung nach ein toller und so richtiger Schritt, den ich jedem auf Grund unserer Situation hier auch raten würde.

Ein anderer Freund hat berichtet, dass ihm durch Peters „Geschichte" aufgezeigt wurde, dass auch für ihn eine Ära zu Ende ginge (aus Datenschutzgründen kann ich nicht die volle Geschichte erzählen, aber es geht insgesamt darum, dass er mit meinem Mann ein besonderes Hobby gepflegt hat, das Peter nun nicht mehr ausüben kann und er somit auch nicht mehr. Das hat ihm schwer zugesetzt). Also fällt nicht nur der „Freund" weg, sondern auch sein besonderes Hobby.

Was ich damit beschreiben möchte ist, dass so eine schwere Erkrankung, (die in diesem Falle sogar den Tod nach sich zieht) jeden, der in irgendeiner Weise mit dem Kranken zu tun hat, auch „irgendwie" betrifft. So eine schwere Erkrankung und deren Umstände „machen" mit jedem etwas. Es beeinflusst, prägt und wirkt immer nachhaltig.

Es kann positive Gedanken hervorbringen und ein stärkeres Bewusstsein für unser Dasein und ein Leben im „Hier&Jetzt" prägen, es kann aber auch Ängste auslösen oder gewisse Zeiten einfach beenden. Das heißt, jede Seite muss mit diesem Geschehen zurechtkommen.

Der (Ehe)-Partner sowieso, aber wie man sieht: auch alle anderen Angehörigen.

Der eine verliert einen treuen Freund, der andere einen liebevollen Zuhörer, der Nächste einen Musikerkollegen… Nahestehende Nachbarn verlieren einen freundlichen und zugewandten Menschen, der so manche Grillfeier mitgemacht hat oder bei privaten Fastnachtsfeiern einige musikalische Darbietungen geboten hat. Die Enkel verlieren ihren geliebten Opa und so kann jeder Einzelne etwas berichten, was ihm fehlen wird.

Der Betroffene verliert alles – das ist klar.

Aber auch die Freunde/Angehörigen wurden geprägt durch diese Erkrankung und die schwere Zeit.

Wie ich ebenfalls schon berichtete, machen sich manche Freunde auch plötzlich rar und so gut man das einerseits verstehen mag, so weh kann es dem Betroffenen tun.

Menschen sind unterschiedlich, haben andere Kindheitserfahrungen gemacht und verschiedene Prägungen erhalten. Auch wenn man das als Kranker weiß: ein Kontakt, der plötzlich abbricht, schmerzt – vor allem, wenn es „vorher" alles völlig angenehm lief. Als Betroffener und auch als Partner ist man in dieser schweren Zeit sehr sensibel – mehr, als im gewohnten Leben, denn nichts ist mehr, wie es war. Man wird dünnhäutiger, weil die Nerven einfach im Laufe der Zeit schwächer werden und man wird auch bedürftiger: Das heißt, man braucht mehr Zuwendung als in der normalen Zeit davor, weil man sich ständig hilflos und ohnmächtig ausgeliefert fühlt. Ein tröstendes Wort, ein „Herzchen" und lieber Gruß via SMS: das tut unglaublich gut. man fühlt sich verstanden und nicht mehr so alleine.

Sicher ist, dass sich Menschen oft sehr schwer mit Extremen tun. So ist es für manche Freunde „komisch", wenn der Andere vielleicht einen beruflichen Aufstieg macht, der finanziell auch viel mit sich bringt. Die menschliche Regung von Neid und Missgunst ist hier zu spüren und je nach Veranlagung der Person, wird es hingenommen, man freut sich mit oder man möchte sich auch profilieren.

So ist es auch umgekehrt: wenn das Schicksal erbarmungslos zuschlägt, also beispielsweise eine schwere Erkrankung bei seinem „Freund" vorliegt, dann **blockiert das Gehirn manchmal, da es diese Wahrheit nicht sehen möchte.**

Dies kann auch passieren, wenn „der Freund" plötzlich Angst vor der auf ihn zukommenden Verantwortung bekommt. Das ist mir in einigen Fällen aufgefallen. Denn Partyfeiern, mal was trinken gehen… das sind normale und schöne Dinge, die einfach so laufen und niemand muss die Verantwortung übernehmen. Sobald aber solche Dinge wie todbringende Erkrankungen auftreten, fühlt man sich automatisch als Freund in einer gewissen Verpflichtung, denn nichts ist mehr so wie vorher und nichts ist mehr so leicht und unkompliziert wie zuvor. Plötzlich geht es um ernste Themen, um Emotionen, wie Angst und Verzweiflung. Diesem Umbruch scheint nicht jeder gewachsen zu sein und die Verantwortung dafür zu tragen, ist ebenfalls scheinbar schwierig. Da ist es einfacher, man hält sich zurück. Das wiederum kann beim Betroffenen ganz anders ankommen und es ist meistens sehr schmerzhaft – vor allem, wenn sich enge Freunde abwenden oder nicht mehr melden. Aus Angst vor der eigenen Courage.

Man könnte meinen, das sei deren Problem – was es auch ist – aber nun tangiert es den Betroffenen ebenso, denn er fühlt sich alleingelassen.

Ich habe vor jedem Freund Respekt, der meinen Mann angerufen hat – auch in einer Zeit, als er nicht so flüssig und klar sprechen konnte; jeden, der ihn besucht hat und nicht wusste, was auf ihn zukommt. Es gab viele solcher Freunde (und Kolleginnen) und ich habe immer ihren Mut und ihre Stärke bewundert und war natürlich auch sehr dankbar, dass sie sich solch ein Telefonat oder einen Besuch zugetraut haben. Ich kann auch jeden verstehen, der Angst davor hatte. Aber die, die sich eingebracht haben, haben meinem Mann und mir das wundervolle Gefühl vermittelt, dass wir nicht alleine sind, dass es Menschen gibt, die zu uns stehen, die gewillt sind, mit jeder Situation zurechtzukommen. Diese Menschen sind es, die uns Kraft geben, die uns an das GUTE glauben lassen und uns motivieren. Diese Menschen sind es, die wichtig für uns sind in diesen schweren Zeiten. Und ganz praktisch ist es ja auch so: sie haben uns nicht alleingelassen und haben eigene Ängste oder Befürchtungen überwunden. DANKE dafür!

Die anderen Freunde/Angehörigen, die dies nicht konnten, sind nicht weniger wert! Aber sie haben es nicht geschafft, uns so zu unterstützen, dass es für UNS und unser Empfinden hilfreich und einfach nur wohltuend gewesen wäre.

Deshalb appelliere ich immer und immer wieder, miteinander zu kommunizieren.

Aber wir erleben in unserem Freundeskreis auch alle Variationen und ich weiß deshalb auch, dass das Miteinander-Reden nicht immer funktioniert. Ich habe beispielsweise zwei Freunde um konkrete Hilfe gebeten, als sie mir anboten, ich solle mich melden, wenn ich Hilfe bräuchte. Diese Hilfe habe ich bis heute nicht erfahren – trotz Kommunikation meinerseits, trotz deutlichem Hinweis und trotz dessen, dass ich meine Hilflosigkeit in diesem Moment zum Ausdruck brachte....

Andere Freunde waren so nah dran an uns, dass sie einfach gesehen haben, was an Hilfe Not tut.... Wieder andere haben mich direkt gefragt und somit konnten wir die Hilfsangebote koordinieren! So unterschiedlich lief das.

Und auch, wenn alle die gleiche Sammelnachricht (die ich ja regelmäßig zur Info verschickte) zum gleichen Zeitpunkt erhalten haben: die Reaktionen waren enorm unterschiedlich, sodass ich mich manchmal fragte, ob ich wirklich dieselbe Nachricht versendet hatte.

Es ist wie es ist. Das wurde langsam zu meinem Motto. Ich wollte nicht werten, denn jeder gibt, was er kann.

Aber trotzdem habe ich auch das recht festzustellen, dass mir manche Freunde mehr helfen und andere weniger.

FREUNDE,
gut gemeinte Ratschläge und mehr...

Rat-SCHLÄGE -1

Ich kann gar nicht anders, als dieses Thema aufzugreifen, denn schon als MS-Bloggerin widme ich mich dieser Materie und der nicht sichtbaren Symptome.

Dazu möchte ich für einen guten Umgang miteinander sensibilisieren. Denn was sich Kranke manchmal „anhören" müssen, weil es das Gegenüber doch nur „gut gemeint" hat, kann sehr verletzend und verstörend sein. Meiner Meinung nach schafft man nur durch konsequente Aufklärung über Krankheiten, sichtbare und nichtsichtbare Symptome, Behinderungen und Beeinträchtigungen, die Öffentlichkeit und auch unser Umfeld empfänglich für die Sorgen, Nöte und auch Bedürfnisse der Betroffenen und ihren Angehörigen.

Klar ist, dass jeder Betroffene und auch jeder Angehörige eine andere Art und Weise hat, mit der Erkrankung und den Folgen umzugehen. Manche Kranke verkriechen sich am Liebsten, andere verstecken sich hinter einer Mauer des Schweigens, wieder andere möchten darüber reden, und und und.

Deshalb ist es erst einmal notwendig, als Paar oder als nächster Angehöriger mit dem Betroffenen zu klären, was ihm wichtig ist, was ihn nervt und so weiter. Man muss sich eine (neue) Gesprächskultur aneignen, die beidseitige Erwartungen insoweit erfüllen kann, dass beide Partner zufrieden sind.

Das gilt für Paare gleichermaßen, wie für Freunde.

Deshalb ist es gut, wenn der Betroffene seine Wünsche so äußert, dass Angehörige entsprechend mit ihm umgehen können. Bei uns lief das oft über mich als Bindeglied und das hat wundervoll funktioniert.

Da mein Mann und ich schon immer sehr gut miteinander reden konnten, war dies natürlich ein großer Vorteil in dieser schweren Situation.

Wir haben von Anfang an offen geredet: über die Erkrankung, die Folgen, unsere Ängste und Hoffnungen und über unsere Gefühle.

194

Ebenso haben wir darüber gesprochen, wie wir in Zukunft mit den Einschränkungen umgehen möchten. Das ist ganz wichtig, weil man sich dann an diese gemeinsam erstellten Richtlinien halten oder an ihnen orientieren kann. Manche Paare müssen das aber erst üben.

Wie schon erwähnt, haben mir einige Freunde als Feedback auf meine/unsere Offenheit der Krankheit gegenüber gegeben, dass sie froh sind, dass wir ihnen diese Offenheit als Basis darlegen und sie dementsprechend dann auch reagieren können. Es ist also eine Erleichterung für alle Beteiligten, wenn man gewisse Leitlinien festlegt und Erwartungen oder Wünsche äußert.

Und trotzdem ist jeder Tag anders, und jeder hat eine andere Tagesform oder manche Freunde können dennoch damit nicht umgehen. Das alles ist OK. Auf UNSERE Reaktion kommt es an: nehmen wir irgendwelche unpassenden Ausdrücke, Ratschläge oder Statements einfach hin, reagieren wir mit Gegendruck oder verabschieden uns im schlimmsten Fall von diesen Personen. Bei uns ist das alles ein schleichender Prozess und wir merken sehr deutlich, wer besonders gut mit unserer Situation umgehen kann oder wer auch nicht. Inzwischen sende ich die regelmäßigen Sprachnachrichten über den Zustand meines Mannes nicht mehr an jeden der ursprünglichen Kontakte oder überspringe auch mal jemanden. Manchmal habe ich keine Kraft zu ertragen, dass gar keine Reaktion kommt oder die ewig gleichen Ratschläge, die wirklich irgendwann er**schlagen**. Manchmal bin ich gut drauf und all dies ist mir egal. Genauso geht es meinem Mann und auch das ist alles OK – wir sind alle nur Menschen mit Emotionen und auch Erfahrungen, die eventuell manche Gefühle gar nicht zulassen können.

Wie ich damit umgehe, ist dann meine Sache.

Und bei einigen alten guten Freunden, die sich kaum äußern, weiß ich schon jetzt, dass unsere Beziehung nie wieder so sein wird, wie sie mal war. In schweren Zeiten zeigt es sich, wer zu einem hält. Das müssen keine großen Worte oder Gesten sein: Anteilnahme, Mitgefühl – also Empathie – reichen völlig. Auch ohne große Worte, aber mit klaren Zeichen, die trösten und guttun.

Natürlich wissen wir alle, dass viele Menschen in ihren eigenen Dramen oder Gefühlen gefangen sind – dass sie einfach nicht anders können. Und natürlich haben wir auch gelernt, dass wir das akzeptieren müssen. Und noch einmal ist es natürlich so, dass man auch

Gründe findet, warum sie so oder so reagieren. All das ist normal. So ist das Leben.

Der Unterschied inmitten des Sturms, im Auge des Vulkans, nämlich der Diagnose, ist, dass wir uns gestatten dürfen und sollen, dass wir nichts aushalten müssen, was uns nicht guttut.

Und manche Menschen tun mir nicht gut, sie belasten mich. Das verlangt dann schlicht und ergreifend eine „einfache" Entscheidung.

Rat-SCHLÄGE - 2

Sie haben das bestimmt auch schon erlebt: ein jeder meint es gut und ein jeder überhäuft Sie mit guten Ratschlägen, neuen Forschungsergebnissen oder Wunderheilungs-Versprechen. Manchmal sind gut gemeinte Ratschläge erschlagender, als die Symptome an sich.

Nun, bei meinem Mann und seiner schweren Diagnose, ging es wieder los. Ich habe kuriose, lustige und auch dämliche Dinge erlebt. Fest steht aber: man ist heutzutage durch das Internet und andere Bezugsquellen, wie gute Bücher, durchaus selbst in der Lage, sich zu informieren.

Also: wir Angehörigen und Patienten sind informiert und freuen uns auch über Hilfe, über Infos und Rat. Aber es kommt sicherlich immer darauf an, WIE der vermeintliche Ratgeber damit rüberkommt, wie er es formuliert und ausspricht.

Ich finde es absurd und auch fast lächerlich, wenn mir Außenstehende mit Wunderheilungs-Artikeln aus Frauenzeitschriften (ohne Wertung) kommen. Ich bin ein selbstbestimmter Patient, ich bin eine erfolgreiche MS-Bloggerin, erhalte viele wissenschaftliche Newsletter und recherchiere täglich im weltweiten (!) Web. Ich bin wirklich informiert! Natürlich weiß ich auch nicht alles und freue mich auch über Hinweise – aber es kommt sicher auf den Ton an.

Wenn ein Betroffener, wie beispielsweise mein Mann, schon gleich am Anfang Ratschläge bekommt, bevor er selbst sich erst einmal genügend mit seiner Erkrankung auseinandersetzen konnte, dann hat ihn das erSCHLAGEN und er war auch nicht aufnahmefähig. Auch mir ging es da nicht anders. Aus jeder Ecke bekam ich Mails und SMS mit tollen Methoden zur Krebsbehandlung. Was aber viele nicht bedacht hatten: Jeder Tumor ist anders, ein Gehirntumor ist nicht vergleichbar mit einem Weichteiltumor und umgekehrt. Auch ein Gehirntumor ist nicht gleich ein Gehirntumor.

Natürlich wollen alle helfen und das erkennen wir auch liebevoll an. Und viele Infos waren auch helfend oder auch neu für uns. Natürlich sind wir, was dieses besondere Glioblastom betrifft, noch nicht umfassend wissend – wie denn auch, denn es ist unser „erstes Mal" mit diesem Tumor. Zum Glück! Aber es ist auch schwierig, wenn man erzählt bekommt: „Mein Bekannter hatte auch einen Gehirntumor, der ist geheilt und lebt schon 20 Jahre lang!" Das Pauschalisieren ist eher schädlich, kann falsche Hoffnungen beim Patienten wecken und dann zu umso größerer Enttäuschung. Oder auch zu Überlastung.

Ja, in schweren Zeiten zeigt es sich, wer die wahren Freunde sind, welche den MUT haben, zu uns zu stehen, Worte zu formulieren, zu helfen, zu unterstützen!

Zum Glück haben wir viele Engel um uns herum: allen voran meine Kinder&Schwiegerkinder, meine Mutter, mein Bruder mit Familie und einige gute Freunde, sowie herzige Nachbarn oder auch Musiker-Kollegen meines Mannes. Ich wüsste nicht, was ich ohne all diese Hilfe täte. Sehr oft muss ich weinen, nur weil mir so viel Hilfe gegeben wird und ich dies so unglaublich schön, entlastend, wohltuend und liebevoll finde.

Sicher ist auch, dass es Menschen gibt, die gerne helfen würden, aber nicht wissen, wie sie das tun sollen oder denen die Worte fehlen. Wir akzeptieren das selbstverständlich, aber ebenso selbstverständlich ist klar, dass sie (wertfrei gesehen) uns nicht in der Weise unterstützen, wie wir es bräuchten. Und dass so etwas auch „etwas" mit uns macht, ist auch klar. Das heißt, wir wenden uns auch eher an die Menschen, die uns ihre Hilfe konkret oder so liebevoll anbieten, dass wir auch gewiss sein können, dass es weder nur dahingesagt, noch eine Floskel, sondern ein ernstgemeintes Hilfsangebot ist. Und vor allem eins ist: UNKOMPLIZIERT!

Das Tolle ist ja, dass jeder auf eine andere Art helfen kann. Der eine übernimmt Fahrten zum Krankenhaus und bietet auch den Abholservice an, andere bieten sich zum Reden an und unterstützen uns via WhatsApp oder E-Mails, andere backen oder kochen für uns oder nehmen uns kleinere Dinge ab (wie Rezepte aus der Apotheke abholen) oder gehen für uns einkaufen. Jedes noch so kleine Zeichen bedeutet uns sehr sehr viel.

Ich persönlich habe Verständnis für Zurückhaltung bei Freunden, aber im Zeitalter der E-Mail und WhatsApp/SMS wundere ich mich manchmal, dass kein Feedback kommt. Es wäre so einfach: ein guter Freund beispielsweise schickt mir regelmäßig einfach per WhatsApp ein „Herzchen und ein Kleeblatt"! Ich finde das sehr sehr rührend, denn es zeigt direkt gefühlte mitlebende Anteilnahme und es ist so wenig aufdringlich. Denn wiederum lange E-Mails oder SMS sind für mich auch kaum zu bewältigen – da helfe ich mir oft mit dem „Herzchen-Symbol" als Antwort.

Wenn wir so gar kein oder nur vereinzeltes Feedback oder auch keine Frage: „Wie geht es Peter?" hören, wundern wir uns schon und ich spüre, dass es meinem Mann wehtut, so gar nichts von manchen Freunden zu hören. Er sagte auch mal, dass es ihm für mich wichtig wäre, denn es würde mich ja auch unterstützen und mir helfen. So ist es auch, dachte ich dann. Jede kleine Aufmerksamkeit, jedes „Ich denke an Euch" hilft mit ungemein, da wir uns dann nicht so alleine fühlen.

Was GUTE Freunde als Unterstützung mit kleinen (und auch großen) Gesten bieten, ist unbezahlbar! Es ist für uns einfach ein Geschenk. Ein Geschenk der Empathie, ein Geschenk des direkten Mitfühlens und für meinen Mann ist es das Geschenk, dass er in seinem Kummer wahrgenommen wird und schlicht und ergreifend Anteilnahme erfährt.

Oft kann er nicht antworten, weil ihm die Kraft fehlt, aber die meisten (GUTEN) Freunde verstehen dies, denn sie schreiben ja nicht, um eine Antwort zu erhalten, sondern um IHM GUT zu tun! Selbstlosigkeit nennt man das und dafür bin ich ihnen sehr dankbar.

Manchmal, wenn wir kleine Besuche empfangen, hat mein Mann sich so geäußert, dass er den Freunden sagte: nun erzählt auch mal von Euch. Es ist so rührend, wenn Freunde dann sagen: „Jetzt geht es um Dich!" und dann natürlich trotzdem von ihrem Leben erzählen, denn das ist ebenfalls für alle Beteiligten wichtig: das Leben „draußen" geht weiter. Die Welt dreht sich, auch wenn bei uns die Welt gerade still zu stehen scheint.

Das ist nämlich etwas, das gute Freunde mit viel Feingefühl ebenfalls schaffen können: aufmunternd und tröstend (oder auch ganz still) zuzuhören und dem Patienten viel Aufmerksamkeit und Verständnis schenken und gleichzeitig ihn an ihrem Leben teilhaben zu lassen. Das scheint eine Kunst zu sein.

✓ Das ist ja auch genau das, was wir Angehörige, manchmal im „Eiertanz" jeden Tag versuchen: **den Patienten ernst zu nehmen und ihm gleichzeitig das Gefühl zu vermitteln, dass das Leben auch schöne Momente hat für die es sich zu leben lohnt!**

Dass Freunde diese Gratwanderung – vor allem zu Beginn oder beim ersten Besuch – nicht immer hinbekommen, ist völlig logisch und auch ok.

Man muss sich als Betroffener und als Freund/Angehöriger erst einmal einjustieren. Man muss ein Gefühl dafür entwickeln, was dem Patienten guttun könnte, wie viel er von sich erzählen möchte oder wie viel er auch von außen hören (oder auch ertragen) kann.

Mit engen Freunden handhaben wir es so (da ich sie ja sowieso vor einem Besuch kontaktiere), dass wir die Zeitdauer des Besuches und die aktuelle Tagesform vorab besprechen, sodass sie sich gut auf ihn einstellen können. Das hilft im Endeffekt beiden Seiten und entspannt auch den Besuchenden.

Ein Nachbar, dessen Frau uns immer Mal liebevoll bekocht, sagte mir, als mein Mann gerade aus dem Krankenhaus entlassen wurde und Zuhause war, dass er gar nicht wisse, was er zu meinem Mann sagen solle, wenn er ihn sieht und dass er fast Angst vor einer Begegnung hätte. Ich fand es toll, dass er dies so direkt ansprach und wir konnten uns dann sinnvoll austauschen, ich konnte ihm sagen, wie sich mein Mann gerne austauschen würde und so weiter... Er war sehr dankbar für die Informationen und mittlerweile haben sie sich schon völlig zwanglos unterhalten.

Und daran sieht man, dass es immer und immer wieder darauf ankommt, wie man kommuniziert!

Und noch etwas möchte ich ganz ehrlich anmerken: Wenn wir als Angehörige Unterstützung erhalten, fühlen wir uns nicht mehr so alleine – es ist so, als könne man die LAST auf verschiedene Schultern verteilen und sie somit leichter tragen. Natürlich kann uns niemand diese abgrundtiefe Angst oder die Sorgen nehmen, mit denen wir nun im Alltag zu kämpfen haben – das sind unsere eigenen Dämonen, die wir erledigen müssen (eventuell auch mit professioneller Hilfe), aber darüber zu reden oder eben auch all die konkreten Hilfsangebote, die direkte Unterstützung und das Nachfragen, wie es uns und auch MIR geht, das ist unbezahlbar und tut so gut.

Noch dazu hat man ja als Angehöriger auch die ANGST vor dem Tag, an dem man alleine dasteht – vor diesem schweren Tag, wenn uns der Patient für immer verlässt. Dann weiß ich ja, dass ich Witwe sein werde – und genau dann brauche ich so dringend meine Familie und meine Freunde. Wer sich jetzt schon rarmacht – aus welchem Grund auch immer: wird er dann für mich da sein können?

Das sind Gedanken, die kein Mensch haben möchte, aber sie drängen sich auf – denn die Zukunft gehört uns Angehörigen – womöglich als Witwe/r zurückgelassen und auch die Zeit muss gut geplant und bewältigt werden.

Es ist schön,
Menschen mit HERZ zu treffen
und Freunde zu haben,
auf die man sich verlassen kann!

Multiple-artS.com

Ich möchte an dieser Stelle unseren wahren Freunden und unserer wundervollen Familie DANKEN!

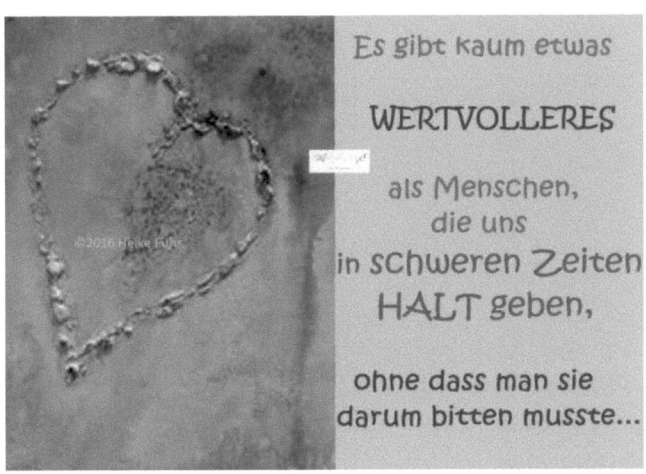

Es gibt kaum etwas WERTVOLLERES als Menschen, die uns in schweren Zeiten HALT geben, ohne dass man sie darum bitten musste...

Ich muss einfach noch ein Kapitel zum Thema CBD-Öl schreiben, denn für mich ist es einfach ein Wundermittel. Es hilft mir so enorm gegen die Fatigue und ist so beruhigend, dass ich es immer noch kaum fassen kann. Ich nehme es momentan höher dosiert als sonst ein – und es hilft mir in dieser schweren Zeit.

Anderen hilft es zum Einschlafen und auf Grund seiner nachgewiesenen entzündungshemmenden Wirkung ist es beispielsweise sowohl bei MS, als auch bei Krebs hilfreich.

Zur umfassenden Info können Sie gerne auf meinem Blog (http://multiple-arts.com/category/cbd-hanf-bei-ms/), als auch in mein CBD-Buch (**HANF – Erfahrungen mit legalem CBD! Infos rund um Cannabidiol, Cannabis & THC Hanf als legale Medizin**) schauen. Dort gibt es viele Erfahrungsberichte, Tipps und Hinweise.

Was ist CBD

CBD ist die Abkürzung für Cannabidiol, eine einzigartige Verbindung, die sich von Natur aus in Cannabis und Hanf befindet. Das heißt, CBD ist eine biomedizinische Abkürzung für Cannabidiol, welches wiederum zu den Cannabinoiden zählt und wird aus der weiblichen Hanfpflanze gewonnen. Durch einen speziellen Verdampfungsvorgang (CO_2 Methode) werden überschüssige Substanzen verdampft und danach herausgefiltert.

Wichtig zu wissen ist, dass CBD (im Gegensatz zu THC) nichtpsychoaktiv ist/wirkt!

Das heißt:

✓ **CBD macht weder „high", noch erzeugt es Halluzinationen oder ähnliche Rauschzustände.**

Marihuana enthält CBD - allerdings nur in sehr geringen Mengen. Marihuana gilt als sehr beliebtes medizinisches Heilmittel, da die darin enthaltenden Wirkstoffe vielversprechend sind. Interessant ist, dass jede Sorte ein anderes Verhältnis von Wirkstoffen enthält, so dass jede einzelne Sorte „Cannabis" auch für jeweils andere Bedürfnisse geeignet ist. Derjenige Wirkstoff, der für medizinische Zwecke am Interessantesten ist, ist das Cannabidiol, das als CBD bekannt ist.

CBD und THC sind wichtige Inhaltstoffe in Marihuana-Pflanzen. Wenn es um Marihuana geht sind THC-reiche Sorten recht zahlreich – jedoch sind hier Sorten mit einem hohen CBD-Gehalt eher selten. **CBD steuert im Nervensystem die natürliche Reaktion des Körpers auf Schmerzen, Angst und Stress und so weiter.** Es heißt ebenfalls, dass CBD im Nervensystem sogar Entzündungen vermindert und Schmerzen ausgleicht. CBD wirkt vor allem auf die sogenannten CB1- Rezeptoren des Gehirns und zwar so, dass es sie vor Aktivierung schützt. **Damit beruhigt es praktisch das Nerven- und Immunsystem.** Das ist auch der Grund, weshalb CBD bei nervlichen und psychischen Problemen und Autoimmunkrankheiten hilft.

CBD ist unter anderem in Form von Öl, Kapseln, Liquid, Tee, Cremes erhältlich.

„Cannabidiol ist aber nicht nur als Hausmittel bekannt, sondern gilt in Fachkreisen als Geheimtipp und wird bei vielen verschiedenen Krankheiten und Therapien eingesetzt. Durch neue medizinische Auswertungen, internationale Studien und Expertisen-Wissen vieler Ärzte wird der Anwendungsbereich stetig erweitert. Wissenschaftliche und klinische Untersuchungen, zumeist aus den USA, zeigen ein Heilungs- oder Schmerzlinderungspotential bei Arthritis, Diabetes, Alkoholproblemen, Depressionen, Schizophrenie, Epilepsie, chronischen Schmerzen, Migräne, Multiple Sklerose, Krebs und viele weitere CBD-Therapien auf." (https://cbdratgeber.de/was-ist-cbd/)

Wie wirkt CBD?

CBD ist der wichtigste Wirkstoff in der Hanf-Pflanze, der ein breites medizinisches Wirkungsspektrum aufweist!

Reines CBD-Öl kann viel: Bei fast allen Menschen löst es positive Stimmungsauftriebe aus, steigert das Energieniveau im Alltag, entspannt und macht gelöster. Und das alles legal (CBD Öl ist laut EU-Richtlinien ein legales Nahrungsergänzungsmittel, solange der THC-Gehalt unter 0,2 mg pro Gramm ist). Deshalb begeistert mich das CBD auch so sehr!

Cannabidiol wirkt entzündungshemmend, denn es verhindert die Bildung des Stoffes, der eine Entzündung hervorruft. Außerdem aktiviert und steigert es im Nervensystem die natürliche Reaktion des Körpers auf Schmerzen, Stress und Angst (Interaktion von CBD mit den Cannabinoid-Rezeptoren im Körper). Des Weiteren senkt CBD den Schwellenwert für Krampfanfälle und hilft somit bei der Entkrampfung mit. Das CBD wirkt dabei sogar präventiv und lindert natürlich auch die Symptome.

Da CBD auch antibakteriell, immunsuppressiv, angstlösend und antipsychotisch wirkt, schafft es eine Basis der ENTspannung, ohne dabei zu Lethargie zu führen.

In Hanfsamen sind viele Antioxidanten enthalten. Das bedeutet, dass Hanfsamen in der Lage sind, die gefährlichen „freien Radikale" zu neutralisieren. Das ist wichtig, gerade bei chronischen Erkrankungen, denn diese freien Radikale können unter anderem Zellschäden verursachen. Auch MS zählt zu den Krankheiten, die durch freie Radikale bedingt sein können. Und gerade die so wichtigen Vitamine wie B2 und E sind in Hanfsamen ebenso enthalten, wie Omega-3-Fettsäuren, sowie die bei MS positiv diskutierten Gamma-Linolsäuren. Des Weiteren finden sich Aminosäuren und Mineralstoffe darin. Besonders die Omega-3-Fettsäuren schützen ja die Nervenzellen vor Oxidation und Degeneration – das heißt, sie liefern genau das, was wir bei Krankheiten wie MS benötigen.

Noch dazu ist Hanf ein „Eiweißwunder"! Es ist gesund und trägt zum Muskelaufbau bei und hilft auch – im weitesten Sinne – gut gegen Stress.

Was ist das Endocannabinoid-System?

Um umfassend informiert zu sein, müssen wir das Endocannabinoid-System noch kurz beleuchten, zumal man zwangsläufig darauf stößt, wenn man umfassend über CBD recherchiert.

Das Endocannabinoid-System ist Teil des menschlichen Nervensystems und wird auch als „endogenes" (Prozesse, die im Körper stattfinden und nicht auf äußere Einflüsse zurückgehen) Cannabinoid-System bezeichnet. Die Endocannabinoid-Rezeptoren sind im ganzen Körper zu finden und je nach ihrer Lage haben sie eine jeweils andere Wirkung auf den Organismus. Das Nervensystem ist für das CBD deshalb eine gute Basis um seine Wirkung im menschlichen Organismus voll entfalten zu können.

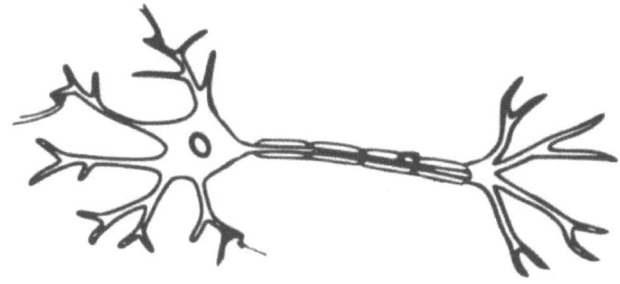

Das Endocannabinoid System lässt sich durch chemische und auch pflanzliche Substanzen beeinflussen – sowohl positiv als auch negativ.

„Zentrale Bestandteile sind die Cannabinoid-Rezeptoren CB1 und CB2 sowie körpereigene Cannabinoide bzw. Endocannabinoide, die an den Rezeptoren binden und diese aktivieren. Wird Cannabis konsumiert, bindet der Wirkstoff THC ebenfalls an Cannabinoid-Rezeptoren und entfaltet so seine Wirkung." (Angelehnt an und weitere Infos: https://www.drugcom.de/?id=drogenlex&sub=5&idx=248)

CB1 Rezeptor: ist zuständig für die Vernetzung unseres Nervensystems, sowie auch für die Regulierung unseres Schmerzempfindens.

CB2 Rezeptor: ist zuständig für die Steuerung des Immunsystems.

Rezeptoren befinden sich im Gehirn, im Nervensystem, in Organen, Drüsen, im Verdauungstrakt, der Haut und Geweben. Die wichtigsten Rezeptoren sind jene im Gehirn und im Immunsystem. Cannabinoide aus der Cannabis-Pflanze können sich an diese Rezeptoren binden, um die Art und Weise zu verändern, wie der Organismus funktionieren soll.

✓ **Beide Rezeptoren sind deshalb lebenswichtige Bausteine in unserem komplexen Nervensystem und durch Mangelerscheinungen der Botenstoffe in unserem Nervensystem können leider Krankheiten entstehen. CBD hilft diesen Rezeptoren, dass sie stärkere Signale (Botenstoffe) senden können.**

Krebs und CBD

„Die Krankheit Krebs, auch umgangssprachlich die Geißel der Menschheit genannt, hat ihren Namen aus ihrer ureigenen Eigenschaft, sich kriechend im Körper zu verbreiten. Sie krabbelt im übertragenen Sinne lautlos und oftmals unentdeckt durch den menschlichen Organismus und verbreitet sich auch genauso schleichend. Einmal besiegt kann der Krebs dennoch immer wieder kommen und das endet dann nicht selten tödlich. Krebs zählt, einfach ausgesprochen, wohl zu den schlimmsten Krankheiten, die einen Menschen heimsuchen können.

Das Krankheitsbild von Krebs

Bedrückender Weise haben wir Menschen alle Krebszellen in unseren Körpern. Krebs entsteht, simpel erklärt, durch mutierte Körperzellen, die sich dann in bösartige Gewebezellen wandeln. Ist solch eine Zelle zu einem Tumor (Karzinom) herangewachsen, beginnt diese Metastasen zu streuen. Der Krebs kann sich so über den gesamten menschlichen Organismus verbreiten, wobei er über das Blut transportiert wird.

Es gibt unzählige Krebsarten, die aber allesamt tödlich enden können. Doch gibt es aber auch gutartige Krebsarten, wie zum Beispiel ein Muttermal, die keine Metastasen streuen bzw. nicht zu einem bösartigen Gewebe heranwachsen. Doch können auch selbst die kleinsten Muttermale gefährlich werden, sobald sie entarten – sich verändern. Krebs wird nach dem heutigen Stand der Medizin meistens mit einer Chemotherapie behandelt. Oftmals geht dem eine Operation voraus, um Tumore zu entfernen. Während der Chemotherapie werden dem Patienten intravenös chemische Substanzen zugeführt, die nicht nur den Krebs bekämpfen, sondern auch dem Organismus erheblich viel Kraft abverlangen. Die unangenehmen Nebenwirkungen einer Chemotherapie sind den meisten Menschen bekannt.

Dennoch: Die Heilungschancen sind heutzutage weitaus höher angesetzt, als noch vor wenigen Jahrzehnten. Rechtzeitig erkannt, kann die Krebserkrankung in den meisten Fällen erfolgreich bekämpft werden. Eine fachliche wie regelmäßige Routineuntersuchung ist von daher unbedingt wichtig.

Wie kann CBD gegen Krebs helfen?

Die medizinische Forschung bringt immer wieder neue Entdeckungen hervor, die einem kleinen Wunder gleichen. So wurde zum Beispiel jüngst entdeckt, dass Methadon, das im Grunde in Drogenentzugskliniken eingesetzt wird, die Heilung von Krebs beschleunigen kann. Genauso verhält es sich mit unserer kleinen Wunderwaffe Cannabidiol. CBD kann durch seine hemmende und blockende Wirkung unbedingt fördernd wirken, wenn es darum geht, die Krebszellen einzudämmen.

In den Medien wird es laut um das CBD, was die Krebsheilung betrifft. Und das natürlich überhaupt nicht zur Freude der Pharmaindustrie. Mit CBD lässt sich natürlich nicht so viel Geld verdienen, wie mit einer Chemotherapie. Nur zum Vergleich: Ein Beutel Chemotherapie-Substanz kostet mehrere tausend Euro, während ein Fläschchen Cannabidiol um die 20-30 Euro kostet.

CBD wird mittlerweile sehr erfolgreich als Katalysator eingesetzt, um die Chemotherapie in ihrem Kampf gegen den Tumor zu unterstützen. Natürlich wirkt Cannabidiol nicht als alleiniges Mittel, wobei aber ein Patient aus Kanada, der selbst von Hautkrebs betroffen war, Cannabis-Öl erfolgreich einsetzte, um den Krebs zu besiegen. Er beschreibt selbst, dass die betroffenen Stellen nach 4–5 Tagen komplett verheilt waren. Weiter soll der Mann (Rick Simpson) über 5000 Menschen mittels Cannabis-Öl geheilt haben. Hierbei handelt es sich allerdings um hochprozentiges THC-Öl, welches als Rick Simpon Oil (RSO) bekannt ist.

Cannabis-Extrakte sind mit großer Sicherheit, auf dem Vormarsch in der Medizin. Übrigens wurden auf antiken religiösen Schriftrollen der Perser Aufzeichnungen entdeckt, die Hanf an sich als die Heilpflanze Gottes bezeichnen."
(Mit freundlicher Genehmigung von: https://cbdratgeber.de/therapie/krebs/)

LINK-Empfehlung: https://cbdratgeber.de/

Verschiedenes

Dieses Kapitel möchte ich zwei besonderen Themen widmen, die bei chronischen Erkrankungen eine große Rolle spielen können. Sie sind beide nicht sichtbar, aber spürbar: Fatigue und Sexualität.

Besonders die Sexualität ist oft noch ein tabubehaftetes Wort und Geschehen und spielt doch eine große Rolle im Paar-Leben.

Bei Menschen mit chronischen Erkrankungen kann die Libido sinken oder ganz verschwinden.

FATIGUE,
diese besondere Form der Mattigkeit

Ich möchte mich kurz der FATIGUE widmen, denn sie gerade auch bei Krebs und vielen chronischen Erkrankungen (auch Fibromyalgie) ein sehr häufiges und extrem belastendes Begleitsymptom.

Da es ein unsichtbares Symptom ist, ist es gerade für Angehörige wichtig, sich damit auseinanderzusetzen und zu versuchen, dieses schreckliche Gefühl von körperlicher Lähmung und geistiger Ohnmacht zu begreifen.

Fatigue ist ebenfalls durch **erschöpfte Kraftreserven** gekennzeichnet, sowie mit einem erhöhten Ruhebedürfnis, das disproportional zu allen vorangegangenen Anstrengungen steht.

Das Fatigue-Syndrom bezeichnet ein Erleben von anhaltender (also auch ständiger) Müdigkeit, Erschöpfung und Antriebslosigkeit. Es beeinträchtigt das Leben der Betroffenen stark und sehr nachhaltig und lässt sich auch durch viel Schlaf nicht beseitigen.

Als Nebenwirkung von Krebs, und Chemo und Bestrahlung ist Fatigue ebenfalls bekannt.

Dies ist besonders wichtig zu wissen, denn gut gemeinte Ratschläge, wie: „Schlafe Dich mal ordentlich aus!", oder: „Du musst Dich nur mal richtig ausruhen!" sind hier **völlig sinnlos** und vor allem sehr unnötig.

> ✓ **In manchen Fällen ist Fatigue eine Begleiterscheinung chronischer Erkrankungen wie MS, Krebs, Rheuma, Aids oder die Folge außergewöhnlicher Belastungen (wie einer Chemotherapie).**

Fatigue ist eine andere Art von Müdigkeit als sie der Gesunde kennt. In dieser Form der wirklich **ABNORMEN Erschöpfung und Erschöpfbarkeit** ist sie für betroffene Menschen ein extrem schlimmes Symptom, das die Lebensqualität erheblich einschränkt.

Fatigue ist definiert als ein Gefühl von fehlender körperlicher und/oder geistiger Energie, das dann oft als Erschöpfung oder Ermüdung wahrgenommen wird. Es ist ein sehr häufiges Symptom bei Krebs, das Betroffene und deren Leben und Lebensumfeld enorm beeinträchtigt.

✓ Überaus WICHTIG zu wissen ist, dass Fatigue eine unkontrollierbare Erschöpfung ist, die nicht willentlich beherrscht werden kann!!!

Fatigue ist ein ganzkörperliches Gefühl physischer und/oder mentaler Erschöpfung und ist ein wirklich nicht zu beherrschendes Gefühl der körperlichen UND/oder seelischen Erschöpfung, Abgeschlagenheit, Energielosigkeit und abnormer Ermüdung. Das alles kann UNABHÄNGIG von körperlicher Belastung erfolgen.

Auch ist weder eine Depression damit gleichzusetzen, noch eine übliche Antriebslosigkeit, oder Hoffnungslosigkeit. Die Fatigue kann völlig losgelöst von diesen Symptomen da sein und beeinträchtigt deshalb das Leben und den Alltag der Betroffenen sowie deren soziales Leben und Aktivitäten enorm.

Des Weiteren ist die Fatigue mittlerweile einer der häufigsten Gründe, die beispielsweise bei MS zur vorzeitigen Verrentung führen.

Das Hauptmerkmal der Fatigue ist, dass Schlaf nicht zur Regeneration führt, sondern ein Gefühl des ständigen Übermüdetseins und enormer Abgeschlagenheit ist.

> ➡ **Ausreichender Schlaf und Ruhephasen können die Erschöpfung (Müdigkeit, Abgeschlagenheit oder Leistungstief) NICHT mehr beheben.**

Einerseits kann eine andauernde Fatigue/Müdigkeit vorhanden sein, die lähmend wirkt und noch dazu können obendrauf „Fatigue-Attacken" (= mein Ausdruck für diese überfallartigen Anfälle) hinzukommen.

Viele Krebspatienten und deren Angehörige kennen dieses Syndrom nicht und fragen sich vielleicht, warum der Patient so unglaublich erschöpft ist.

Mein Mann kannte es von mir und meiner MS, aber hatte es ja noch nie selbst erlebt. Als er es dann leider kennenlernen musste, sagte er, dass er nie gedacht hätte, dass es SO schlimm sei. **Er fühle sich wie im Sarg lebendig begraben.**

Es ist ein schreckliches Symptom, das Heidenangst macht, weil man spürt, wie der Körper uns nicht mehr willentlich folgt... Man ist der Fatigue ohnmächtig ausgeliefert und wer das zum ersten Mal erlebt, bekommt es oft heftig und panikähnlich mit der Angst zu tun oder wird von der Angst manchmal wie gelähmt. Auch das ist als Angehöriger wichtig zu wissen, denn Fatigue wütet auf so vielen Ebenen.

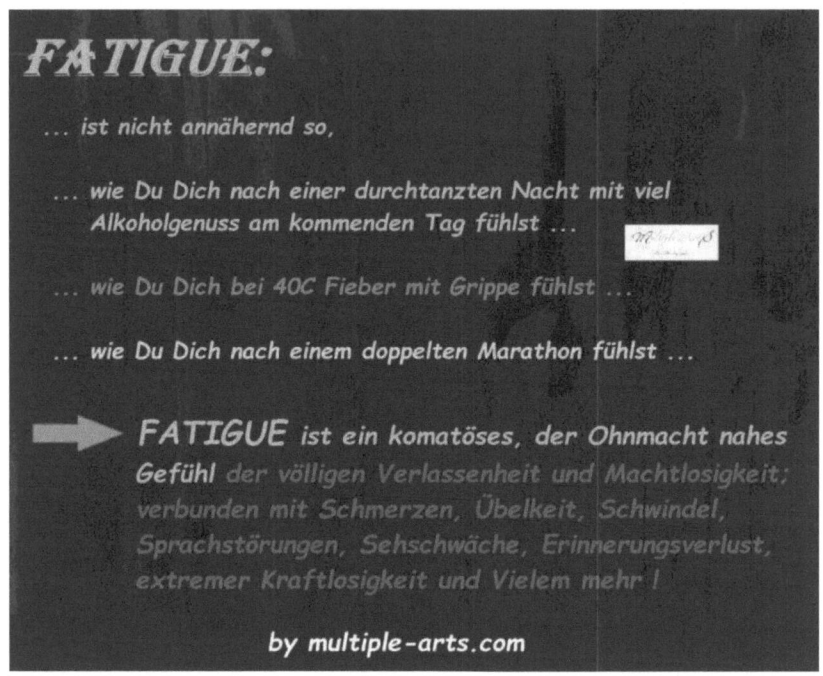

FATIGUE:

... ist nicht annähernd so,

... wie Du Dich nach einer durchtanzten Nacht mit viel Alkoholgenuss am kommenden Tag fühlst ...

... wie Du Dich bei 40C Fieber mit Grippe fühlst ...

... wie Du Dich nach einem doppelten Marathon fühlst ...

➡ **FATIGUE** ist ein komatöses, der Ohnmacht nahes **Gefühl** der völligen Verlassenheit und Machtlosigkeit; verbunden mit Schmerzen, Übelkeit, Schwindel, Sprachstörungen, Sehschwäche, Erinnerungsverlust, extremer Kraftlosigkeit und Vielem mehr !

by multiple-arts.com

Diese bodenlose Erschöpfung und oft sehr plötzlich auftretende Ermüdung treten gewöhnlich unabhängig davon auf, wie gut man geschlafen hat, ob man ausgeruht oder gestresst ist und sie schreitet oft noch während des Tages fort.

Sie kann zu **jedem Zeitpunkt des Tages** völlig ohne Ankündigung, wie zufällig kommen und gehen.

➜ Es wird angenommen, dass die Ermüdung auf eine **schlechte Nervenleitung zurückzuführen ist,** die durch eine Beschädigung des Myelins um die Nervenfasern im zentralen Nervensystem (ZNS) herum verursacht wird.

➜ Auf Grund der Demyelinisierung muss **der Körper härter arbeiten,** um Botschaften zwischen dem Gehirn und anderen Teilen des Körpers weiterzuleiten und zu übertragen.

Deshalb ist es einfach sinnlos, während einer solchen Attacke irgendwelche Aktivitäten **erzwingen zu wollen**: es wird nicht funktionieren, sondern macht es womöglich nur schlimmer.

→ FATIGUE ist absolut nicht willentlich beeinflussbar!

Insofern ist es so wichtig, für sich Strategien zu finden, wie man im Falle einer solchen Fatigue-Attacke am besten reagiert.

Zumindest bei mir ist es so, dass ich im Vorfeld von bestimmten Ereignissen, die geplant sind, ein besonderes **Energie-Management** betreibe: viel Ruhen, wenig körperliche Arbeit, Stress möglichst meiden und Vieles mehr. Das bedeutet aber leider nicht, dass es auch zuverlässig funktioniert. Was hilft/helfen könnte, muss jeder für sich herausfinden.

Fest steht, dass Fatigue eine anerkannte Erkrankung ist – auch wenn leider viele Ärzte dieses Symptom immer noch nicht als das anerkennen, was es ist: **vernichtend und unsichtbar** dazu, sodass man oft noch Vorwürfen, man solle sich mal zusammenreißen, ausgesetzt ist.

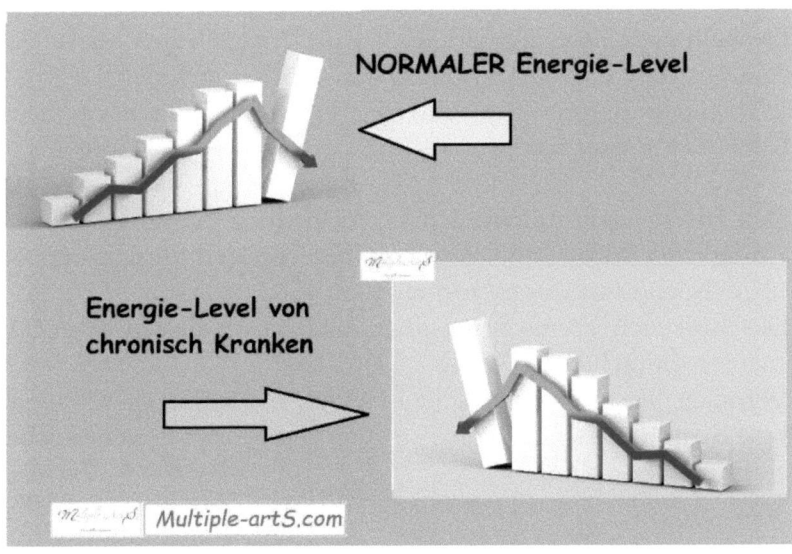

215

Menschen mit einer FATIGUE oder einem chronischen Fatigue-Syndrom erholen sich auch durch Schlaf und Ruhepausen NICHT!

Deshalb appelliere ich wirklich an die Angehörigen, diese Fatigue, beziehungsweise die Symptomatik, sehr ernst zu nehmen.

Ich kann während eines schweren Fatigue-Anfalls noch nicht einmal ein Glas Wasser halten.

Den Betroffenen möchte ich sagen: Bleiben Sie ruhig, nehmen Sie sich möglichst sofort eine Pause, ziehen Sie sich zurück und warten Sie ab… Irgendwann ist es vorbei.

Das hört sich komisch an, aber man hat in diesen schrecklichen Momenten einfach keine Wahl.

Verfallen Sie möglichst nicht in Panik – Fatigue ist sehr vielfältig und die Symptome sind absolut erschreckend. Aber es geht vorbei!

LINKS – Was ist Fatigue und wie fühlt sie sich an?

„Was ist FATIGUE?"
- http://multiple-arts.com/was-ist-fatigue-bei-ms/

- https://www.onmeda.de/magazin/fatigue.html
- http://multiple-arts.com/?s=fatigue+eine+emotionale+erklärung
  http://multiple-arts.com/fatigue-meine-bilder-der-todmuden-ge-stalt-der-ms-einblick-ms-persoenlich-de/
- http://multiple-arts.com/wenn-man-immer-mude-ist-fatigue/
  http://multiple-arts.com/uhthoff-und-fatigue-ein-teufelspaar/
  http://multiple-arts.com/lebendig-begraben-fatigue/
  http://multiple-arts.com/fatigue-der-unterschied/
- http://multiple-arts.com/wer-fatigue-kennt-so-fuhle-ich-mich-jeden-tag/
- https://www.onmeda.de/special/multiple-sklerose/fatigue.html
-

SEXUALITÄT

Sexualität: ein gewohntes Wort und doch auch immer noch ein teilweise tabu-behaftetes Wort.

Sexualität bezeichnet die Zusammengehörigkeit, oder auch das Resultat, von (in unserem Fall) menschlichen Verhaltensweisen, Empfindungen und Interaktionen.

In bestehenden Paar-Beziehungen gehört sexuelle Aktivität auch immer als Verbindungsmittel dazu, um Nähe und Intimität zu schaffen und zu halten.

Es geht mir in diesem Kapitel darum, dass sich der Leser (möglichst auch mit seinem Partner) das Thema Sexualität in Bezug auf die chronische Erkrankung vertrauter macht und sich des Themas überhaupt annimmt. Und vielleicht können beide Partner so mehr Verständnis füreinander aufbringen. Außerdem könnte es helfen, neue Einsichten zu gewinnen, die dem jeweiligen Paar in ihrer jeweiligen Situation deren weitere Sexualität erleichtern können.

Im besten Fall existiert zwischen den Sexual-Partnern ein vertrauensvolles und offenes Verhältnis, gepaart mit Liebe und Geborgenheit. Unter diesen Umständen, gewürzt mit einer Prise Humor und Verständnis, kann sich eine wundervolle Sexualität entfalten. Geborgenheit spielt hierbei die Hauptrolle und Respekt und Anerkennung sind die Basis einer solchen Beziehung, die unter diesen Umständen dann auch sicher eine auf Dauer angelegte Beziehung darstellt. Jeder wünscht sich vermutlich eine erfüllende Sexualität.

Das vertrauensvolle MITEINANDER ist das „A und O" in einer jeden Beziehung. Und in einer Beziehung, in der ein Partner, oder auch beide, mit einer Behinderung leben, ist es sicher NOCH wichtiger, sich auszutauschen und eine liebevolle Offenheit miteinander zu finden. Wertfrei sollte sie sein, ohne Schuld-Zuweisung. Das ist die Grundlage eines Gespräches. Sprechen Sie offen und ehrlich mit Ihrem Partner über Ihre sexuellen Sorgen und Ängste. Es ist hier umso wichtiger, ein beidseitig gutes Vertrauen und Verständnis aufzubauen. Und geben Sie sich und Ihrem Partner ausreichend Zeit, sich an mögliche Veränderungen zu gewöhnen. Nur so kann man gemeinsam neue Wege finden.

Die sogenannten „Ich-Botschaften" helfen jedem Start in ein Gespräch sehr gut. Indem man von sich selbst, von seinen Bedürfnissen und seinen Wünschen, oder seinen Verletzungen spricht. „Ich fühle mich minderwertig" ist zum Beispiel eine Aussage, die niemand boshaft widerlegen kann. Denn so, wie ICH mich fühle, ist es mein „Ding". Würde ich sagen, „Du vermittelst mir immer das Gefühl, ich sei minderwertig", wären in diesem Satz schon eine Botschaft und eine Anschuldigung versteckt und der Gesprächspartner würde automatisch in eine Rechtfertigungshaltung gehen. Der emotionale unsachliche Austausch wäre vorprogrammiert.

„Ich wünsche mir, dass …", hört sich anders an, als „Du solltest mal…!".

Wenn man versucht, diese Regeln zu beachten, ist dem Gespräch von Anfang an schon einmal die Schärfe genommen.

Für mich persönlich ist zum Beispiel der Humor immer besonders wichtig. Chronisch Kranke und Behinderte sind generell im Vorteil, wenn sie viel lachen und alles mit Humor ertragen können. Und ganz besonders, wenn sie auch über SICH SELBST lachen können.

Also möchte ich hier an dieser Stelle meine Leser ermuntern und ermutigen, sich der Symptomatik des Tabu-Themas Sexualität gerne mit viel Humor zu nähern und auch im Bett über die ein oder andere Panne herzhaft mit dem Partner zu lachen. Das entspannt, löst den Knoten der momentanen Schwierigkeit und macht Mut und birgt eine sehr große Chance: die Chance auf Veränderung und vor allem auf NÄHE.

Eine Krebserkrankung oder eine andere chronische Erkrankung beeinflusst nicht nur den Körper, sondern auch die Psyche ist betroffen.

Klar ist, dass die körperlichen Folgen der Erkrankung und ihrer Behandlung (und auch die seelische Belastung), bei vielen Betroffenen manchmal komplett oder auch nur zeitweise die Lust auf Sexualität mindern oder sie Sex leider unmöglich machen.

Wie bereits erwähnt, ist es wichtig, in einer Partnerschaft auch über dieses Thema zu reden. Der Betroffene sollte sich äußern können, was sich verändert hat. Für viele Paare kann sonst eine Sprachlosigkeit zur Belastung werden. Betroffene, die bisher alleine gelebt haben, verlieren nicht selten komplett die Zuversicht eine neue Beziehung eingehen zu können.

Schmerzen, Müdigkeit, eine veränderte Körperwahrnehmung, die auf Grund einer chronischen Erkrankung entstehen kann, haben oftmals schwere Auswirkungen auf das Sexualleben.

Klar ist auch, dass eine Krebserkrankung und /oder die Therapie den ganzen Körper beeinflussen kann. Prinzipiell spricht nichts dagegen, dass chronisch Kranke und Krebsbetroffene (Ausnahmen gibt es auch, das weiß Ihr behandelnder Arzt) sexuell aktiv sind. Denn ein befriedigendes und vertrautes Sexualleben baut Nähe auf, festigt die Partnerschaft und trägt ebenfalls zum Erhalt der Lebensqualität bei. Da Krebs nicht ansteckend ist, (MS und viele andere chronische Erkrankungen ebenso wenig), kann die Krankheit also auch nicht sexuell übertragen werden.

Allerdings gibt es bei speziellen Tumoren in den entsprechenden Bereichen eventuell Probleme, weil es beim Sex zu Blutungen oder Schmerzen kommen könnte.

Noch dazu kommt, dass manche Krebstherapien die Keimzellen (Spermien, Eizellen) angreifen. Deshalb muss eine Verhütung gesichert sein und mit dem behandelnden Arzt besprochen werden.

Bei jungen Patienten rückt zusätzlich die Frage ins Zentrum, ob ein eventueller Kinderwunsch später noch erfüllt werden kann.

Typische Veränderungen unter einer Krebstherapie in Bezug auf das Sexualleben können sein: Lust, Erregung, Orgasmus.

Wichtig zu wissen ist:

➢ **Krebsmedikamente sowie die verschiedenen Therapieformen können die Libido verändern!**

Leider ist es bei chronisch Kranken oft so, dass sich auf Grund bestehender und neu hinzugekommener Beeinträchtigungen, oder durch eine Chemotherapie oder eine Operation sich der Körper vorübergehend oder dauerhaft verändert. Dass solche Veränderungen für den Patienten selbst oft unangenehm sind, liegt auf der Hand. Das Selbstvertrauen kommt ins Wanken und dadurch leidet nicht selten auch die

Beziehung zum Partner. Die Angst, nicht mehr den gewünschten Anforderungen zu entsprechen, steht oft im Vordergrund und verhindert oft, dass wieder die (gewohnte) Nähe zugelassen werden kann.

Eine scherwiegende Diagnose hat leider auch die Macht, die bestehenden Rollenverteilungen innerhalb einer dauerhaften Beziehung zu verändern. So kann aus dem starken „Fels in der Brandung" plötzlich ein hilfloser Mensch werden – oder umgekehrt und liebgewonnene und gewohnte Rituale müssen plötzlich innerhalb der Beziehung verändert werden.

Wichtig ist im kompletten Krankheitsdrama, dass das Thema Sexualität nicht zu einem zusätzlichen Stressfaktor wird.

Ein nachlassendes sexuelles Bedürfnis ist gerade in der ersten Zeit nach der Diagnosestellung und während der Behandlung völlig normal und sollte nicht zu einer zusätzlichen Belastung für Sie werden. (1)

Wie ich schon in meinem Buch „Sexualität – Tipps für chronisch Kranke" beschrieb, ist „Intimität mehr als Sex": Denn auch wenn Sex nicht möglich ist, muss man nicht auf körperliche Nähe und Zärtlichkeit verzichten. Eine liebevolle, zärtliche Umarmung, sich die Hand halten, sich ankuscheln und Küsschen austauschen, ist ja immer noch möglich und hält die Nähe zum Partner aufrecht.

Probleme bei Frauen mit Krebs sind oft je nach Operation die Eierstöcke, Gebärmutter, Vagina und so weiter. Dies kann beim Sex Schmerzen verursachen, oder auch die Fatigue (abnorme Erschöpfung), Müdigkeit und allgemeine Lustlosigkeit können die Lust auf ein Sexualleben dämpfen.

Beim Mann kommt es ebenso auf die jeweilige Operation und Umstände an.

Durch Operationen können neben dem betroffenen Organ auch Nervenbahnen geschädigt werden, was ebenfalls zu Erektions- und Orgasmus-Problemen führen kann. Oder es kann zu Störungen des Hormonsystems kommen. Auch durch die einzelnen Behandlungen kann es bei vorübergehenden oder bleibenden sexuellen Einschränkungen bleiben. Neben organischen Ursachen können natürlich auch psychische Gründe Erektionsstörungen verursachen. Das gilt für Frauen natürlich genauso.

„Zahlreiche körperliche und seelische Vorgänge, die in einer heiklen Balance zueinanderstehen, prägen die Sexualität. Zum einen steuern Organe, das Nervensystem und die Hormone unsere Sexualität, zum andern spielen unsere Prägungen, Gefühle und Gedanken eine entscheidende Rolle. Krebs und Krebsbehandlungen können dieses subtile Zusammenspiel und damit auch die Sexualität empfindlich stören. Das Sexualverhalten ist individuell verschieden und zeigt entsprechend viele Facetten. Es wird nicht nur von komplexen biologischen Prozessen gesteuert, sondern auch von kulturellen und familiären Einflüssen, von Erfahrungen und Vorstellungen geprägt." (3)

Sie können sich im Internet sehr gut zu diesen Themen informieren. Ich habe Ihnen mal ein paar sehr hilfreiche links zusammengestellt:

1)
https://www.netdoktor.at/krankheit/krebsschule/sexualitaet-und-krebs-3650249

2)
www.krebsinformationsdienst.de/leben/alltag/sexualitaet.php

3)
https://www.krebsinformationsdienst.de/wegweiser/iblatt/krebsp atient-sexualitaet.pdf?m=1526316921&

Alternative Heilmethoden

Bei jeder Krankheit gibt es neben der herkömmlichen Schulmedizin auch immer noch die alternativen Heilmethoden.

Ich selbst habe viele meiner MS-Symptome durch eine ordentliche homöopathische Konstitutions-Behandlung bei einer Heilpraktikerin lindern können, ich gehe regelmäßig zur osteopathischen Behandlung und nehme viele Nahrungsergänzungsmittel, sowie vor allem mein geliebtes CBD-Öl ein. Ich schwöre auf alternative Heilmethoden und setze sie auch ein. Bei einer Krebserkrankung würde ich das ganze Spektrum sicher auch ausschöpfen. Ich habe mich im Zuge der Krebserkrankung meines Mannes auch intensiv mit solchen Methoden auseinandergesetzt und kam für mich zu dem Schluss, dass ich bei der speziellen Art des Gehirntumors meines Mannes zusätzlich zu seiner Strahlen- und Chemotherapie alternative Heilmethoden nutzen würde.

Nun kommt das „Aber": jeder Mensch, der mündig ist, ist für sich selbst verantwortlich und kann ganz alleine entscheiden. Für mich war und ist es sehr schwierig, dass mein Mann sich außer auf CBD – das macht er mir zu Liebe – auf momentan keine alternativen Heilmethoden einlassen möchte. Ganz ehrlich: für mich war das anfangs ein Drama und sehr heftig, da ich unbedingt helfen und meine Erfahrungen miteinbringen wollte. Aber er ist ein selbstbestimmter Mensch und ER entscheidet. Vieles können und müssen wir auch gemeinsam entscheiden, aber ich muss respektieren, dass er dies ablehnt.

Ich möchte mich in diesem Buch, da ich ja Laie bin, auch nicht damit beschäftigen, was alles möglich wäre, zumal es ja auch immer auf die Erkrankung an sich ankommt.

Das CBD habe ich Ihnen vorgestellt, weil ich zu 100% davon überzeugt bin und ich über meinen Blog schon extrem viel Feedback erhielt, dass es bei den meisten chronisch Kranken in irgendeiner Form hilft. Viele Betroffene bedanken sich dafür, dass ich meine CBD-Erfahrungen öffentlich mache und deshalb möchte ich es auch hier mitteilen.

Aber: Ich distanziere mich davon, dass das CBD–Öl ein gleichberechtigter Ersatz von Medikamenten sei. Ich teste für mich und berichte über meine Erfahrung und erzähle von den Erfahrungen anderer chronisch Kranker. Die Tests stützen sich nicht auf wissenschaftlich fundierte Ergebnisse. Das heißt, es sind ganz individuelle und intuitive Erfahrungsberichte Bei jeder ernsthaften Erkrankung ist natürlich ein Arztbesuch wichtig.

Meine Texte

In diesem Kapitel stelle ich meine Blogbeiträge zum Thema „Angehörige" zusammen, denn sie sind ein wichtiger Teil der Thematik, da sie zum Teil meine Gefühle sehr stark wiedergeben.

Auch, wenn ich sie aus meiner Sicht – in diesem Fall als Patientin/Betroffene – geschrieben habe, zeigen sie doch auch gut, was chronisch Kranke bewegt, welche Wünsche und vor allem welche Emotionen wir haben und das wiederum hilft Angehörigen, mit solchen Situationen umgehen zu können.

*Ein Text zum Thema „Angehörige", den ich 2012 schrieb:

2012 war ich Betroffene, mein Mann zum Glück noch nicht erkrankt.

„Ich bin der festen Überzeugung, dass zu wenig und zu selten an die direkten Angehörigen, Freunde und Verwandten der Betroffenen gedacht wird. In dem Sinn, dass man sie mal fragt, wie es ihnen geht: im Allgemeinen und in Bezug auf die Krankheit ihres Angehörigen.

Nehmen wir den Partner in einer Erwachsenenbeziehung: wenn er sich dafür entscheidet, bei dem Kranken, Behinderten mit all seinen Beeinträchtigungen zu bleiben, dann ist auch sein Leben maßgeblich von den Umständen der Behinderung seiner PartnerIn betroffen. Nicht nur ein bisschen: nein, *fast* völlig!

Er hat seinen eigenen Beruf, das ist das „*fast*", denn selbst während der Ausübung seiner Tätigkeit wird er sich Gedanken um den Partner machen. Vielleicht kann er auch nicht selbstverständlich morgens aufstehen, da er dem Partner behilflich sein muss. Vielleicht hat er, bis er auf seinem Arbeitsplatz erscheint, schon seinen persönlichen „Helfer-Marathon" laufen müssen und ist selbst schon erschöpft. Und dann: Anschließend nach Hause kommen: vermutlich einkaufen gehen… Praktische Hilfe? Haushalt? Kinder?

Definitiv anders als bei gesunden Partnern!

Wie schafft er die Doppel- und Dreifachbelastung? Körperlich, seelisch???

Wer hilft ihm?

Wer sieht es überhaupt und nimmt es wahr???

Oder die Mutter eines Betroffenen: meine Mutter fragte sich bei meiner Diagnosestellung: „Warum meine Tochter?" Und: „Ich habe sie doch ein Jahr lang gestillt, hat das nicht geholfen?!" (als Allheilmittel!)

Meine Mama ist heute 77 Jahre alt (2012) und sie kümmert sich mehr um mich, als umgekehrt. Bei uns hat bis jetzt der normale Rhythmus des „Kinder helfen den Eltern" noch nie stattgefunden. Und wird er jemals stattfinden können? Das ist auch ein Aspekt: was passiert, wenn meine Mutter Hilfe braucht und ich sie ihr nicht in dem Ausmaß geben kann, wie sie sie bräuchte?

Und: wie fühlt eine Mutter, wenn ihr Kind unheilbar krank ist?

Ich bin selbst Mutter: ich würde meinen Kindern lieber solch eine Krankheit abnehmen, als sie bei ihnen mit ansehen zu müssen. Ich würde mitleiden, ich würde trauern und unglaubliche Angst um sie haben. Es tut mir so leid für meine Mutti: keiner kann etwas dafür, wenn das Kind an solch einer Krankheit erkrankt; sie ist einfach da! Aber ich bin als Tochter dankbar, dass sie mir die „Werkzeuge" mit auf den Weg gab, die mir nun bei der Krankheitsbewältigung helfen. Das ist doch schon „die halbe Miete"! Danke Mutti! ☺

Meine Kinder: ich bin selbst „Kind" und weiß, wie man mit der Mutter mitleidet und Angst um sie hat, wenn sie einmal krank ist. Nur, ich bin nicht „mal" krank: ich bin unheilbar krank mit ungewissem Ausgang. Das muss für meine Kinder schlimm sein. Ich hoffe nur, dass ich ihnen auch „Werkzeuge" mitgegeben habe, um mit diesem Schicksal zurechtzukommen und bin so dankbar, dass ich zwei gesunde tolle Kinder vor der Diagnosestellung zur Welt gebracht habe."

Mein Bruder mit Familie, meine echten Freunde: auf sie trifft das alles auch irgendwie zu. All diejenigen, die mit mir in enger Verbindung stehen, leben auch ein Stück meine MS mit mir. Es ist ihr Schicksal, ebenso wie meines.

Ich wünsche mir für alle meine Lieben, dass sie Jemanden ganz nah haben, der sie fragt: „Wie geht es Dir damit?", der sie ernst nimmt in ihren Sorgen, der ihnen zuhört und keine „guten Ratschläge" gibt; Jemanden, der einfach da ist!

Und vor allem sage ich hiermit DANKE an genau all diese Lieben: an meinen wundervollen Mann, meine Kinder, meine Mama, meinen Bruder und meine ebenfalls wundervollen guten Freunde, die mir alle auf ihre Weise zur Seite stehen ☺ Ohne Euch würde mein Leben bedeutend anders und trauriger aussehen …

IHR macht es lebenswert!!!"

Lieber Leser, ich möchte Ihnen als Angehöriger mein Buch, „Bewältigung chronischer Krankheiten und Depressionen" an dieser Stelle ans Herz legen. Ich habe auch einige Passagen daraus für dieses Buch übernommen. Es beschreibt das schwierige und umfassende Thema „Bewältigung" und betrifft sowohl Angehörige als auch Betroffene.

*Trauer und Verzweiflung - Ja, ich lache.

Ja, ich lache…

Sogar wenn mir der Boden unter den Füßen weggezogen wird…

Sogar, wenn ich keine Hoffnung mehr habe…

Sogar, wenn ich verzweifelt und traurig bin…

Sogar, wenn ich weiß, dass sich mein Leben vor wenigen Wochen noch einmal völlig verändert hat…

Sogar, wenn ich nicht mehr weiß, wo oben und unten ist.

Sogar, wenn meine MS zickt und ich vom Hilfsbedürftigen zum Helfenden wurde…

Ich lache. Ich weine.

Ich trauere um Gesundheit. Ich bin verzweifelt und abgrundtief erschöpft und fassungslos.

Ich weine. Ich lache. Ich trauere.

Und wenn man wirklich ab und zu lacht, dann wird dieses momentan so schwere Leben ein wenig leichter. Denn wenn ich nicht lache, sondern nur trauere oder jammere, wird sich das, was mich so traurig macht, auch nicht verändern.

Es ist ein Fakt – und der Fakt BLEIBT! So oder so!

Immer wieder mal lächeln und vorwärts schauen in Ernsthaftigkeit… so lässt sich das Leben momentan besser ertragen… Auch wenn es kaum ein „Vorwärts", sondern sehr viel Endgültigkeit gibt!

Trauer und Annehmen.

Trauer und Frohmut.

Trauer und Liebe.

WEINEN bedeutet nicht, dass Jemand schwach ist – aber es bedeutet, dass diese Person ein HERZ hat ♥

©MULTIPLE-ARTS.com

Immer wieder stelle ich fest und höre dies auch von anderen chronisch Kranken, dass wir nicht mehr so belastbar sind, dass wir dem „Druck" nicht mehr gut Stand halten können, schneller entkräftet und erschöpft sind und feststellen, dass wir einfach nicht mehr „die Alten" sind.

Die, die wir einmal waren – lange vor der Erkrankung, in einem Leben voller Tatendrang, strotzend vor Kraft und Energie.

Mir wurde das neulich bewusst, als meine Mutter im Rahmen des MS-Blogger-Projektes „Einblick" vor der Kamera interviewt wurde und zugab, dass sie mit meiner Veränderung der extrem umtriebigen und kraftvollen Frau zur Fatigue-Geplagten nur schwer umgehen konnte, zumal es recht plötzlich so kam.

Ja, wo ist meine alte Energie?

„Unter dem Begriff Belastbarkeit werden in der Psychologie sowohl die physischen als auch psychischen Ressourcen bezeichnet, die eine Person mobilisieren kann um auf objektiv einwirkende Stressoren zu reagieren. Die Fähigkeit zur Nutzung dieser Ressourcen wird als Resilienz bezeichnet. (Angelehnt an: https://de.wikipedia.org/wiki/Belastbarkeit_(Psychologie))

Wo also ist meine/unsere Widerstandsfähigkeit geblieben, mit den normalen Stressoren des Alltags sinnvoll und kraftsparend umzugehen?

Wo ist unsere Energie geblieben, unser Aufbegehren und die psychische und physische Gelassenheit, all den Widrigkeiten zu trotzen, sich ihnen klar entgegen zu stellen und sie GUT zu überwinden.

Wo ist der Punkt, seitdem wir keine neue Kraft mehr schöpfen konnten?

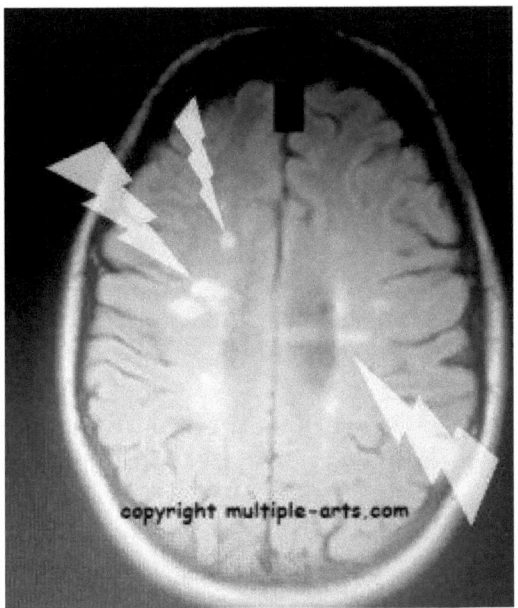

Läsionen / Entzündungsherde bei MS

Ich glaube, ich weiß, wo all dies steckt: in den unzähligen Flecken in unserem Gehirn. Vernarbt, zerstört – und in durchtrennten Nervenleitbahnen, deren Schutzschicht sich schon längst aufgelöst hat.

Ein Autoimmunkampf tobt in unserem Körper und nimmt uns nicht nur körperliche Fähigkeiten, die einem Gesunden so selbstverständlich erscheinen, wie Sehen, Laufen und Kraft, sondern auch damit einhergehende Fähigkeiten, wie kognitive Störungen (beispielsweise Erinnerungsvermögen), Energie und so weiter – und beschert uns Fatigue, Depressionen und Energielosigkeit höchsten Ausmaßes.

Wenn ich das bedenke, dann wundert es mich nicht mehr, wo meine frühere Kraft abgeblieben ist, wo meine Fähigkeit geblieben ist, allen Widrigkeiten Stand zu halten und hoch erhobenen Hauptes aus ihnen hervor gegangen zu sein: **mitten im Gehirn sind sie stecken geblieben – unschön gestoppt, massiv unterbrochen und unaufhaltsam entgleist.**

So ist das! MS ist unerbittlich und hat 1000 Gesichter und dazu gehört auch, dass man auf Grund eines oder mehrerer dieser 1000 Gesichter **nicht mehr so belastbar ist, wie man es von früher von sich kennt/kannte….**

Ein sehr unschönes Symptom vieler Erkrankungen, denn es betrifft den Alltag sehr umgreifend, es verhindert manchmal das lebendige Leben… Und beeinträchtigt die Lebensqualität erheblich. Es begräbt uns zeitweise – zusammen mit den vernarbten Flecken im Gehirn…. Einem Schrotthaufen als Vernarbungen und Zerstörungen gleich. Und doch stehen wir immer wieder auf, denn wir haben keine Wahl: wollen wir unser Leben genießen, dann MÜSSEN wir nach vorne schauen, müssen die Symptome annehmen und versuchen, das BESTE aus der Situation zu machen… Wir üben uns in Resilienz… Hallo MS; Hallo Leben und Hallo verschwundene Belastbarkeit! ©2017 Heike Führ/multiple-arts.com

Mein YouTube-Video: Geringere Belastbarkeit bei MS: https://www.youtube.com/watch?v=Blik9je8T-Y

*Es macht mich wütend

Es macht mich wütend, dass ich oft nicht so reagieren kann, wie ich möchte, weil mir meine MS so klar Grenzen aufzeigt, dass es mir einfach unmöglich ist.

Sei es ein Telefonat, das für eine liebe Freundin wichtig wäre, sei es die Fürsorge um meine Kinder (auch wenn sie erwachsen sind), seien es Vorbereitungen, die ich für ein Fest nicht treffen kann, weil ich es einfach nicht packe.

Ich habe mich arrangiert, ich lebe mit der MS und ihren Widrigkeiten und es funktioniert – mal besser, mal schlechter. Wir mögen uns nicht, aber wir bekämpfen uns auch nicht mehr. Wir nehmen die Existenz des Anderen hin und ich stelle mich würdevoll darauf ein.

Aber es gibt Situationen, in denen mir diese Würde abhandenkommt. Situationen, aus denen tiefer Zorn, tiefe Wut und laute Verzweiflung herausbrechen: nämlich immer dann, wenn es auch um ANDERE geht. Ich selbst kann mit mir umgehen, mit mir und meiner MS – irgendwie! Wenn aber andere davon betroffen sind, weil ich ihnen die eventuell nötige Zuwendung nicht geben kann – dann hasse ich die MS, denn dann zeigt sie mir deutlich die Grenzen des Machbaren und vor allem die Grenzen des „Normalen" auf. Es sind schon andere Grenzen, niedrig gesteckte Grenzen, oft mit ganz viel Wohlwollen versehen – wie bei einem kleinen unartigen Kind. Aber wenn selbst die wohlwollenden Barrieren zu Hindernissen werden, dann ist meine Würde weit entfernt davon, sich würdevoll zu benehmen – dann ist sie entwürdigt. Entledigt von Contenance, entledigt von Wohlwollen und Mitgefühl, sondern aufmüpfig und erträgt im Fass ohne Boden. Erniedrigt, gepeinigt – so zerschellt sie die Würde, sie ertrinkt hilflos und schnappt nach Überleben ringend nach Luft!

Auch wenn man lernen kann, mit chronischen Erkrankungen wie MS zu leben, auch wenn man Coping- und Resilienz-Techniken beherrscht: es bleibt oft ein fahler Nachgeschmack übrig. Ich weiß in solchen Momenten: ich kann nicht mehr so agieren, wie ich möchte, ich packe es nicht, auch wenn ich mich „anstrenge"! Selbst „zusammenreißen" nutzt so gar nichts! Ist es da ein Wunder, dass man mit seiner Erkrankung mal vor Gericht ziehen mag? Nein, es ist Hineinfühlen und ein weiterer Schritt des Copens und Annehmens – denn auch das darf zu einer gesunden Bewältigung dazugehören. Dann rappeln wir uns wieder auf und es geht weiter! Hallo Leben; Hallo MS; Hallo Rückschläge! Das ist Leben! © 2016 Heike Führ/multiple-arts.com

*Seelen-Vampir

Kennt Ihr auch solche Menschen, die Euch aussaugen?

Die Energie entziehen und man nur hilflos mit zusehen kann, wie es gerade geschieht? Und man schafft es einfach nicht einzugreifen? Schrecklich! Bei uns MS`lern glaube ich manchmal, dass Andere denken, wir würden sie mit ihrem Problem besonders gut verstehen, weil wir ja schon „so viel mitgemacht" haben. Das stimmt wohl und ich weiß auch in meinem Fall, dass es mir als (gesundes) Kind und Jugendliche schon so ging, dass man mir gerne etwas anvertraut hat. Aber anvertrauen und reden; das ist etwas anderes als aussaugen.

Vielleicht lohnt es sich ja nicht, mein Blut auszusaugen: nein, es lohnt sich ganz sicher nicht. Denn selbst meine Organe möchte ja nach meinem Tod niemand mehr eingepflanzt bekommen, weil sie nicht rein sind. Verseucht von Medikamenten, zersetzt von Entzündungsherden: unbrauchbar! Wenn also mein Körper an sich nicht zum Aussaugen herhalten kann, dann nehme man die Seele, die Energie … Halt, STOPP: das WILL ICH NICHT!

Und doch passiert es immer mal wieder.

Und das Verrückte ist, dass ich es manchmal, in diesen vampirischen Momenten, noch nicht einmal merke und mich dann wundere, warum ich so extrem erschöpft bin - beispielsweise nach einem solchen aussaugenden Telefonat … Oder wenn ich mich frage, warum mich das Gespräch mit der Nachbarin so ausgelaugt hat.

Beim kritischen Hinschauen und Hinterfragen kommt es dann an die Oberfläche gekrochen: das letzte bisschen Seele und Energie, das noch fähig zum Kriechen ist … vermodert erscheint es mir in diesen Momenten und missbraucht.

232

Um keine Missverständnisse aufkommen zu lassen: ich bin eine begeisterte Zuhörerin, eine aktive Zuhörerin, wie man so schön sagt: ich höre zu, nehme auf und vor allem wahr. Es ist sicher auch eine Passion. Ich liebe gute Gespräche. Aber, und das ist der Unterschied: Vampir-Aktionen sind KEINE Gespräche: kein Austausch, keine Geben und Nehmen, keine Kommunikation (*Kommunikation (lateinisch *communicare* „mitteilen") ist der Austausch oder die Übertragung von Informationen/ https://de.wikipedia.org/wiki/Kommunikation).

Also steht fest: Aussaugen ist nicht Kommunizieren. ☺

Seelen-Vampire sind Menschen, denen ihr Gegenüber nicht wichtig ist, die einfach nur jemanden brauchen, der ihnen zuhört, möglichst noch zustimmt und die keine Rücksicht auf den Zustand oder die Verfassung ihres Opfers nehmen. Ja, Opfer. Denn wenn eine „Unterhaltung" nur einseitig ist, gibt es automatisch ein Opfer.

Ich glaube, solche Situationen sind für mich so besonders schwer auszuhalten, oder im Nachhinein die Folgen (Erschöpfung) zu ertragen, weil ich ja durch meine MS sowieso geschwächt bin. Und zwar körperlich UND energetisch! Wenn dann jemand nur seinen Müll bei mir abládt, belastet er mich im wahrsten Sinn des Wortes damit und ich fühle mich nicht nur erdrückt - ich bin es dann auch: durch den übergestülpten Ballast werden meine Beine schwer und taub und es kann passieren, dass mir direkt eine Fatigue-Attacke droht. Das heißt dann ja auch, dass meine MS-Symptome wieder hervorkommen. All das kann so ein belastendes Chaos werden.

Ohne MS würde mich solch ein Verhalten sicher auch erschöpfen, aber anders, nicht so fundamental und völlig aus den „Angeln heben"! Was heißt das also für mich? Ich muss noch achtsamer mit mir umgehen und lernen, besser für mich zu sorgen und vor allem mich abzugrenzen. Liebevoll, aber klar und deutlich. Nur, weil ich MS habe und gut zuhören kann, bin ich kein vermeintliches Opfer für einen Seelen-Vampir! Meine Seele möchte auch gut behandelt werden und da sie sowieso schon sehr unter den Umständen der MS leidet, werde ich von nun an aufpassen, mehr auf diese zarte Seelenpflanze zu achten. Es ist nämlich meine und ich habe nur die eine. ☺

Hallo MS!

HOSPIZ / Palliative Care

Hospiz ist ein Wort, dass vielen Erkrankten und Angehörigen Angst macht, weil sie damit unweigerlich das „elende Ende" verbinden oder gar ein „Heim".

Auch ich durfte Vieles dazulernen und als ich meinem Mann vorschlug, wir sollten doch mal Kontakt zum Hospiz aufnehmen, war er sehr erschrocken.

Aber erst einmal die Erklärung, was ein Hospiz ist:

Hospiz (lat. „Herberge", „Gastfreundschaft") ist eine Einrichtung der Sterbebegleitung. Im deutschen Sprachraum der Gegenwart wird mit *Hospiz* meist eine stationäre Pflegeeinrichtung bezeichnet, die meist über nur wenige Betten verfügt und ähnlich wie ein kleines Pflegeheim organisiert ist. Das erste stationäre Hospiz im Sinne der Palliative Care wurde 1967 im Vereinigten Königreich eröffnet (in Deutschland 1986), dort entstand auch 1982 das erste Kinderhospiz (in Deutschland 1998). In Deutschland gibt es inzwischen etwa 240 stationäre Hospize (davon 17 für Kinder, Jugendliche und junge Erwachsene) und mehr als 300 Palliativstationen in Krankenhäusern sowie über 1500 ambulante Hospizdienste (Stand: November 2018). (1)

Die Bezeichnung „Sterbehospiz" wird von Trägern und Mitarbeitern dieser Einrichtungen nicht verwendet, da eines der Ziele der dortigen Arbeit ist, dass Sterbende nach Möglichkeit im häuslichen Bereich verbleiben oder dorthin zurückkehren können.

Daher bezeichnet *Hospiz* im weiteren Sinne die bewusste Haltung, dass Sterben, Tod und Trauer zum Leben gehören. Aus dieser *Hospi-*

zidee ging die Hospizbewegung hervor, die diese Themen auf verschiedene Weise wieder in den gesellschaftlichen Alltag, insbesondere in Medizin und Pflege, integriert. (1)

Hospize haben es sich zur Aufgabe gemacht, unheilbar Kranke in ihrer letzten Lebensphase im Sinne der Palliative Care (= ein international anerkanntes umfassendes Konzept zur Beratung, Begleitung und Versorgung schwerkranker Menschen jeden Alters mit einer nicht mehr zu heilenden Grunderkrankung zu versorgen). (2)

Es gibt ambulante, teilstationäre und stationär tätige Hospizvereinigungen, also Leistungserbringer im hospizlichen und palliativen Bereich. Eine Datenbank zur Recherche hospizlicher und palliativer Leistungserbringer stellt der Wegweiser Hospiz- und Palliativmedizin Deutschland bereit.

Bei einem *Hospiz* handelt es sich um eine Institution, die ein Konzept der Sterbe- und Trauerbegleitung verfolgt. Hospize wollen (nach Christoph Student, 2004) fünf Qualitätskriterien verwirklichen:

- Der Kranke und seine Angehörigen stehen im Zentrum des Dienstes
- Unterstützung erfolgt durch ein interdisziplinäres Team
- Einbeziehung freiwilliger Begleitpersonen
- *Palliative Care* (Sorge um Schmerzfreiheit und Lebensqualität) statt *Medical Cure* (auf Heilung gerichtete Behandlung), kurz heißt das: Lebensqualität statt Lebensquantität
- Trauerbegleitung

Im Hospiz erhalten Sterbende und ihre Angehörigen Begleitung, Beratung und medizinisch-pflegerische Versorgung. Dabei spielt die Kontrolle der verschiedenen Symptome eine große Rolle, u. a. die Schmerztherapie. Bei allen pflegerischen und medizinischen Handlungen steht aber der (geäußerte oder *mutmaßliche*) Wille des Kranken an erster Stelle. Außerdem wird für Angehörige Trauerbegleitung angeboten. (1)

Werden Palliativ-Fachleute und erfahrene Helfer frühzeitig hinzugezogen, können Notfälle, Krisen und letztlich der Sterbeprozess besser bewältigt und damit gegebenenfalls ungewünschte oder unnötige

Krankenhausaufenthalte vermieden werden. Außerdem konnte nachgewiesen werden, dass sich bei frühzeitiger palliativer Mitbehandlung die verbleibende Lebenszeit verlängern kann, und das bei verbesserter Lebensqualität. (2)

So sagt die Mainzer Hospizgesellschaft beispielsweise: „Wir sind da für Menschen, die mit schweren Erkrankungen und dem Abschied vom Leben umgehen müssen." (3)
„Schwerstkranken bieten wir die Möglichkeit, durch professionelle medizinische, pflegerische, psychosoziale und spirituelle Unterstützung in einem würdevollen und menschlichen Rahmen mit ihrer Krankheit und dem Abschiednehmen vom Leben umzugehen. Auch für Angehörige haben wir spezielle Angebote." (3)

Ich berichte hier von unseren Erfahrungen, um Sie zu ermutigen, sich an ein Hospiz zu wenden. Ich habe mit meinem Mann also darüber gesprochen und ihm erklärt, dass es erst einmal um eine ambulante Hospizbegleitung geht. Er war skeptisch, aber einverstanden, dass ich das die Hospizgesellschaft kontaktiere (so wie er auch einverstanden ist, dass ich dieses Buch schreibe, um anderen Menschen in ähnlicher Situation helfen zu können).

Der erste telefonische Kontakt war auch für mich sehr aufregend, denn wer möchte in einer Situation sein, dass er ein Hospiz braucht? Ich weiß noch, wie ich anrief und mir der kalte Schweiß ausbrach. Die Dame am anderen Ende der Leitung nahm mir aber sofort meine Unsicherheit, empfing mich warmherzig und erklärte mir, dass mich eine Palliativfachkraft zurückrufen werde.

Ab diesem Moment des besagten Rückrufes wusste ich, dass ich das Richtige getan hatte. Ich fühlte mich sofort aufgehoben und wurde schon ab diesem Moment aufgefangen.

Die Dame besuchte uns Zuhause, wollte uns kennenlernen und uns die Möglichkeit zum Beschnuppern geben! Diese eine Stunde ihres Besuches war sehr intensiv und so empathisch und wertfrei, dass ich mich heute noch wohlig gut an dieses gute Gefühl erinnern kann.

Sie erklärte uns, dass sie nun für uns zuständig sei (oder im Falle ihrer Abwesenheit eine andere Angestellte, die im Rahmen dann auch über unsere Situation Bescheid wüsste). Ich erwähnte auch vom ersten

Telefonat an, dass ich selbst an MS erkrankt bin und dies eine zusätzliche Belastung darstellt.

Sie suchte uns dann eine Betreuerin/Begleiterin/Sterbebegleiterin aus: eine ehrenamtliche und geschulte junge Frau. Auch vor ihrem ersten Besuch (sie kommt zu uns nach Hause) waren wir sehr aufgeregt. Aber nach den ersten Worten legte sich diese, denn wir verstanden uns auf Anhieb mit ihr. Sie kommt nun einmal wöchentlich montags für zwei Stunden zu uns und begleitet uns BEIDE! Bis jetzt haben wir hauptsächlich erzählt, uns ausgetauscht und kennengelernt. Aber es ist quasi alles möglich: gemeinsame Spaziergänge, etwas zusammen zu spielen oder sich vorzulesen lassen. Für meinen Mann alleine oder auch mit mir zusammen. Ich ziehe mich ab und an raus, sodass mein Mann alleine mit ihr reden kann – oder ich nutze diese betreute Zeit auch einfach dazu, etwas einzukaufen und so weiter.

Was dies für eine Hilfe ist, kann man mit Worten kaum beschreiben. Die junge Frau ist sehr liebevoll, empathisch und positiv denkend, unterstützt uns mental, hört sich unsere Sorgen an und sagt etwas dazu.

Mein Mann blüht in dieser Zeit regelrecht auf – das ist das Schönste für mich! Es tut ihm gut! Und was kann man sich mehr wünschen?!?

Die Krankenkasse übernimmt einen Teil der Kosten der zusammenhängenden Begleitung, der Rest wird aus Spenden und mit dem Verein der Hospizgesellschaft finanziert.

Ich muss nicht erwähnen, dass ich sofort Mitglied werden wollte.

Außerdem werden auch Einzelgespräche für die Angehörigen angeboten, so dass ich schon ein wundervolles empathisches und äußerst hilfreiches Gespräch mit der Palliativfachkraft hatte – und wieder haben darf!

Das heißt, wir werden komplett aufgefangen, können unsere Ängste und Sorgen (und seien sich noch so vertrackt) dort besprechen und bekommen kompetente fachliche Hilfe.

Es gibt noch weitere Maßnahmen, die angeboten werden. Für uns in dem jetzigen Stadium meines Mannes (Januar 2020) ist es diese Betreuung. Später kann man auch wählen, ob man sich von den speziellen Ärzten der Hospizgesellschaft behandeln lässt – was wir sicher annehmen werden.

Uns wurde auch gesagt, dass es gut war, dass wir uns so frühzeitig gemeldet haben, damit wir wirklich Zeit zum Kennenlernen haben.

Es geht also nicht darum, dass man jemand abschiebt, dass der Angehörige in ein „Heim" kommen muss, sondern darum, dass wir unter guter kompetenter Begleitung den möglichst würdevollen Weg des Sterbens gehen können – und dabei nicht alleine sind.

Es gibt auch noch das **stationäre Hospiz**: „Die Hospizidee stellt die Sorge um schwer kranke und sterbende Menschen in den Mittelpunkt der Aufmerksamkeit." (4)

Auch hier finden sich wundervolle Aussagen, wie: „Alles wirkliche Leben ist Begegnung. / Martin Buber", oder „Menschlicher Umgang miteinander verlangt mehr Nachsicht als Vorsicht, mehr Zuhören als Zureden. / Ernst Ferstl". (4)

Mein Mann sagte mir, dass er sehr dankbar sei, dass ich den Kontakt zur Hospizgesellschaft aufgenommen hätte – und das ist doch der schönste Lohn! :)

LINKS:
1) https://de.wikipedia.org/wiki/Hospiz
2) https://de.wikipedia.org/wiki/Palliative_Care
3) https://mainzer-hospiz.de/
4) http://www.hospiz-mainz.de/

Einzelgespräche mit einer Palliativ-Fachkraft des Hospizes

Die Hospizgesellschaft bietet ja ein Rundum-Programm an: für den Betroffenen ebenso, wie für die Angehörigen. Ich als Angehörige werde mitbetreut – sowohl durch die Sterbebegleiterin, als auch durch die Palliativ-Fachkraft und so vereinbaren wir auch mal einen Einzel-Gesprächstermin, zu dem ich in das Büro der Hospiz-Gesellschaft fahre.

Mittlerweile finden sie regelmäßig statt und für mich haben sie einen immensen Wert (fast einen therapeutischen Wert). Ich kann mal alles „rauslassen“, kann meine Sorgen mitteilen, meine Ängste und auch meine Art, wie ich mit der Situation umgehe. Dieses Aussprechen in absolut ruhiger Atmosphäre, die voller Verstehen und positiver Anteilnahme ist, ist für mich ein Geschenk! Ich fühle mich aufgehoben und angenommen – wertfrei! Nie werden meine Gefühle oder meine Gedanken in Frage gestellt, sondern sie werden wirklich ohne Be- oder Verurteilung angehört. Ich werde unterstützt, kann Fragen stellen und bekomme wertvolle Tipps!

Dieses aktive Zuhören ist einfach wundervoll und eine ganz besondere Aufmerksamkeit mir gegenüber. **Ich fühle mich gesehen und wertgeschätzt und vor allem fühle ich mich frei.** Es ist großartig, dass ich diese Chance bekomme, dass ich mir solch eine Unterstützung zuteilkommen lassen kann.

Aus jeder „Stunde“ (die zeitlich gesehen meist mehr als eine Stunde andauert) gehe ich gestärkt, motiviert und aufgebaut wieder heraus, habe Kraft schöpfen können und kann auch wieder gut mit mir selbst umgehen und klarkommen.

Denn wir besprechen auch solche Dinge, die mich emotional sehr mitreißen. Zum Beispiel: Ich war neulich etwas schroff zu meinem Mann, als er wieder in seiner Medikamentenbox (die ich richte, sortiere, überprüfe und auffülle) herumgewühlt hat, Medikamente herausnahm und nicht mehr wusste, wo er sie hingestellt hatte (und vor allem warum er an der Kiste überhaupt dran war). Für mich ist das eine extreme Belastung, da ich dann wieder alles zusammensuchen und neu ordnen muss. Da ich ja selbst nicht gesund bin und in diesem Moment gerade erschöpft zu einer dringend nötigen Pause auf der Couch lag, traf es mich besonders und ich war etwas ungehalten. Im gleichen Moment hat es mir schon wieder leidgetan, denn mein Mann kann ja einfach nichts dafür – sein Gehirntumor macht ihn auch „dement“!

In dem wundervollen Einzelgespräch sprach ich diese Situation, die für mich in Schuldgefühlen endete, an und bekam sehr viel Verständnis auf allen Ebenen und vor allem bekam ich die „Schuld“ genommen – denn auch mir als Angehörige steht es zu, mal aus „der Haut zu fahren“! Natürlich habe ich mir das auch selbst schon gesagt, aber wenn man es von einer Fachkraft bestätigt bekommt – noch dazu mit entsprechenden Erklärungen – dann tut das gut und entlastet.

Diese Entlastung ist es, die mir in den Einzelgesprächen gegeben wird und sie ist wirklich enorm wichtig, hilfreich und außergewöhnlich.

Man wird nicht alleine gelassen in all dem Drama, im Sumpf des pflegerischen Alltags und inmitten all der Emotionen.

Zu erfahren, dass wertgeschätzt wird, was man als Angehöriger täglich leistet - ohne dass dies eventuell vom Betroffenen „gesehen" wird - das ist nicht nur wohltuend und befreiend, sondern wirklich ein wertvolles Geschenk.

Ich kann in einem geschützten Rahmen einer sehr erfahrenen Fachkraft berichten, was mir auf der Seele liegt und das ist heilkräftig, beglückend, tröstend und erquicklich. Es tut einfach GUT!

Es zeigt mir auch, was ich tatsächlich alles leiste und obwohl das auch kurzfristig mal belastend sein kann, zeigt es doch auch meine Stärke und meine Kraft auf, sodass ich immer wieder das Gefühl (vermittelt) bekomme, dass ich alles schaffen werde. Auch, weil ich nicht alleine bin, sondern neben meiner Familie und engen Freunden nun mal auch diese wundervolle Hospizgesellschaft mit all ihren Angeboten und hilfreichen Unterstützungen hinter mir stehen habe — beziehungsweise zur SEITE stehen habe! Sie gehen diesen schweren Weg MIT mir, sie lassen mich nicht alleine. Das ist für mich eine so außerordentliche Erfahrung, dass ich manchmal vor Freude darüber weinen muss. **Ich DARF Hilfe annehmen, es steht mir zu. Das ist eine tolle Erkenntnis, die mein Innerstes heilt.**

Dieses Mal muss ich nicht „da durch", sondern ich muss zwar tatsächlich durch dieses Situation durchgehen — aber nicht alleine, sondern mit professioneller und liebevoller Hilfe, Unterstützung und Begleitung. Das ist für mich immer noch so außergewöhnlich und speziell, dass ich tiefe Dankbarkeit verspüre!

Ich berichte darüber, weil ich jeden ermutigen möchte, sich solch eine Hilfe zu holen und auch um aufzuzeigen, dass wir als Angehörige auch bedürftig sind und ebenso viel Zuspruch benötigen. Wir sind auch nur normale Menschen, die begrenzte Ressourcen haben — und das ist OK!!!!

Natürlich wächst auch in mir der Wunsch, diese beispiellose Hilfe irgendwann zurückgeben zu können. Als Mitglied der Hospizgesellschaft bekomme ich ja auch die Mitgliederzeitung und dort wurden mir schon viele Möglichkeiten deutlich, wo und wie ich mich einbringen werden kann. Im Rahmen meiner Möglichkeiten - mit meiner MS in Anbetracht meiner großen Fatigue (abnormen Erschöpfung). Beispielsweise gibt es zufälligerweise in unserem Ort am jährlichen Adventsmarkt einen Hospiz-Stand: dort kann ich meine Gemälde und auch Bücher spenden, die dann für den „guten Zweck" verkauft werden. Ich freue mich schon darauf, denn diese großartige Unterstützung des Hospizes in unserer momentanen Situation möchte ich gerne wertschätzend zurückgeben – auf meine Weise, im Rahmen meiner Möglichkeiten.

In all dem Drama, in all dieser so schweren Zeit einen „Verbündeten" zu haben, auf den zu 100% Verlass ist, dessen Aufgabe es ist, zu helfen: das ist eine besondere Aufmerksamkeit – ein Licht in dunklen Tagen, eine tragende Wertschätzung und Unterstützung!

DANKE!

Die Hälfte des Erlöses dieses Buches spende ich ebenfalls an die Hospizgesellschaft Mainz.

TAGEBUCH

5.11.18 … und alles wurde anders :(

Ein Blog-Beitrag
Ein magisches Datum, ein trauriges Datum, das alles veränderte. ALLES!

Unser Leben wird durch meine MS ja auch immer mal wieder auf den Kopf gestellt.… Es gab schwierige, aber auch bessere Zeiten und man lernt wirklich, sich zu arrangieren.…

Dann aber kam der 5.11.2018 - und alles Bisherige wurde VÖLLIG auf den Kopf gestellt.

Es war der Tag, an dem mein Mann mit einem schweren epileptischen Anfall bewusstlos wurde und fünf Tage (!) im sogenannten „Status" (also im Anfall) war.

Intensivstation und eine Lebensveränderung, die so drastisch erfolgte, dass sie kaum zum Aushalten war.… Tage voller Angst und Bangen, Tage voller Leid, Tage, an denen die Patientenverfügung ausgepackt werden musste…

Tage, die uns in den tiefsten Abgrund blicken ließen und die die reinste Hölle waren. Meine MS zickte gehörig und ich bekam ein starkes Beruhigungsmittel, das ich bis heute nehmen muss.

Mein Mann kämpfte ums Überleben und dann kämpfte er sich zurück ins Leben. Es folgten neue haarsträubende Diagnosen und wir wurden mit einer dramatischen Endlichkeit konfrontiert, die wir erst einmal verkraften lernen mussten.

Es folgten Wochen mit einer schweren OP, mit Leid, Verzweiflung und vorsichtigem Abschied nehmen – und gleichzeitig mit Hoffnung, ohne die wir diese Wochen nicht überstanden hätten.

Wir: das sind vor allem meine Kinder und Schwiegerkinder, meine Mama und mein Bruder mit Familie und einige enge Freunde. Einige, denn manche konnten mit dieser heftigen Situation (zum Teil bis heute) nicht umgehen. Wir erlebten Höhen und Tiefen, wir waren gefangen in dem „Leben einer Uniklinik", erlebten viel Skurriles, Schreckliches und auch tiefe Empathie.

Schock – das war es für uns alle und auch das alles musste verkraftet werden.

Erfahrungen, dass sich Menschen um uns, vor allem um mich als Angehörige kümmerten: liebevoll, aufmerksam und äußerst hilfreich!

Inmitten des Dramas hielt meine kleine Familie fest zusammen und wir rückten alle noch näher zusammen: mussten wir uns auch mit Themen konfrontiert sehen, die niemand erleben möchte. Ich bin mehr als dankbar für diese wundervolle Unterstützung in dieser enorm schweren Zeit – die bis heute anhält!

Gekochtes Essen, das mir Nachbarn vorbeibrachten, Fahrdienste vom Hunde-Kumpel, liebevolles Zuhören von Freunden.

Diese Unterstützung, die ich in dieser Zeit erfuhr, war so einmalig, dass sie mich heute – ein Jahr später – noch rührt.

Aber es gab auch die Erkenntnis, wie manche Freunde mit all dem umgingen – und mir keine große Stütze sein konnten. Ich kann das mittlerweile wertfrei betrachten, denn jeder kann nur das geben, was ihm möglich ist. Aber inmitten eines Dramas ist es manchmal schwer auszuhalten, wenn man enttäuscht wird.

Heute, ein Jahr später ziehe ich Resümee: Mein Mann lebt noch! Er hat sich zurückgekämpft, kann wieder laufen, sprechen und seit ein paar Wochen auch wieder am Leben so teilhaben, dass man es wieder „Lebensqualität" nennen kann – und nicht ein Dahinvegetieren. Er kann wieder telefonieren und wir laden wieder regelmäßig Freunde ein.

Nichts ist mehr wie vor dem 5.11.18, aber wie im Leben mit der MS auch, gewöhnt man sich an Vieles und ist dankbar: dankbar für das Leben, dankbar für die Fortschritte!

Traurig darüber, dass er nie wieder der „Alte" sein wird und dass der Alltag manchmal immer noch enorm anstrengend ist (aus ganz unterschiedlichen Gründen, die mit seinen Symptomen zu tun haben).

Ich hatte besonders am Anfang mehrere Zusammenbrüche, was es nicht einfacher machte, da ich mich ja um ihn kümmern musste. Wir haben das mit viel Hilfe meiner Familie und wenigen lieben Freunden hinbekommen. Wir haben mittlerweile ein Jahr geschafft und schauen heute staunend und wehmütig zurück. Dieser 5.11. veränderte unser gemeinsames Leben und das unserer engen Angehörigen sehr dramatisch und heftig. Alles ist anders geworden. Aber es ist auch nichts mehr Selbstverständlich: man wird dankbarer mit der Zeit.

Schon mit meiner MS erlebten wir dies – man wird auch demütig dem Leben gegenüber. Eine der wenigen positiven Dinge, die entstehen, wenn man chronisch krank ist oder andere Schicksalsschläge verkraften muss. Nun erleben wir es auf Grund der drohenden Endlichkeits-Prognose noch intensiver. Jeder einzelne Tag ist ein Geschenk.

Aber ganz ehrlich: manchmal ist das Geschenk auch schlecht verpackt und man muss es erst entwirren!

Zu viele Knoten haben sich darauf verworren und verfestigt und das, was nach außen scheint, ist längst nicht unsere Realität.

Nach außen scheint ein Mann, der reden und laufen kann – „normal" also. Und manch einer lässt sich davon hinreißen anzunehmen, es sei so einfach. Es beruhigt ja auch, wenn man denken kann, dass ja „nun alles ok" sei. Die Realität, unsere Realität, sieht aber trotzdem noch anders aus. Sie ist bestimmt von vielen Beeinträchtigungen, von Angst – denn das Damoklesschwert hängt immer über uns – sie ist geprägt von Verwirrtheit und Orientierungslosigkeit und dementen Ausfällen, von Schlafen und Ruhen und von einer enormen Kraft- und Energielosigkeit. Der Krebs macht seine Arbeit leider sehr ordentlich!

Ihr wisst, ich beschreibe all das nicht, um Mitleid zu bekommen, sondern um authentisch aufzuzeigen, wie mein Leben verläuft und dass ich zeitweise auch absolut keine Kraft mehr habe – zu nichts. Zu keinem Telefonat, zu keinem Treffen mit Freunden. Wir leben gerade in einer solchen Ausnahmesituation, da ist alles möglich, nichts unmöglich! ;)

Und doch nehmen wir unser Leben in die Hand. Wir verzagen nicht – bei aller Trauer. Wir freuen uns über all das Gute in unserem Leben, über das Schöne... Über unsere zauberhaften Enkelchen, über Treffen mit Freunden und über die liebevolle Hilfe, die wir erfahren. Und dass wir diese gemeinsame Zeit noch haben. Wir machen wirklich das Beste aus dieser schrecklichen Situation und lassen uns nicht unterkriegen.

Und wisst Ihr was? Das kennen wir ja auch schon von meiner MS! Nie habe ich aufgegeben oder verzagt, nie habe ich gehadert oder meine Energie in schlechte Bahnen gebracht. Immer habe ich der MS die Stirn geboten. Nun haben wir noch zwei Erkrankungen mehr dazu bekommen – ungefragt. Unbesiegbar! Aber trotz allem hat man diese eine Wahl:

1. **wir können an unserer Angst und Sorge verzweifeln**
2. **wir können das Beste daraus machen und unsere Fröhlichkeit versuchen zu halten.**

Auch, wenn nichts ist, wie es einmal war: wir lernen damit umzugehen, die Defizite mit Humor zu betrachten und sinnvoll und würdevoll auszugleichen.

Wir haben uns bewusst für Zweiteres entschieden, denn so haben wir Lebensqualität und viele Gründe zum Schmunzeln und Lachen, zum Freuen und Genießen. Im Rahmen unserer Möglichkeiten leben wir. Und nur das zählt!

Ein Jahr nach der Diagnose... 3.11.2019
Resümee....

Die Ärzte nennen es ein Wunder - für mich und meine Familie ist es das auch...

Ein Wunder mit dem niemand rechnen konnte...

Und doch ist das Leben in keiner Weise einfach... Nein, es ist schwer...

Das Wunder ist, dass der bösartigste und aggressivste Tumor des Gehirnes noch nicht wieder nachgewachsen ist...

Ein Wunder ist es, dass mein Mann wieder am Leben teilhaben kann, wenn auch eingeschränkt...

Ein Wunder, da er vor einem Jahr ein Pflegefall war...

Ein Wunder, das kaum zu fassen ist... aber das auch unseren Alltag immer noch stark beeinträchtigt...

Ein Wunder, dem wir nicht ganz vertrauen können, da es bei dieser Diagnose kaum vorstellbar ist... Die Angst, die uns im Nacken sitzt....

Das Damoklesschwert, das über uns schwebt.... und die Trauer und Verzweiflung, die täglich in unserem Leben ist...

Gepaart mit Hoffnung und vorsichtiger Zuversicht... Aber nie mehr mit der Sorglosigkeit von vorher...

Und dabei sind wir es auf Grund meiner MS doch eigentlich gewohnt, dass uns die naive Sorglosigkeit verlassen hat... Auch sind wir Hoffen und Kämpfen gewohnt... Aber bis vor einem Jahr waren wir nicht mit einer solchen „Endgültigkeit" konfrontiert.

Das hat nochmal alles verändert...

Trotz des Wunders muss ich noch in der gleichen Dosierung wie vor einem Jahr meine starken Beruhigungstabletten nehmen.... Das zeigt, wie verdammt unsicher unser Leben geworden ist...

Trotz des Wunders ist unser Leben manchmal kurios und oft auch grotesk...

Und: das sieht man von außen oft nicht. Da sind wir wieder bei dem Thema, was der äußere Schein bewirkt und wie genau manche Menschen - nicht - hingucken....

Ich hatte heute ein interessantes und liebevolles Gespräch beim Gassi-Gehen, als mich ein anderes Hunde-Frauchen auf meinen Mann ansprach und sofort total empathisch sagte: „Ich sehe ihn manchmal spazieren gehen, aber das sagt ja nichts darüber aus, wie es ihm wirklich geht!". Mich hat diese Empathie völlig beeindruckt und das sagte ich ihr auch. Wir unterhielten uns dann über den tatsächlichen (!) Ist-Zustand meines Mannes und wie er nach außen wirkt. Denn sehr oft werde ich angesprochen: „Ich habe Deinen Mann draußen gesehen und wir haben uns unterhalten. Das war toll! Es geht ihm also besser?!!! Was ein Glück!". Tja, was soll ich darauf antworten? Dass er Zuhause die nagelneue Waschmaschine, die wir zum ersten Mal gemeinsam mit Wäsche gefüllt haben, mitten im Waschprogramm „umgestellt" hat… (Warum auch immer!); dass er wieder nicht wusste, wo unsere Teller stehen und wo der Plastikabfall hingehört; dass er wieder einmal meiner Unterhaltung mit ihm nicht folgen konnte oder er plötzlich (!) einfach etwas völlig anderes erzählt? Da könnte ich noch zig andere Beispiele nennen! Denn DAS ist mein/unser Alltag! Es ist der Alltag, den niemand sieht – außer, wenn er genau hinschaut oder mich fragt!

Es ist sehr interessant wie Menschen reagieren. Diese empathische Frau stimmte mir völlig zu, dass mein Mann zwar manchmal spazieren geht, aber man ihm sehr genau ansieht, dass es „anders" ist als vorher. Er läuft weder wirklich sicher, noch kann er mehrere Sachen gleichzeitig machen oder gar reagieren. Es ist sehr interessant, dass es beim gleichen Spaziergang Menschen gibt, die es sehen, wie es ist: ein beeinträchtigter Mann geht spazieren… und andere, die sehen: er geht spazieren, also ist alles ok!

Ich kenne das ja von meiner MS, wenn mir manchmal fast vorwurfsvoll gesagt wurde: „So schlecht kann es Dir ja gar nicht gehen. Immer wenn ich Dich sehe, lachst Du und bist fröhlich!" Ja, tatsächlich: ich lasse mich nicht unterkriegen, ich möchte lachen und fröhlich sein – auch, um das Schwere, die Last und auch Angst, in Schach zu halten … Um sie zu überlisten und mich auch wirklich fröhlich zu fühlen. Wenn ich Zuhause bin, vielleicht voller Sorge und meine Beine mich gerade nicht tragen können – dann sehen mich diese Menschen nicht. Denn dann kann ich gar NICHT rausgehen. Dann kann ich nur zu Hause bleiben und auf eine bessere Phase warten.

Ich möchte niemandem einen Vorwurf machen – jeder kann nur so reagieren, wie es ihm möglich ist! Aber es ist einfach auffällig, wie die Leute reagieren und wie oft sie einfach WOLLEN, dass alles OK ist.

Er geht spazieren, sie ist fröhlich: also ist ja alles gut!

Tja, so einfach ist es leider nicht. Betroffene und Angehörige wissen das und aus diesem Unverständnis heraus ist ja auch damals mein MS-Blog entstanden und nun auch dieses Buch! **Ich möchte eine Sensibilisierung schaffen – für das was IST und nicht für das, was zu sein SCHEINT!**

Denn: Für uns Betroffene und Angehörige ist es eine zusätzliche Last, wenn wir uns immer und immer wieder erklären müssen. Natürlich können wir es auch sein lassen – das schaffe ich mittlerweile auch recht gut. Uns sollte es egal sein, was „die Leute denken"! Ich beneide jeden, der das schafft. Ich reflektiere das alles für mich sehr gut und doch merke ich deutlich, dass doch solche Bemerkungen einen faden Beigeschmack bei mir hinterlassen. Nicht nur deswegen, weil man angegriffen wird, man würde ja etwas völlig Falsches Kommunizieren, sondern auch, weil es mir bei allem Üben um diese Unabhängigkeit doch einfach weh tut. Manchmal denke ich: „Kommt doch einfach mal 10 Minuten mit zu uns nach Hause – am besten direkt nach einem solchen Spaziergang, wenn er völlig reizüberflutet und KO ist!"

Deshalb erwähne ich es hier auch, denn ich weiß aus vielen Berichten und Mails, dass es den meisten Menschen so geht. Wer es geschafft hat, das an sich abblitzen zu lassen, dem gratuliere ich von Herzen dazu und hoffe, dass ich auch irgendwann einmal dahin komme! :)

Wer es kennt, mit einer solch dramatischen Angst leben zu müssen und beispielsweise bei jedem Schnarchen des Partners hochschreckt (weil dies der Auslöser von Allem war: Lautes Schnarchen, schwere epileptische Anfälle (Status epilepticus) und dann die Diagnose Glioblastom), der kann erahnen, wie es sich anfühlt, 24 Stunden – rund um die Uhr – diesen Druck aushalten zu müssen. Man wird ja auch wachsamer: wenn ich ihn rufe und er nicht reagiert – setzt einen Herzschlag lang mein Herz aus: vor Aufregung, es sei wieder etwas passiert. Natürlich wird das im Laufe der Zeit besser, natürlich arbeite ich daran und natürlich muss es einfach auch „normal" werden, damit man nicht durchdreht. Natürlich! Und doch ist es ab und an da! Und auch das sieht niemand: weder der Betroffene (weil er es eventuell gar nicht bemerken KANN), noch Außenstehende.

Mein Mann übernimmt mittlerweile wieder die letzte KURZE Gassirunde – zu meiner Entlastung und damit er auch wieder Verantwortung übernimmt, eine Aufgabe hat. Da unser Hund in unserer Wohngegend extrem bekannt ist und mein Mann auch immer im Portemonnaie einen sichtbaren Zettel mitträgt, dass er Epileptiker und Tumor-Patient ist, versuche ich meine Sorge darüber, dass er alleine - und noch mit Hund - unterwegs ist, zu bagatellisieren. Außenstehende sehen ihn: er geht mit dem Hund. Ich Zuhause sitze am Handy, falls irgendwas sein sollte. Das sieht kein Mensch und diese enorme Belastung kann auch keiner erahnen. Aber Angehörige haben sie tagtäglich und manche Angehörige in noch viel größerem Ausmaß, als ich es momentan habe. Da ist mein derzeitiges Problem ja absolut nichtig!

(Anmerkung: Sein Gassigehen mussten wir schnell wieder aufgeben.)

Man kann noch so gut an sich arbeiten und/oder therapeutische Hilfe in Anspruch nehmen: manchmal sitzt einem einfach die nackte Angst im Nacken. Kein Mensch ist perfekt und noch dazu hat jeder sein Päckchen aus seiner Kindheit oder anderen Ereignissen zu tragen, die das Leben vielleicht beeinflusst haben. Wenn man seinen Partner beispielsweise bewusstlos vorfindet, dann setzt sich das unweigerlich fest – es ist ein Trauma, das wir wahrnehmen und letztendlich auch am besten überwinden sollten. Aber inmitten des Dramas – ja gerade zu Beginn einer solch dramatischen Zeit mit haarsträubenden Diagnosen – da ist man so im Strudel gefangen, verbringt seine Zeit womöglich fast nur im Krankenhaus und so weiter – da ist man erst einmal völlig überfordert und muss erst seinen eigenen Platz in diesem neuen Dilemma finden.

Blogartikel zu Weihnachten 2019

Weihnachten, Pflegebett, Hospiz und mehr...

Die weihnachtlichen Tage werden intensiver und haben ihren eigenen Alltag und mitten in diesem Alltag wütet der Tumor meines Mannes weiter und doch geht auch das Leben stetig weiter....

Ich möchte Euch einfach nochmal teilhaben lassen, da so viele liebe Fragen eintreffen.

Einerseits erscheint es paradox, denn der Advent bedeutet ja im christlichen Sinne „Ankunft" und das Warten auf die Geburt Jesu.

Und doch warten wir eher mit der Gewissheit, dass sich ein Leben verabschieden wird. Aber vielleicht sind genau diese Gegensätze das „LEBEN" und da wir sowieso keine andere Wahl haben, leben wir auch hoffnungsfroh im Advent und feiern Weihnachten zum Glück im Kreise der Familie! Das ist ein Segen und ein wunderschönes Weihnachtsgeschenk. Kinderaugen strahlen sehen, den Rückhalt der Familie spüren und sich aufgehoben fühlen: mitten im Drama.

Wir haben uns um eine Beratung vom Hospiz gekümmert und haben sehr viel Glück, denn wir haben zwei tolle Frauen an unserer Seite, die uns so lange begleiten werden, wie wir es brauchen! Noch ein Geschenk!

Eine Palliativ-Fachkraft und eine ehrenamtliche Betreuerin. Eine wundervolle Kombination und zwei herzerfrischend liebe Menschen. Das brauchen wir auch gerade. Zuspruch und doch auch das Aussprechen des Unvermeidlichen und die damit einhergehende Planung. Was ist wenn...? Diese Szenarien werden durchgesprochen, sie erleichtern und festigen.

Das ist das, was das Hospiz auch erreichen möchte: Begleitung, Betreuung und Entlastung. Ich bin sehr dankbar, dass wir das so erfahren dürfen, denn somit lernen die Betreuer uns, vor allem meinen Mann gut kennen und versorgen ihn notfalls auch medizinisch Zuhause – wenn es so weit kommt – und können auch mit uns Entscheidungen treffen, da sie uns so gut kennen bis dahin. Ein Geschenk!

Dann wurde uns das Pflegebett geliefert und aufgebaut und auch hier erfuhren wir kompetente und empathische Hilfe.

Nun steht also das „Krankenbett" in unserem Wohnzimmer und wir mussten beide mit den Tränen kämpfen, da es wieder ein Signal ist: Die Krankheit ist da und sie wird schlechter. Punkt.

Emotional macht das sehr viel mit uns, aber wir sprechen darüber. Das hilft, tut gut und stärkt unsere Bindung!

Ich habe es als „Daybed" hergerichtet, damit es einen ansprechenden Charakter hat und nicht direkt Krankheit signalisiert. Nun immerhin kann mein Mann gemütlich im Wohnzimmer liegen und kann sich seine bequeme Liegestätte auch komplett auf seine Bedürfnisse ausrichten! Noch ein Geschenk!

Und so leben wir unseren Alltag, in der Weihnachtszeit und auch mit Geschenken! Wertvollen Geschenken!

Natürlich begleitet uns auch die Angst vor dem, was kommt. Wir sind traurig und verzweifelt, Albträume plagen uns von nie gekannter Härte und wir kämpfen um unsere Zuversicht — auf was auch immer!

Wir versuchen weiterhin lebendig unseren Tag zu gestalten — den Umständen angepasst, denn viel Kraft für Ausflüge oder Besonderheiten sind bei meinem Mann leider nicht mehr vorhanden. Aber auch so kann man es sich schön machen und jeden besonderen Augenblick genießen, der sich ergibt.

Ein Leben zwischen Angst und Hoffen. Es zermürbt, laugt aus.

Ich habe es die ganze Zeit ganz gut geschafft, aber merke nun deutlich, dass die Situation heftig an mir zehrt und Spuren hinterlässt. Es wäre unwahr, würde ich etwas anderes behaupten. Aber auch das gehört momentan zu meinem Leben.

Wenn mich jemand fragt, wie es mir geht, antworte ich mittlerweile: „Schwierig"! Das drückt für mich alles aus. Es ist mehr als schwierig so leben zu müssen und eine Endgültigkeit vor Augen zu haben. Und doch haben wir aber auch unsere guten und sehr nahen Momente.

Leben. Es ist einfach LEBEN. Es ist, wie es ist und ich lasse mich nicht unterkriegen, ich biete all dem Drama die Stirn so gut ich kann, aber ich habe auch meine sehr sehr schwachen Momente, in denen ich das Gefühl habe, es nicht mehr aushalten zu können. Trotzdem: es ist wie es ist und das Leben geht weiter. Einfach so.

4.1.2020:

Epileptischer Anfall, Sprache nicht mehr vorhanden, völlig verwirrt: Rettungswagen, Krankenhaus – Entlassung am gleichen Tag

16.1.2020:

EEG und MRT: Befund: Tumor gewachsen und Schwellung im Gehirn.

Besprechung im Tumorboard und unsere Entscheidung: Nochmal OP mit allen Risiken oder Bestrahlung, oder nur noch Chemo? NEIN, nur noch Chemo – ein Albtraum und eine bodenlose Hölle!!!

Wo sind meine Grenzen? Wie viel halte ich noch aus? Und eine (überraschende) Erkenntnis! / 17.1.2020

Ich frage mich ab und zu wie lange ich unser Drama Zuhause noch aushalte und bin zu dem Schluss gekommen: Auch wenn ich mich so fühle, als ob meine Nerven blank liegen und als ob ich völlig entkräftet bin: scheinbar geht es immer noch weiter. Man ist jedes Mal wieder belastbar und trägt schwierige Situationen … Irgendwie… Dass dies Konsequenzen hat, ist logisch, denn der eigene Körper reagiert. Er zeigt Grenzen auf und doch muss ich sie momentan übertreten.

Bin ich ein Grenzgänger? ;) Irgendwie schon!

Eigentlich bezeichnet man Grenzgänger als Personen, die über eine Staatsgrenze hinweg pendeln, um in dem Gebiet jenseits der Grenze zu arbeiten, in die Schule zu gehen oder Ähnliches zu machen. Meist haben diese Personen ihren Wohnsitz im Grenzgebiet.

https://de.wikipedia.org/wiki/Grenzgänger)

Aber irgendwie ist es ja auch so: ich übertrete Grenzen, befinde mich manchmal auch im Nirgendwo und wohne beziehungsweise LEBE mitten im Grenzgebiet und pendele hin und her: zwischen den Welten von Gesundheit und Krankheit, zwischen Glück und Verzweiflung, zwischen Trauer und Zuversicht. Wo ich ende, das hängt von meiner Tagesform ab. Manchmal bleibe ich auch einfach hängen zwischen diesen Welten. Zwischen hell und dunkel, bedrohlich und hoffnungsvoll. Hängen, durchhängen... den Aufprall ahnend... und versuchend, ihn abzufedern...

Die MS steckt uns unsere Grenzen – das kennen wir alle. Und manchmal ist es auch wichtig, diese Grenzen, die wir meistens kennen, auch zu übertreten.

Aber wenn man sie ständig übertritt, beziehungsweise übertreten MUSS, dann geht das an die Substanz. Und zwar gehörig.

In meinem Fall ist das die momentane Krankheitssituation meines Mannes. Immer wieder sehen wir uns mit akuten und schleichenden Verschlechterungen konfrontiert. Sie sind einfach da. Plötzlich - manchmal. Ungefragt und vor allem ungebeten - immer.

Ungebeten werde ich mit Entscheidungen konfrontiert, die kein Mensch fällen mag: Rettungswagen rufen oder nicht, Notfallmedikamente geben oder nicht, Krankenhauseinweisung oder nicht.... und nicht zuletzt unsere Patientenverfügung.... mit allem, was mit solch einem Dokument zusammenhängt....

Nach meiner letzten solchen Entscheidung, mit der das neue Jahr am 4.1.2020 schon schrecklich angefangen hat, merke ich, wie fertig ich bin, wie überfordert auch manchmal und wie ich doch einfach funktioniere und auch richtige Entscheidungen getroffen habe.

Grenzgänger der Emotionen und Grenzgänger zwischen verschiedenen Körpern: dem MS-Körper, der völlig geschunden ist und dem Körper, der trotz MS hoffnungsvoll ist und sein Bestes gibt!

Ein Grenzgänger der besonderen Art, mit Angst, alles nicht zu schaffen und doch auch dem Erleben, dass man scheinbar so Vieles schafft... und noch mehr...

Vielleicht sind Grenzen auch tatsächlich da, um überwunden zu werden!

Es ist wie es ist. Mein neues Motto. Mehr gibt es kaum zu sagen.

Schwere Wege – und trotzdem das Schöne noch sehen / 21.1.2020

Es ist wichtig, auch mitten im Sturm nicht das Schöne aus den Augen zu verlieren. Einfach ist das nicht, das erlebe ich gerade selbst oft genug. Aber: nur wenn wir es schaffen, sinnbildlich den Kopf über Wasser zu halten und uns auf das Positive zu konzentrieren, haben wir die Chance, nicht im Strudel unterzugehen.

Als Betroffener ist das genauso wichtig wie für den Angehörigen.

Ich habe schon im Laufe meiner 25 Jahre MS oftmals wiederholt lernen müssen, mich auf das Positive zu besinnen. Ich kann heute sagen, dass ich es schaffe, denn ohne diesen Blick würde ich straucheln und depressiv werden. Diese Zeit wiederum hat mich gut auf diese jetzige Phase als Angehörige eines sehr schwer Erkrankten vorbereitet. Unfreiwillig, aber effektiv.

Wie oft schaue ich meinen Mann an, der äußerlich momentan fast unversehrt aussieht und kann nicht begreifen, wie schwer krank er ist und dass er vielleicht nur noch wenige Monate zu leben hat.

bekommt man gesagt,
dass man um die Kraft,
mit der man sein Schicksal trägt,
beneidet wird.
Die Antwort darauf ist:
„Ich beneide Dich darum, dass
Du diese Kraft nicht brauchst."

by MULTIPLE ARTS.com

Ich werde oft gefragt, wie ich das aushalte. Natürlich gibt es darauf keine pauschale Antwort, aber ich weiß, dass ich es schaffe, mich immer wieder auf das GUTE in meinem Leben zu konzentrieren – neben dem Drama!

Es hilft, wenn man sich eine Liste macht und chronologisch die GUTEN Sachen aufzählt.

Bei mir sind es beispielsweise meine Kinder, Schwiegerkinder und Enkel; meine Eltern und mein Bruder mit Familie; mein Seelenhund Smiley, meine wunderbaren Freundinnen/Nachbarinnen; meine Deko-Freude im Haus; Lesen und Musikhören; Schreiben und Bloggen und vieles mehr. Und das ist doch schon viel, oder?!!!

Wenn ich mit meinem Hund unterwegs bin, bin ich abgelenkt – er fordert meine Aufmerksamkeit und wir haben ein schönes Miteinander. Wenn meine Enkelchen da sind, dann blühe ich regelrecht auf und finde meine aus den Fugen geratene Balance wieder.

Auch stelle ich mir immer frische Blumen auf den Tisch – das erinnert mich unter anderem daran, dass das Leben immer weiter geht… Der Kreislauf des Lebens – Frühling, Sommer, Herbst und Winter – funktioniert. Auch wenn mein geliebter Mann vielleicht den nächsten Sommer nicht mehr erlebt. Es zeigt aber, dass es weitergeht – auch hinterher. Es zeigt, dass ich wundervolle Möglichkeiten habe, mich einerseits abzulenken, aber auch Wege gehen kann, die mich erfüllen: trotz Trauer.

Wichtig ist hier, dass man auf schweren Wegen seinem Herzen und wachen Blick folgt und sich Zeit nimmt, das GUTE wahrzunehmen – es zu sehen, zu spüren…. Und es in sich aufzunehmen und zu verwirklichen.

Das bedeutet nicht, dass man wegblickt oder die schwere Zeit verdrängt. Nein, es bedeutet, dass man sich die Fähigkeit bewahrt, trotz Verzweiflung und unendlicher Trauer auch des Wundervollen zu vergegenwärtigen und somit einen Sinn zum Leben zu finden. Das mindert auch nicht das Gefühl der Trauer, aber es kann es etwas „angenehmer", leichter und hilfreicher machen… Es hilft nach vorne zu schauen und sich auf die Zukunft zu freuen – weil sie noch so viel mehr zu bieten hat als Trauer!

Alltag als Angehöriger / 14.3.2020

Im Gespräch mit unserer Palliativ-Fachkraft (PF) lenkten wir die Aufmerksamkeit auch einmal darauf., was ich als Angehörige wirklich leiste. Und bei mir ist es jetzt (Stand 14.3.2020) ja erst der Anfang. Mein Mann ist noch kein „Pflegefall" und ich kann ihn noch alleine lassen. Bei uns dreht es sich momentan eher um seine kognitiven Ausfälle, die ich hier „Demenz" nenne, auch wenn ich weiß, dass es keine „typische Demenz" ist, da sie mit seinem Gehirntumor zusammenhängen. Sie äußert sich aber fast genauso und von daher verwende ich auch diesen Begriff.

In jenem Gespräch hat mit die PF auch gefragt, wie ich mich tagtäglich fühle, wenn ich mit meinem Mann zusammen bin: als Ehefrau oder Betreuerin? Solche Fragen sind einfach toll, weil sie zum Nachdenken und Reflektieren anregen und dann im Gespräch sortiert werden können, was auch den eventuellen Druck hinausnimmt.

Ja, wie fühle ich mich? Meine Antwort war: Ich fühle mich meist deshalb als Betreuerin, weil ich dann die Angelegenheit von außen betrachten kann und somit weniger emotional betroffen bin. Aber gleichzeitig bin ich ja auch die Ehefrau mit all den Gefühlen und der Nähe zu meinem Mann. So bin ich also beides: die Betreuerin, die handelt und funktioniert und auch die Ehefrau mit allen Facetten.

Klar ist aber auch, dass wir schon längst keine normale Ehe mehr führen können, denn auf Grund seiner Erkrankung, der Schwäche und Kraftlosigkeit und der damit verbundenen Demenz können wir leider nur noch selten auf Augenhöhe kommunizieren und das macht mich unendlich traurig. Ich hatte mich damals in meinen Mann verliebt, weil wir so gut miteinander reden konnten, er ein enorm guter Zuhörer war und nie mit Ratschlägen um sich geworfen hat. Das hat auch unsere Beziehung zu einem Großteil positiv ausgemacht und getragen. Auf ihn war Verlass, ich konnte ihm alles erzählen und wusste, dass er niemals werten wird. Der perfekte Kommunikationspartner.

Nun versteht er meistens keine (eigentlich verständlichen) komplexen Zusammenhänge mehr - das heißt, eine normale Unterhaltung funktioniert nur noch teilweise: mit einfach strukturierten Sätzen und klaren Aussagen. Auch muss ich gewisse Dinge (zum Beispiel um wen es sich handelt) immer wieder im Gespräch wiederholen, damit er der

Unterhaltung überhaupt folgen kann. Kurze Abweichungen verunsichern ihn total und dann geht nichts mehr. Das heißt für mich, dass ich kompliziertere Sachverhalte nicht mehr mit ihm besprechen kann – das ist natürlich traurig und es fehlt mir auch ganz einfach. Und so hat es sich in unserer Beziehung und Gesprächskultur so entwickelt, dass ich komplexere Themen, die vor allem vielleicht eine Lösung bräuchten, gar nicht mehr anspreche – um auch ihn nicht mehr zu verwirren, da er manchmal noch merkt, dass er vom Thema abgekommen ist oder ihm nicht mehr folgen kann. Das ändert natürlich viel in einer Beziehung und das stimmt mich sehr sehr traurig.

Natürlich bedeutet das auch, dass ich den kompletten Schriftverkehr (KK, RV und so weiter) übernehmen und ihm erklären muss, was es alles sehr anstrengend macht, zumal ich darin auf Grund meiner MS ja auch Hilfe gebrauchen könnte.

Und manchmal kommt dann auch bei mir die Frage auf, wenn ich gerade mal aufatmen kann:

„Keine Ahnung, ob ich mich besser fühle, oder ob ich mich an den ganzen Mist schon gewöhnt habe!"

Der Vorteil, wenn man sich schon daran gewöhnt hat (egal an was) ist, dass man - wenn man es als normal ansieht – auch eine gewisse Normalität lebt… Es WIRD zur Normalität.

Das betrifft nicht nur Symptome von Krankheiten, sondern auch andere Schicksalsschläge. Sich an etwas zu gewöhnen kann demnach auch Vorteile haben… Man fühlt es mit der Zeit als nicht mehr ganz so „abnorm". Natürlich gehören auch Trauer und Verzweiflung – manchmal auch Wut – zu einer Bewältigung, aber je normaler ein vielleicht nicht so schöner Prozess wird, umso mehr wird es zur Normalität; zum Alltag.

MS-Symptome: Manchmal nehme ich meinen Schwindel schon gar nicht mehr richtig wahr. Mein Körper und auch mein Geist haben sich einfach daran gewöhnt, dass ein anfallsartiger Schwindel ab und zu aufkommt, sodass er schon zur (MS-) Normalität wurde. Wenn er heftiger als „normal" ausfällt, dann nehme ich ihn natürlich auch anders und bewusster wahr, aber solange er im „Rahmen" bleibt, scheine ich in adaptiert zu haben und das ist GLÜCK! Wir würden ja verrückt werden, wenn wir jedes Symptom als „Besonders" wahrnehmen würden – es würde uns gefühlt viel schlechter gehen, da wir uns nur mit dem Negativen auseinandersetzen müssten. Anders, wenn man die Symptome kaum noch wahrnimmt – dann lebt man „normal gut" (im Rahmen der Möglichkeiten) damit.

So geht es mir auch mit meiner momentanen Situation mit einem Todkranken Zuhause. Immer wieder werde ich gefragt, wie ich das schaffe, wie ich das aushalte. Im Gespräch mit unserer Palliativ-Fachkraft-Begleiterin wurde mir heute klar: ich habe diesen Zustand angenommen, in mein Leben adaptiert und kenne die momentanen (!) Symptome meines Mannes so gut, dass ich sie zwar wahrnehme, aber nicht mehr wirklich überrascht und aufgeregt bin. Anstrengend ist es trotzdem, wenn man mit einem recht dementen Menschen zusammenlebt. Aber es ist wirklich so: ich bin mittlerweile daran gewöhnt.

Das heißt nicht, dass es einfach wäre oder mir nicht zusetzt! Es setzt mir nämlich sehr zu, meinen Mann nun anders erleben zu müssen und zu wissen, dass er nicht mehr lange zu leben hat. Aber in dem Moment, in dem ich es ohne allzu große Aufregung „hinnehmen" kann, hilft es mir damit umzugehen. Oft spüre ich auch, dass ich mich dann direkt auf die „professionelle" Ebene als „Pflegerin" begebe und einfach und automatisch das tue, was gerade zu leisten ist. Mit diesem Abstand und einem von „außen Draufschauen" erleichtere ich mir Vieles: meine Emotionen, meine Ängste und meine Hilflosigkeit. Wenn man es in diesem Moment nicht ganz so nah an sich heranlässt, kann man adäquater handeln – und das ist notwendig.

Aber auch das heißt nicht, dass ich diesen „Abstand" immer wahren kann – denn: er ist mein Mann, mein Partner und Freund, der gerade so schwer erkrankt ist. Und der auch hilflos ist und mich braucht. Und manchmal habe ich auch das Gefühl, das alles nicht mehr zu schaffen und unter der Last zusammenzubrechen. Auch das ist ok! Ich bin auch nur ein Mensch und ein chronisch Kranker noch dazu. Man hat keine ewigen Kräfte und Energien. Mit MS schon mal gar nicht und auch als Gesunder **kann man nur das leisten, was gerade geht.** Das ist übrigens auch eine wertvolle Botschaft, die die liebevollen Mitarbeiter des ambulanten Hospizes überbringen und die so guttut.

In den letzten beiden Wochen habe ich mich übernommen, habe zu viel geleistet und die MS hat mich das deutlich spüren lassen. Leider! Und ich habe auch einmal laut den Satz gesagt, den ich sonst vermeiden möchte: „Ich hasse meine MS!". Aber auch das ist ok.

Denn manchmal ist die Normalität, mir der man gut zurechtkommt, plötzlich eine andere Normalität – eine Ausnahmesituation und dann muss man halt seine Grenzen neu ausloten und auch gegebenenfalls Termine und Verpflichtungen absagen. Das habe ich nun getan – auch wenn es mir nicht leichtgefallen ist.

Nun kommt auch noch das Corona-Virus hinzu! Wochenlang habe ich mit relativer Leichtigkeit an das Virus gedacht – bis die Meldungen in der Presse doch zu heftig wurden und Schulschließungen anstanden. Vor allem, wenn man gut recherchierte aussagekräftige Berichte las wurde immer wieder der Appell an die Risikogruppen gerichtet: Mein Mann mit seinem höchst aggressiven Krebs und der neuen Chemotherapie ist der Härtefall unter den Risiko`lern und ich mit meiner MS bin (auch ohne Basistherapie, die das Immunsystem noch mehr schwächt) nicht vergleichbar fit wie Gesunde.

Also haben wir nun die Reißleine gezogen und uns selbst in eine eigene kleine Quarantäne versetzt. Keine Besuche mehr empfangen, nicht mehr Restaurants besuchen, kein Bus mehr fahren und und und! Ganze 14 Tage lang und dann weitersehen. Für mich, die „alte" Optimistin ist das ein weitreichender und außergewöhnlicher Entschluss; aber auch meine Kinder haben hier ein Wörtchen mitgesprochen und versorgen uns nun in dieser Zeit mit Einkäufen und so weiter! Dafür und für die Nachbarschaftshilfe, können wir sehr dankbar sein!

Außergewöhnliche Situationen erfordern außergewöhnliches und verantwortungsvolles Handeln!

(Anmerkung: Es wurden mehrere Monate Quarantäne daraus!)

Ich möchte… / 28.3.2020

Ich möchte so gerne wieder normal leben.

Aber was ist normal?

MEIN „Normal" – das ist es für mich.

Unbeschwert mit einem starken Partner an meiner Seite.

Seit 2018 hat sich unser Leben drastisch verändert: Mein Mann wurde krank: erst Depressionen, dann ein hochkomplizierter Bruch des Unterschenkels und Fußes, Wesensveränderungen … und für mich schon der Vorhof zur Hölle…

Aber es kam noch schlimmer, als ich ihn am 5. November 2018 bewusstlos auffand. Was dann kam, glich bis heute einer Hölle.

Ich habe ja schon viel darüber geschrieben: es folgten Wochen im Krankenhaus, mehrere schwere Diagnosen, eine Gehirn-OP und nachfolgend Bestrahlung und Chemotherapie.

Aber der Tumor wuchs trotz allem unaufhörlich … Eine 2. OP und Bestrahlung lehnte mein Mann ab, da wir privat mit zwei befreundeten Neurologen auch über die wahrscheinlichen Risiken gesprochen haben.

Nun kam auch noch das Corona-Virus hinzu, (Stand heute: 28.3.2020) das ja für alle nicht ungefährlich ist, aber für die sogenannten Risikogruppen umso mehr.

Eine große Sorge mehr – wir haben uns wegen des Corona-Virus` in freiwillige Quarantäne begeben und werden von Familie und Nachbarn herzallerliebst versorgt… Was ein riesig großes Geschenk und GLÜCK!

Jeder möchte endlich wieder normal leben, jeder möchte rausgehen, seine Kinder und Enkel sehen und knuddeln können.

Jeder möchte sich wieder in ein Café und/oder Restaurant setzen können – besonders jetzt im Frühjahr!

Jeder möchte wieder Sport machen und arbeiten gehen können.

Und doch gibt es ein paar Wenige, die froh sind, wenn sie all das überleben. Sie sind durch ihre Vorerkrankung eventuell schon enorm geschwächt, sind bettlägerig oder durch andere Begleiterscheinungen eher an ihr Zuhause „gefesselt"! Jene wünschen sich all das auch, aber anders…. Denn sie müssen ihre Erkrankung bewältigen UND das Corona-Virus.

Als Schwerkranker ist all das ebenso die Hölle, wie für den Angehörigen und für letzteren vielleicht noch mehr. Viele Einschränkungen, vor allem kognitiver Art (wie große Verwirrtheit, dementes Verhalten oder Sprachstörungen, die sich auch als nicht mehr vorhandenes Verständnis beim Erzählen bemerkbar machen können) werden ja teilweise vom Betroffenen nicht mehr in dieser „Größenordnung" wahrgenommen – der Angehörige nimmt es aber wahr und muss damit auch gut umgehen können. Die ewige Balance und Gratwanderung zwischen Respekt, Achtung und doch auch manche Dinge einfach entscheiden zu müssen, anders handeln und reagieren zu müssen... Das ist für Angehörige unter anderem Schwerstarbeit, die sehr enorm stressen kann.

So erkläre ich meinem Mann bereits zum hundertsten Mal, dass wir meinen Geburtstag, der nun ansteht, wegen „Corona" nicht mit Besuch feiern können, ich uns aber Essen bestelle. Und immer wieder fragt er mich, welche Gäste denn kämen. Das ist nur ein winziges und nicht sehr bedeutsames Beispiel (ich möchte ihm zu Liebe nicht noch drastischere Beispiele anführen), aber es zeigt, dass kein Verständnis mehr von Worten/Sprache/Sätzen da ist und die Verknüpfung mit dem Corona-Virus nicht mehr funktioniert. Das werden Tausende von Angehörigen kennen...

Deshalb wünschen wir uns so sehr, endlich mal wieder normal leben zu können – frei und glücklich. Am Liebsten natürlich mit den Liebsten!

Und deshalb ist es inmitten der Coronakrise auch nicht schön, wenn Menschen jammern, dass sie ja nun nicht mehr in Urlaub fahren könnten: Tja, antworte ich dann: Deine Sorgen möchte ich haben!

Tumor, Hospiz, Trauer... Loslassen und ein MS`ler mittendrin / 8.7.2020

Wenn dein Körper um Hilfe ruft...
Wenn deine Seele vor Schmerzen weint...
Wenn Dich die Angst auffrisst...
Wenn Du dem Tode ins Angesicht blicken musst...

Dann ist es kein Wunder, dass Du erschöpft, ausgelaugt, todmüde, verzweifelt und einfach nur fertig bist...

Wenn Du Deinen geliebten Partner kaum mehr erkennst, wenn sich die Realität in einen Horrorfilm verwandelt und ein Leben nur noch ein einziger Albtraum ist...Dann weißt Du, dass die Realität skurril und gruselig geworden ist... So unreal und doch irre real...

Wenn die MS „Hallo" ruft, unangebracht wie immer und neue Kapriolen schlägt...

Wenn sie Dich so heftig ausbremst, dass Du Dir zum ersten Mal eingestehen musst: „Ich kann nicht mehr!".

Wenn Du nur noch Telefonate mit Hospiz, Onkologen und Neurologen führst und dabei weißt: es geht zu Ende...

Ja, das MRT heute: der Tumor ist deutlich gewachsen und auch sämtliche andere Werte sind katastrophal. :(

Sogar der Arzt hat von sich aus angesprochen, dass wir nun nach einem Platz im stationären Hospiz Ausschau halten sollten...

Da wir ja aber mit dem ambulanten Hospiz schon lange in Verbindung stehen und palliativ betreut werden, haben wir nun das Glück, auf den nächsten freien Hospizplatz warten zu dürfen...

Eine sehr schwere und schmerzliche Entscheidung, die wir mit vielen Ärzten, der Palliativ-Fachkraft und vor allem mit der Familie und meinen Kindern besprochen haben...

Nun ist das, was wir schon längst erwartet hatten eingetreten...

Und doch hat es uns geschockt... Hat es trotz der langen Vorbereitung uns doch mit der Plötzlichkeit erschlagen... Angst gemacht...

Abschied.
Es ist soweit...
Und es ist wie es ist.
Wir wünschen uns alle kein langes unwürdiges Leiden...
So ist das Leben mit Licht und Schatten...
Es ist wie es ist.
Loslassen…

18.08.2020 Ein Abschied für immer

Es ist geschehen. Peter ist in der Nacht von Samstag auf Sonntag für immer eingeschlafen.

Ich bin am Samstag sehr früh zu ihm ins Hospiz gefahren, da es ihm am Freitag schon nicht gut ging... Er reagierte nicht mehr und atmete sehr sehr schwer.... später rasselnd... Ein schwerer Tag... Und ein Vormittag, der besonders war... in den Nachmittag überging und eine Entscheidung brauchte: Bleibe ich heute Nacht bei ihm?

Meine Kinder waren alle noch einmal bei ihm... und gemeinsam war klar: ich bleibe bei ihm…

Ich begleitete ihn in seinen letzten Stunden ganz nah... Saß oder lag auf meinem Relax-Sessel direkt an seinem Bett und als ich spürte, dass es nicht mehr lange dauern würde, setzte ich mich zu ihm aufs Bett, redete liebevoll mit ihm und streichelte ihn... Irgendwie nahmen wir Abschied voneinander... wir waren plötzlich Eins... und uns ganz nah…

Als der rasselnde Atem (nach Medikamentengabe) ruhiger wurde und die ersten Atemaussetzer kamen, wurde mir „angst und bange". Ganz nah blieb ich bei ihm und begleitete ihn bis zu seinem allerletzten Atemzug.

Meine Emotionen, sie waren nur noch ein Knoten, ein Wirrwarr... und sie trafen mich mit Wucht.

Ein Zitat von Kafka fiel mir ein und wurde dann auch auf der Traueranzeige verewigt:

„Man sieht die Sonne untergehen
und erschrickt dennoch,
wenn es dunkel ist!"

Mir hat dieses Begleiten unglaublich viel Frieden und Balance gegeben – es tat mir außerordentlich gut und mich überkam mit allen Emotionen in mir trotzdem eine große Ruhe.

Das sagt eigentlich ALLES aus! Ruhe in Frieden!

Wie geht es mir? / 30.09.20

Eine ulkige Überschrift, aber diese Frage stelle ich mir selbst sehr oft momentan und es ist ebenfalls die häufigste Frage, die mir momentan gestellt wird.

Kein Wunder, denn der Tod meines Mannes ist gerade mal knapp sieben Wochen her.

Ich habe viele positive und unglaublich liebe und liebevolle Rückmeldungen, sowie tatkräftige Unterstützung und Hilfe erhalten. So, wie ich in der extrem schwierigen Zeit vorher schon viel Beistand erhalten habe, ist es nun auch!

Ja, wie geht es mir?

Es ist ein Auf und Ab der Emotionen, viel Gefühls-Chaos im Kopf und auch in meiner räumlichen Umgebung, da ich Einiges neugestalte: Dinge, die mich zu sehr an Peter erinnern, arrangiere ich neu oder verschenke sie auch und schaffe mir Neues an... Ich brauche neue Energien im Haus, mehr Luft zum Atmen...

Pläne habe ich im Kopf und möchte meine Zukunft neugestalten und gleichzeitig habe ich so tiefe Erinnerungen, dass sie mir die Luft rauben...

Manchmal scheint es so, als ob ich immerfort einen steilen Anstieg/Berg erklimmen müsse.... Manchmal rutsche ich ab – mal tiefer, mal nur ein paar Schritte – und bergsteige mühevoll weiter. Oft mehr Schritte zurück als vorwärts. Aber ich bleibe in Bewegung (!) und lege Pausen auf den netten Plateaus ein, die sich auf dem Anstieg befinden. Mein Ziel ist es, dass ich keinen Anstieg mehr bezwingen muss, sondern dass sich alles wieder so einpendelt, dass es in Balance kommt – mit Höhen und Tiefen, ohne großartige Rückschritte.

Das normale Leben....

Im Moment (und das wird auch noch dauern) herrscht noch tiefe Trauer und Fassungslosigkeit vor.

Fassungslos, weil er nicht mehr da ist. Denn obwohl wir wussten, dass es so kommt, war es dann doch ein Schock und ein Abschied auf immer. Ich vermisse ihn, ich vermisse unsere Gespräche, die tolle Musik und unsere Gemeinsamkeit. Ich vermisse all das und doch bekomme ich im Moment noch nicht diese Gratwanderung hin, die es mir einfacher machen würde: Der „kranke" Peter herrscht im Moment in meinem Kopf als Bild vor. Wenn ich an ihn denke, dann oft noch an seine schwerkranke Zeit, an den beeinträchtigten Peter. Ab und zu erlaubt es mir mein Gehirn, auch Blicke auf den „alten" Peter zu werfen – auf den Mann, der mitten im Leben stand, auf den genialen Musiker und an den Peter, der mein Ehemann und Partner war.

Ich habe mir eine Collage mit einigen meiner Lieblingsbilder von ihm erstellt – davor stehe ich oft und vertiefe ich in die alten Zeiten und in den Menschen, der er vor seiner Erkrankung war! Der „vor Gesundheit strotzende" Mann… Der Genießer, der Urlauber, der Musiker…. in all seinen Facetten.

Ich habe auch einige Bücher des Themas „Trauer/Verarbeitung" gelesen und wurde darin bestätigt, dass es gut ist, dass ich mir Zeit und Raum gebe um zu trauern. Ich will tief in mir ankommen und trauern, damit ich auch ernsthaft und sinnvoll an dieser Trauer arbeiten und sie somit irgendwann auch überwinden, beziehungsweise mit ihr leben kann.

Mir helfen hier sogar meine „Techniken", die ich zur Bewältigung meiner MS benutze. Resilienz… Bewältigungsstrategien: **Widerstandsfähigkeit als Fähigkeit, Krisen durch Rückgriff auf persönliche und sozial vermittelte Ressourcen zu meistern und als Anlass für Entwicklungen zu nutzen.** Hier geht es zu meinem ausführlichen Text dazu: http://multiple-arts.com/resilienz-wir-chronisch-kranken-sind-gut/

Und genau das tun wir doch mit der Bewältigung einer schweren Krankheit: **Krisen meistern.** Ich halte es für enorm wichtig, dass wir uns immer und immer wieder sagen, dass wir stark sind. Ich glaube, wir vergessen das so leicht, weil wir mittendrin stecken im Dilemma, dem Krankheits- und /oder Trauer-Prozess.

Wie oft erlebe ich etwas, und denke: „Das erzählst Du Peter!". Wie oft möchte ich von ihm in den Arm genommen werden, mit ihm lachen und auch streiten. Und wie oft denke ich, wenn es mir schlecht geht: „Wo bist DU?".

Letzte Woche hatte ich wieder einmal – seit vielen vielen Jahren – einen schlimmen Migräne-Anfall und kam mir doppelt hilflos vor. Auch an das Alleinsein (das erprobte Singles viel besser können) muss man sich erst einmal gewöhnen. Ich bin zwar gerne alleine mit mir und kann mich fast immer sinnvoll oder erfüllend beschäftigen, aber das ist ein anderes „Alleine-Sein", als das, was ich jetzt **neu** erlebe. Er fehlt einfach. So einfach ist das.

Es ist wie es ist.

Der Satz begleitet mich schon seit Monaten durch die schwere Zeit. Und er hilft mit, meine Situation stehen zu lassen, als das, was es ist: Es ist, wie es ist.

Ja, das Leben geht weiter (und das meine ich nicht als abgedroschenen Satz) – es geht in all seiner Farbenpracht weiter – zum Glück! Auch wenn mal als Trauernder fühlt, dass die Welt stehengeblieben sei. Tief drinnen ist das auch so – sie ist kurzzeitig stehen geblieben... Ein Herz hat aufgehört zu schlagen...

Doch draußen dreht sie sich zum Glück weiter!!! Inmitten meiner Trauer, inmitten meiner Verzweiflung, meines Herzwehs und des Kummers dreht sie sich.

Und ich profitiere davon, denn der Alltag spiegelt mir Routine und gibt mir somit Struktur: ich muss mit Smiley Gassigehen und er wird immer noch einmal am Tag von lieben Freundinnen zur großen Gassirunde abgeholt und ich habe dabei wohltuende und mitfühlende Gespräche an der Haustür. Ich sehe meine Enkel sehr regelmäßig und erlebe mit ihnen Emotionen des Glücks – ganz in diesem Moment „gefangen"; ich treffe liebe Freundinnen und Freunde, gehe auf Feiern und Kaffeekränzchen und und und. (Anmerkung: im Sommer klappte dies mit den niedrigeren Corona-Einschränkungen noch besser. Jetzt, im Februar 2021 sieht das natürlich wieder anders aus...).

Das Leben geht trotzdem weiter – es zeigt sich mir in seiner Vielfalt und Pracht und ich darf daran teilhaben. Inmitten der Trauer. Denn es stärkt mich, diese wundervollen Erlebnisse und sozialen Kontakte zu haben. Es stärkt, gibt Hoffnung und Mut!

Es ist wie es ist.

Die Trauer ist da, aber das Leben ebenso!

Ich packe all meine Kraft und meinen Mut zusammen und schaue, die Trauer im Blick, nach vorne!

Danke an jeden Einzelnen, der das nun liest! Danke für all die wundervolle Hilfe und Unterstützung, für das Da-Sein und Mitfühlen! Das bedeutet mir sehr viel in dieser traurigen Zeit!

(Anmerkung: Leider wurde durch das Corona-Virus und die damit verbundenen Einschränkungen mein soziales Leben dann wieder drastisch beschränkt, da ich mich an die Vorgaben halte.)

Dankbarkeit inmitten des Schmerzes hilft / 19.10.20

Danke ist ein zu kleines Wort für all das, was ich gerade erlebe.

Ihr wisst ja, dass mein Mann im August 2020 für immer eingeschlafen ist und ich war von Verzweiflung durchdrungen, seit wir seine Diagnose für circa zwei Jahren erfahren haben. Es waren harte Jahre, ein Albtraum und die Hölle und manchmal ist es das auch jetzt noch.

Aber ich finde meinen Weg – ich bin dabei, die Trauer zu verarbeiten:

Aber diese Zeit habe ich nur so gut überstanden, weil ich viel Hilfe und Unterstützung bekam und auch jetzt noch, erlebe ich genau diesen Beistand noch immer!

Ich stehe morgens auf und bin trotz meines Herzwehs dankbar. Traurig, dass ich meinen Mann nicht mehr an meiner Seite habe, aber auch unendlich dankbar für all das Gute, das ich erleben durfte und das mir gerade widerfährt. Ich bin auch dankbar dafür, dass ich es wahrnehme, denn auch das ist nicht selbstverständlich in solch einer besonderen und schweren Zeit.

Wenn man dankbar ist, wird man erfüllt von Wärme und Licht und fokussiert seine Gedanken auf das Positive! Dadurch verschwindet das Negative natürlich nicht, aber es nimmt einen anderen Stellenwert ein und man wechselt die Perspektive. Wenn der Fokus mehr auf dem Positiven liegt, man es mit dem ganzen Herzen wahrnimmt, dann sieht man nicht nur die Schattenseiten. DAS erfüllt mich. Diese **Fülle an GUTEM** ist es, die mir durch den Tag hilft, die mich trägt!

Es ist nicht nur das Geschenk, dass mich mein Seelenhund Smiley begleitet. Durch „dick und dünn", dass er mit mir kuschelt und wir uns nonverbal austauschen können.

Es ist nicht nur das Geschenk meiner Kinder und der Enkel, die mich mit Liebe ausfüllen und mein Herz weit machen.

Es ist nicht nur, dass ich eine wunderbare Familie habe, die in diesen schweren Zeiten noch mehr zusammenhält.

Es ist nicht nur, dass enge Freunde und meine absolut liebe Nachbarschaft mich unterstützen.

Es ist das Gesamtpaket.

Es ist all dies zusammen und noch viel mehr.

Ich habe viel Glück – auch mitten im Drama! :)

Und es gibt viele tolle Zufälle (die für mich keine „Zufälle" sind), die mir nun Menschen in mein Leben gebracht haben, die mich extrem tatkräftig unterstützen.

So hat eine ehemalige Kindergarten-Mama, deren Kind in meiner Gruppe war, aufmerksam und empathisch bemerkt, dass ich Hilfe in Bezug auf die musikalischen „Hinterlassenschaften" meines Mannes gebrauchen kann und hat mir einen wundervollen Musiker vorgestellt, der sich nun extrem herzhaft, kompetent und allumfassend des Problems des kleinen Tonstudios annimmt. Ich kann diese Dankbarkeit, die ich diesen beiden Menschen gegenüber empfinde, nicht in Worte fassen, denn dieses Thema übte schon im Vorfeld eine Menge Druck auf mich aus – ich wusste nicht, wie ich als Laie das alles bewältigen sollte.

Ebenso haben sich aus dem Freundeskreis einige Musiker bereiterklärt, mich zu unterstützen: sie sichten und sondieren Gitarren und verkaufen sie für mich.

Es tut mir im Herzen weh und ich konnte auch die ganzen Wochen, seit Peter tot ist, nicht ins Studio gehen. Nun, mit diesem wundervollen Beistand habe ich mich in sein Heiligtum hineingetraut und versuche auch, ein bisschen Chaos zu beseitigen.

Auch ein Malerbetrieb, dessen Mitarbeiter ich seit meiner Kindheit kenne, hat mir extrem schnell einen Termin zum Tapezieren angeboten… Hat mich noch schnell irgendwo „reingedrückt"! :)

Ich habe über ulkige Wege einen Gärtner kennengelernt, der sich nicht nur meines völlig verwilderten Gartens angenommen hat, sondern scheinbar auch meiner Gesamtsituation und er hilft mir auf vielen Ebenen. Durch ihn habe ich wieder einen anderen Handwerker kennengelernt, der mir nun im Haus mit entsprechenden Arbeiten hilft. Und das alles finanziell machbar…

Dankbarkeit.
Immense Dankbarkeit!

Mir ist klar, dass ich begnadet bin, solch viele Helfer um mich herum zu haben und auch dafür bin ich dankbar!

Deshalb schreibe ich auch darüber. Denn ich merke, wie enorm gut mir diese Dankbarkeit tut, wie enorm sie mich trägt. Wie oft ich lache, wie voll mein Haus manchmal ist und mich all das wieder so lebendig fühlen lässt!

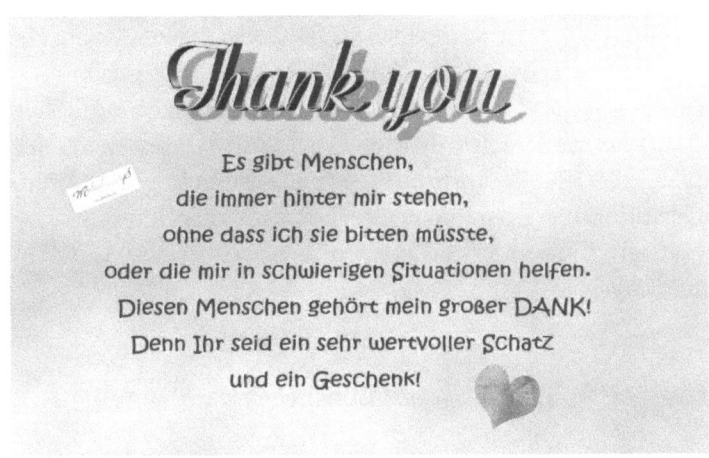

Thank you

Es gibt Menschen,
die immer hinter mir stehen,
ohne dass ich sie bitten müsste,
oder die mir in schwierigen Situationen helfen.
Diesen Menschen gehört mein großer DANK!
Denn Ihr seid ein sehr wertvoller Schatz
und ein Geschenk!

Auch wenn ich selbst körperlich nichts beitragen kann, aber der Trubel bekommt mir gut - wenn ich auf meine Pausen achte! Und das versuche ich wirklich mit meinem erprobten Energie-Management durchzuziehen. Sogar meine Fatigue, die sich in den letzten Monaten verschlechtert hatte, ist nun wieder gnädiger mit mir. Noch ein Grund, um dankbar zu sein.

Meine MS zickt gehörig – all das kann niemand ganz unbeschadet überstehen… Aber ich bin dankbar, dass mir der Albtraum der letzten beiden Jahre keinen neuen Schub, sondern „nur" Verschlechterungen gebracht hat!

Es gibt kein
DANKESCHÖN,
das zu viel wäre,
keine liebevolle Berührung,
die nicht gut tut,
kein LÄCHELN,
das nicht die
Sonne aufgehen lässt
und auch keine Träne
ohne Emotionen!

Multiple-artS.com

Ich möchte Euch teilhaben lassen, weil ich weiß, wie viel es manchen von Euch bedeutet. Ich möchte Euch ehrlich meine Höhen und Tiefen aufzeigen und auch, wie ich durch diese schlimme Zeit komme.

Und all das war auch mit meinem Mann besprochen, der von Anfang an sagte, ich solle und dürfe seine Geschichte aufschreiben, damit ich auch anderen Menschen weiterhin Mut machen kann, wenn sie in ähnlichen Situationen sind. Dafür und noch für VIEL MEHR bin ich ihm dankbar!

Und abschließend bleibt zu sagen:

Alles ist anders in diesem Jahr – und wie schaffe ich das? / 27.10.20

Das Jahr 2020 wird uns allen für immer in Erinnerung bleiben, da es uns mit COVID 19, dem „Coronavirus", überfallen hat und wir herbe Einschränkungen erleben. (Allerdings zähle ich die Maskenpflicht nicht als Einschränkung, sondern als dringende Notwendigkeit – um uns selbst zu schützen und allen anderen Menschen gegenüber zum Schutz – vor allem den Risikogruppen).

Für mich persönlich kam neben Corona noch die zweijährige schwere Krebserkrankung meines Mannes mit seinem Tod im August hinzu. Es hat meine Welt aus den Angeln gehoben, mein Leben auf den Kopf gestellt und meine Emotionen hochkochen lassen. Auch jetzt köcheln sie noch vor sich hin – mal stärker, mal schwächer.

COVID 19 hatte noch dazu die Umstände rund um die Erkrankung meines Mannes erschwert. Einmal die Angst, dass er sich anstecken könnte und einsam in einem Krankenhaus sterben müsse…, (das haben wir mit 3 ½-monatiger strenger Quarantäne versucht zu vermeiden) und dann die Einschränkungen, die sich daraus ergaben. Bis hin zum gut vier Wochen langen Aufenthalt im Hospiz – Corona-Vorsicht immer im „Gepäck". Es war einfach eine schreckliche Zeit und auch jetzt 10 Wochen nach seinem Tod, fahren meine Gefühle noch Achterbahn… Kein Wunder, denn solch ein Erlebnis muss verarbeitet werden.

Noch dazu sind die Corona-Fallzahlen wieder enorm angestiegen und begrenzen uns ebenfalls auch wieder mehr. Ursprünglich dachte ich, ich könne dann, wenn ich „alleine" ohne Peter bin, mal all meine Freunde nach und nach einladen – auch, um dem Alleinsein, das mich manchmal überkommt, zu entfliehen. Das ist jetzt natürlich nicht mehr möglich. Treffen können nur „Outdoor" stattfinden und logischerweise auch nur sehr eingeschränkt.

Somit habe ich mich spontan entschieden, die Renovierungsarbeiten, die ich schon länger geplant hatte, nun vornehmen zu lassen. Das lenkt ab, lässt mir aber auch genug Möglichkeit meiner Trauer genügend Raum und Zeit zu geben…

Der Trauerprozess und MS

Ich trauere bewusst tief... ich gebe mich auch in den Schmerz hinein, denn ich möchte den Trauer-Prozess durchleben, mit allem, was dazugehört. Ich möchte ihn wahrnehmen und somit besser und psychisch stabiler diese schwere Zeit zu erleben und durchzustehen. Wie auch bei der Bewältigung der MS denke ich, dass es wichtig ist, sich der Trauer hinzugeben und sie nicht zu verdrängen. Wenn wir die MS und/oder die Trauer annehmen, für uns tief akzeptieren, dann erspüren wir sie und können eine bessere <u>Resilienz</u> entwickeln und den schweren Weg psychisch besser schaffen.

Mittlerweile habe ich diese Gratwanderung zwischen tiefer Trauer und Freude am Leben gut hinbekommen. Das Leben geht weiter und es ist, wie es ist!

Sich zu vergraben bringt nichts. Draußen pulsiert das Leben (bis auf die Corona bedingten Einschränkungen,) und ich möchte wieder lebendiger sein und teilhaben können. Ich schaffe diesen Weg, ich gehe ihn bewusst und lasse mir die Freude und den Spaß am Leben nicht nehmen.

Nun also renoviere ich – auch, um neue Energien ins Haus zu lassen.

Ich habe Peters Zimmer neu streichen lassen und habe nun ein eigenes Kreativzimmer daraus gemacht, das uns auf Grund unserer beider kreativen Ader wieder zusammenführt! :)

Den Plan eine neue Küche zu kaufen habe ich nun umgesetzt. Der Plan musste auf Eis gelegt werden, da genau damals die Krankheit meines Mannes ausbrach. Nun erweitere ich diese Pläne und lasse noch einen Durchbruch von Küche ins Wohnzimmer machen. In meinem Artikel **„Dankbarkeit inmitten des Schmerzes"** habe ich beschrieben, mit wie vielen wundervollen Helfern ich beglückt bin und es deshalb auch schaffen kann.

Und die MS?

Ja, es ist viel - ja, meine MS zickt und - ja, ich bin oft sehr gefordert und auch erschöpft!

Aber ebenfalls ja — der Umbau tut mir gut, ich habe eine Perspektive und Motivation und freue mich auf das schöne Neue! :)

Und das tut GUT! Es gibt mir eine Aufgabe, fordert mein Hirn und ich sorge mit einem ausgeklügelten Energie-Management für genügend Pausen.

Auch wenn ich nun bis fast Mitte Januar keine Küche und auch kein Wohnzimmer mehr habe und oben in einem völligen Umzugskisten-Chaos lebe... Ich LEBE, ich schaue nach vorne und werde mich an meine Behelfsküche im neuen Kreativzimmer wohl gewöhnen! ;)

Das vermehrte Treppenlaufen bekommt meinen Beinen nicht gut, aber ich sehe es als Übung... Training sozusagen... Mein Kühlschrank steht nun nämlich im Keller!!! Aber ein elektrischer Kühlbehälter steht nun oben — man muss flexibel bleiben. ;)

Und so geht meine Trauer mit mir. Sie begleitet mich, aber ohne mich auszubremsen. Sie ist da. Es ist wie es ist!

Ich kommuniziere mit Peter und auch ihn nehme ich mit auf meinem neuen Weg. Ich WILL nach vorne blicken, ich will einfach nur leben und Freude haben. NEBEN der Trauer!

Resilienz - Bewältigung

So, wie die MS da ist und sich immer mal bemerkbar macht, ich ihr aber nicht viel Raum lasse, so handhabe ich es auch mit der Trauer. Im Moment gebe ich ihr mehr Raum, um sie zu bewältigen und auch, um von Peter würdig Abschied nehmen zu können, aber ich weiß, dass mein Leben auch irgendwann wieder einmal von anderen schönen Momenten begleitet sein wird ... auf diesem Weg bin ich!

Und ich danke all meinen Lieben, die mich auf diesem Weg begleiten, die meine Trauer ernst nehmen, mich darüber reden lassen, mitfühlen und mir auch MUT machen und mich darin bestärken, dass ich auf dem richtigen Weg bin.

Ich danke all Euch tollen Followern, die meine Texte und auch Bücher lesen, die mich ebenfalls begleiten und liebevolle Kommentare hinterlassen – das stärkt mich mehr, als Ihr denkt!

Ich halte Euch einfach auf dem Laufenden – sowohl, was meine Gefühlslage betrifft (weil so viele liebe Follower darum bitten), als auch, was meine Renovierung betrifft.

Ein aufregender Weg liegt vor mir und aus vielen anderen schweren Lebensphasen weiß ich einfach, dass ich es schaffe!!!!

Der 5.11.2018 –
Das Drama des Gehirn-Tumores beginnt

8.11.2020

Ein normaler Tag?

Für mich nicht: es war der Beginn eines knapp zwei Jahre dauernden Horrors... Ein Albtraum...

Ich fand nachmittags meinen Mann ohnmächtig in seinem Zimmer vor und vergesse sicherlich niemals meine Empfindungen in diesem Moment... Meine Angst und den Schock...

Ich rief den Rettungswagen und das Drama begann.

Im Nachhinein wissen wir nun, dass sein komplizierter Beinbruch im September und die Depression davor schon die ersten Anzeichen seines aggressiven Gehirntumors waren...

Am 5.11.2018 erfuhren wir zum ersten Mal, dass er drei äußerst schwere und seltene epileptische Anfälle hatte, die man „Status epilepticus", oder auch „Grand Mal" nennt.

Nach Mitternacht erst durften wir nach vielen schlimmen Stunden zu ihm auf die Intensivstation gehen und fanden einen völlig veränderten Menschen vor, der nicht bei Bewusstsein und ein Pflegefall war.

Mein/unser Leben war von einem Augenblick auf den anderen Augenblick auf den Kopf gestellt...

Um es abzukürzen: Glioblastom! Den schwersten Tumor des Gehirns... Unheilbar mit einer kurzen Lebenserwartung...

Schock, Verzweiflung, Fassungslosigkeit... Angst, Horror und Albtraum...

Und immer ein bisschen Hoffnung dabei...

Nach Gehirn-OP, Bestrahlung und Chemo hatten wir anschließend eine kleine Zeit eines Alltags... Dieser aber war ganz anders... Traurig... Schmerzhaft... Schwerfallend... Kräfteraubend und Kräftezehrend - für uns beide...

Ein Prozess des Annehmens

Im Nachhinein weiß ich nicht mehr, wie wir das geschafft haben, wie wir vor allem zu Beginn immer wieder tiefgreifend redeten... Zusammen weinten und doch auch Humor bewiesen...

Er schaute sich selbst beim Sterben zu... Und ich ihm im Sterbeprozess...

Der Tumor wuchs unaufhörlich und es gab nochmals eine Chemo, die abgebrochen wurde, da sie überhaupt nicht mehr half.

Wir hatten ja das ambulante Hospiz an unserer Seite und später dann zog er um ins stationäre Hospiz um... Ein gebrochener Mann, hilflos... Er konnte nicht mehr klar denken, nicht mehr laufen und nicht mehr sprechen... Ein Albtraum, denn noch dazu hatte er keinen Zugang mehr zu seiner geliebten Musik...

Wie ich das schaffte?

Ja, das frage ich mich ehrlich gesagt auch oft....

Ich bin mittlerweile fest davon überzeugt, dass mir in den dramatischen zwei Jahren meine durch die MS bedingt entwickelte Resilienz (Bewältigungsstrategie) geholfen hat.

Wenn man mit MS oder einer anderen chronischen Krankheit lebt, weiß man nie, was der Tag gesundheitlich noch bringen wird – ebenso weiß man nicht, was der kommende Tag oder die kommende Zeit gesundheitlich bringen wird. Bei MS kann sich der Zustand so schnell verändern, dass man sich eben noch völlig „OK" und in der nächsten Minute am Abgrund stehend fühlt. Wenn ich morgens aufwache und

SEHEN kann, heißt das nicht, dass es abends noch so ist. Es könnte sich im Laufe des Tages eine schwere Sehnerventzündung entwickeln (oder auch über Nacht – so habe ich es mal erlebt).

Wir wissen also nie, was als Nächstes auf uns zukommt und damit müssen wir leben. Ja, wir MÜSSEN damit leben, denn es bleibt uns nichts weiter übrig!

Stärken aneignen

Und nun kommen unsere Stärken ins Spiel: wenn man über dieses kreierte Szenario nachdenkt, müsste man doch schier „verrückt" werden oder vor Angst „umkommen"! Und doch schaffen es die meisten MS`ler, diese Angst nicht überhand nehmen zu lassen, sondern sich ein GUTES Leben im Rahmen der Möglichkeiten zu erschaffen.

Ich kann das seit 1994 üben – damals hatte ich meinen ersten Schub!

Resilienz-Training

Und tatsächlich bin ich seitdem in Übung – manchmal sage ich sogar, dass es eine Art Training ist – lebenslang.

Aber so funktioniert Resilienz… Üben und sich über kleine Fortschritte freuen und sich diese wundervollen Momente bewahren, damit man beim nächsten Tief wieder darauf aufbauen kann. **Und wenn man das schafft und beibehält, entwickelt man tatsächlich eine innere Stärke, die auch nicht mehr so schnell umgehauen werden kann. Man kann dann sogar heftigen Stürmen trotzen.**

Und dieses Training, gepaart mit guter und manchmal schmerzhafter Eigenreflektion – das hat mir bis jetzt so gut durch den Ansturm der MS geholfen.

Und diese entwickelte Stärke bezieht sich ja nicht nur auf die MS, sondern wir leben nun die Stärke und können sie nun frei und völlig vielseitig einsetzen. Bewusst oder unbewusst.

Die erworbene STÄRKE nutzen

Diese Stärke, die wir nun schon so oft eingesetzt haben und die wir im besten Fall auch leben – sie hilft uns nun auch in anderen Situationen.

So habe ich damals im ernsten Arztgespräch in der Uniklinik erfahren, welch haarsträubende Diagnose mein Mann erhalten hat und dass (auf meine Frage hin) seine zu erwartende Lebenszeit zwischen ein und drei Jahren beträgt.

Ich sehe mich noch in dem winzigen überfüllten Arztzimmer sitzen, in dem es trotz wimmelnder Ärzte plötzlich ganz still wurde, als ich die bewusste Frage stellte.

Ich erinnere mich noch an zugwandte Blicke und irgendjemand tätschelte meinen Arm.

Ich erinnere mich noch an meinen Schock und dann an die abgrundtiefe Fassungslosigkeit…

Und ich erinnere mich noch daran, wie ich schwankend das Arztzimmer verließ und torkelnd und ausgebrannt den Gang entlang zum Zimmer meines Mannes ging…

Vor dem Zimmer hielt ich inne…. ließ meiner Verzweiflung ihren Lauf… und sagte mir: Du hast die MS bis jetzt gemanagt, DU schaffst auch das…!

Mein Mann war kurz nach der OP zwar ansprechbar, aber er verstand nicht, was los war und ich sagte auch nichts… Das kam dann die Tage danach… Aber auch hier sagte ich noch nichts von der zu erwartenden kurzen Lebenszeit. Das erzählte ich ihm Zuhause in gewohnter und in abgeschotteter Umgebung und auch da erinnere ich mich noch komplett an diesen tragischen Moment…

Ich hatte in dieser Zeit, als ich lange alleine Zuhause war, da er noch in der Klinik bleiben musste, viel Zeit um nachzudenken. Wir hatten schon schlimme Phasen innerhalb der kurzen Zeit erlebt… Vom Pflegefall wieder aufgestanden und durch die OP wieder zurückgeworfen.

Ich bin Realist und machte mir – nach vielem Googeln – klar, dass es in kurzer Zeit zu Ende sein wird, dass er sein Leben aushauchen müsse…. **Ich stellte mich dieser Diagnose und dieser traurigen Zukunft.**

Meine durch die MS erworbene Resilienz half mir nun auch hier....

„Es ist, wie es ist" wurde einer meiner begleitenden Sätze, die für mich so viel aussagen: ich habe die Diagnose angenommen. Das heißt nicht, dass sie mich nicht umgeworfen hätte. Ich habe geweint und geschrien, war verzweifelt und selbst manchmal völlig am Ende...

Aber wir haben gemeinsam gekämpft – nicht um eine Zukunft, die wir nicht mehr haben könnten, sondern um ein würdiges, schmerzfreies und symptomarmes Hier&Jetzt und mit vielen Entscheidungen haben wir uns auch genau diesen Raum geschaffen und recht lange erhalten. Peter hat sich gegen eine erneute OP und Bestrahlung entschieden und sich damit (da er die Chemo recht gut vertrug) eine kleine Atempause verschafft.... Wir konnten zwar nicht mehr viel unternehmen, aber wir hatten uns, haben sehr viel geredet und wirklich tiefgreifende Gespräche geführt, die uns beiden weitergeholfen und die Beziehung gestärkt haben.

Ich habe täglich an meiner Resilienz geübt und habe täglich, manchmal stündlich oder minütlich von ihm Abschied genommen... Immer so, wie ich es schaffte und auch zulassen konnte. Ein schwerer aber sehr reflektierter Weg. Ich habe sogar schon Planungen für das „DANACH" erstellt, damit ich nicht in ein tiefes Loch fallen würde... (und setze sie nun gerade um).

Über Peters Erkrankung habe ich offen mit anderen geredet, habe viel wundervolles Feedback und sinnvolle Ideen (ich vermeide, diese als Ratschläge zu bezeichnen) erhalten, konnte mich sortieren. Sortieren in all dem Drama, in der Angst und Verzweiflung und auch vor der Zukunftsangst.

Denn auch dem musste ich mich stellen: ich würde allein zurückbleiben.

Mit MS im Gepäck.

Verarbeitung

Wir sprachen auch darüber und änderten mehrfach seine Patientenverfügung, was sich als enorm wichtig herausstellte. Wir passten sie immer den neuen Symptomen und Gegebenheiten an und konnten ihm somit ein würdevolles Sterben ermöglichen, da er sich darin klar ausdrückte.

Zum Schluss wollte er nicht mehr übers Sterben reden – es machte ihm Angst und ich akzeptierte das…

Aber selbst als seine Sprache nicht mehr verbal vorhanden war, haben wir nonverbal kommuniziert und uns auch verabschiedet.

Wir sind UNSEREN Weg der Sterbebegleitung gegangen. Ein Weg, der für **uns** der richtige war.

Ich habe schreckliche unermesslich schlimme Stunden überstanden…. Auch, weil ich wusste, dass ich mich auf meine Stärke verlassen kann. Gelebte Resilienz.

Ich kann jedem empfehlen, damit zu beginnen sich Resilienz anzueignen – es ist so unendlich wichtig für die Bewältigung schwerer Schicksale. Auch dem eigenen!

Gestern habe ich mit meiner Osteopathin darüber gesprochen, dass es mir den Umständen entsprechend OK gehe…. Auch sie sagte, dass sie mich ja die ganze Zeit über betreut hätte (auch das habe ich mir gegönnt: alle drei bis vier Wochen Osteopathie, für mich Wunder wirkend!) und sie beobachten konnte, wie ich tatsächlich ernsthaft Abschied nahm und mich auf alles, was da kommen möge, vorbereitet habe.

DANACH

Ich bin tatsächlich nicht in dieses befürchtete Loch gefallen. Ich weine, ich trauere…. Ich bin tief traurig und auch manchmal verzweifelt und habe auch Ängste…

> ➢ **Aber ich weiß, dass ich sie überwinden kann. Ich weiß, dass ich es schaffe, mich wieder aufzurichten.**

Deshalb habe ich nun ja auch die Pläne zum kleinen Umbau in Angriff genommen. Denn so, wie ich es einst geplant hatte, wurde es auch tatsächlich: das alles hilft mir – gerade in der trüben Jahreszeit und mit den Corona-Beschränkungen – weiter; es hilft mir nach vorne zu schauen und positive Perspektiven einzunehmen. Die Trauer ist da, der schwere Verlust auch. Aber das Leben geht weiter. Es ist wie es ist!

Meine Texte und Tipps zur RESILIENZ:

- https://multiple-arts.com/resilienz-krankheitsbewaltigung-bei-ms/
- https://multiple-arts.com/tag/tipps-zum-starken-der-resilienz/
- https://multiple-arts.com/tag/resilienz/
- https://multiple-arts.com/resilienz-wir-chronisch-kranken-sind-gut/

In meinen Büchern behandle ich das Thema Resilienz ebenfalls. Zum Beispiel im Buch **„Akzeptanz und Bewältigung chronischer Krankheiten und Depressionen: Für Angehörige und Betroffene: Für Angehörige und Betroffene"**

Tabu-Brüche / 2

Februar 2020

Noch ein Tabu-Bruch???

Oh ja, es gibt noch viele solcher nicht an- und ausgesprochener Themen!

Wie schaffe ich es zu überleben in diesem Tsunami, dem Wirbelsturm und Albtraum?

Wenn ich mir nicht irgendwelche Ziele, Vorhaben oder Ideen für das „Leben danach" machen würde, dann würde ich es nicht schaffen.

So merkwürdig es klingen mag, so sinnvoll ist es – das haben mir Psychologen und Therapeuten auf meine Nachfrage hin bestätigt.

Ich plane.... Denn, ich weiß, dass ich unser Wohnzimmer so nicht mehr stehen lassen kann, wenn mein Mann gestorben ist. Ich weiß, dass es für mich unerträglich sein wird, wenn ich ihn gedanklich noch auf „seinem" Stuhl am Esstisch sitzen sehe, oder später liegend im Pflegebett. Ich weiß, dass mich das vermutlich absolut umhauen wird.

Also plane ich, wie ich das Wohnzimmer umgestalte und habe dabei sogar eine schon überfällige Idee eines kleinen Durchbruchs zwischen Küche und Wohnzimmer ins Auge gefasst. Ein neuer Boden muss her und auch andere Möbel. Es soll frisch aussehen und neu – so, dass ich ihn nicht ständig durch gewohnte Möbelstücke oder anderem vor mir sehe und die Trauer damit noch steigere. Ich WILL nach vorne sehen, ich möchte bereit sein, wenn es so weit ist. Bereit sein umfasst so Vieles: allein das Zugeständnis, dass er bald sterben wird. Dann die Planung der Beerdigung und die damit verbundenen Umstände und vor allem mein Leben „danach"! Das DANACH macht mir Angst. Ein Leben ohne meinen Mann ist auch erst einmal unvorstellbar. Zu viel verbindet uns, zu viel haben wir gemeinsam erlebt, gelacht und geweint zusammen. Er wird fehlen. Um das Ganze realistisch angehen zu können, bereite ich mich innerlich (oder auch mental) darauf vor.

Ich werde mit Sicherheit nicht die kompletten Emotionen jetzt schon spüren können – das möchte ich auch gar nicht. Aber ich möchte gerüstet sein – und zwar mit Dingen, die man im Voraus schon etwas planen und übersehen kann.

Ich möchte nicht am Tage X plötzlich dastehen und nicht mehr ein noch aus wissen. Ich plane schon jetzt, was ich tun könnte. Wenn es so wird, dann ist es okay, aber wenn ich plötzlich alles anders haben möchte oder muss, dann ist das auch okay. Mich aber auf etwas zu besinnen, mir vorzustellen, was sein könnte… das hilft mir, mich im Hier&Jetzt zu stabilisieren…. Es hilft mir, jetzt ein gewisses Gleichgewicht behalten zu können und vor allem nicht völlig aufgelöst in die Zukunft zu schauen, sondern dieser versuchen auf Augenhöhe zu begegnen. Was klappt, das klappt, was nicht, das nicht! Ohne Druck!

Ich stabilisiere mich jetzt, in dem ich den Blick auch immer mal auf die Zukunft richte, um JETZT zu wissen, dass ich es schaffen möchte und werde.

Eigentlich ist es wie ein Trick, sich jetzt in der schweren Zeit über Wasser zu halten.

Und doch habe ich schon die ein oder andere hochgezogene Augenbraue erlebt, als ich dies erzählte. So als ob ich ihn mir „nicht mehr hier" wünschen würde. Aber bis auf diese wenigen Ausnahmen hat mich jeder verstanden und mich sogar bestärkt, so zu denken! Deshalb möchte ich es auch in diesem Buch erwähnen, denn ich bin mir sicher, dass ich als enge Angehörige, die nun mal „übrig" bleibt, nicht die Einzige bin, die sich solche Gedanken macht.

Psychologen – so auf meine Nachfrage – begrüßen es ebenfalls, da es zeigt, dass man handlungsfähig sein möchte und ist. Und darauf kommt es doch danach auch an: WIR müssen im HIER leben und unser Leben wieder auf die Reihe bekommen. Wir leben – trotz Verlust… unser Leben geht weiter! Zum Glück! Und dieses Leben wird anders sein, es wird von Verlust geprägt sein und uns sicherlich – besonders am Anfang – ab und an umhauen. Umso wichtiger ist es, sich jetzt schon gedanklich darauf vorzubereiten. Auf allen Ebenen. Und dazu gehört auch, sich zu überlegen, wie man sich sein neues Leben „danach" einrichten möchte.... Was wird uns Halt geben, was wird uns guttun?

Tut es uns gut, das Wohnzimmer umzugestalten – oder dann doch nicht? Alles ist erlaubt und OK! Wir können jetzt planen und dann doch alles anders machen. Trotzdem öffnen sich beim Planen Perspektiven und Möglichkeiten – und Vorfreude.

Auch wenn wir darüber sprechen – mit Menschen, die uns guttun - dann sortieren wir innerhalb dieses Gespräches und dieses Sortieren festigt uns und zeigt uns auch im besten Fall „Mittel und Wege"!

Mir ist es mit diesen Zeilen ein Anliegen, dass sich niemand schlecht fühlen muss, weil er solche Gedanken und Überlegungen hat. Ich finde sogar, man kann stolz auf sich sein, dass man mitten im Drama noch den Kopf frei hat, um ihn auf positive Dinge zu richten. Dass man sich auf das Leben „danach" vorbereitet und nicht im Sumpf untergeht.

Natürlich habe ich meinem Mann niemals von diesen Plänen erzählt – das wäre unnötig und würde ihn belasten oder befremden. Allerdings sprechen wir darüber, wie ich versuchen werde, mein Leben in den Griff zu bekommen – ohne ihn!

Auch für meine engen Angehörigen ist es gut, dass sie sehen, dass ich plane. Diese Rückmeldung habe ich mehrfach bekommen, denn so sehen sie, dass ich nicht aufgebe und trotz all des Dramas nach vorne blicke. Das hat auch für sie etwas Beruhigendes!

Gedankenspiele

„Lebe jeden Tag als wäre es Dein letzter"

Diesen Spruch „Lebe jeden Tag als wäre es Dein letzter" kennen wir wohl alle und jeder verbindet auch etwas anderes damit.

Sicher ist, dass man nicht jeden Tag so leben kann, als wäre er der letzte, denn dann würde man durchdrehen! ;)

Man würde vielleicht manchen Menschen liebe Briefe schreiben, sich bedanken oder entschuldigen wollen... und und und...

Das geht nicht täglich!

MS-tauglich ist er auch nicht, da uns das völlig kraft- und energielos zurücklassen würde!

Aber: es gibt Tage, die man feiern sollte, wie einen letzten. Den Geburtstag eines Todkranken, von dem man „weiß", dass es vermutlich sein letzter sein wird. Auch kann man an diesem Tag nicht übertrieben groß feiern, weil das seine Kräfte gar nicht erst zulassen würden, aber man kann ihn besonders zelebrieren.

In diesem Sinne haben mein Mann und ich bereits Weihnachten und Silvester so gefeiert, als ob es jeweils die letzte Möglichkeit war, ihn gemeinsam zu erleben. Und so ist es an seinem Geburtstag ebenso. (Was auch eintrat).

Traurig.

Schlimm.

Verzweiflung und Angst kommen auf und verzehren uns – aber hier stimmt einfach der Spruch.

Im Grunde leben wir jeden Tag zumindest in dem Bewusstsein, dass es der letzte gemeinsame Tag sein könnte. **Jeden Morgen beim Aufwachen beginnt dieser Tag mit der Dankbarkeit, dass es zumindest einen Morgen gab.... Am Abend ist dann die Dankbarkeit dafür groß, dass wir einen gemeinsamen Tag hatten.**

Das klingt dramatisch.... und ist es auch.

Das ist unser Leben momentan und doch können wir uns manchmal fallen lassen und vor allem können wir unseren Alltag leben und versuchen zu genießen.

„Genuss" ist allerdings immer so eine Sache, denn wenn wir unsere gemeinsame letzte Zeit wirklich genießen wollten, dann müssten wir beide gesunder und fitter sein und mein Mann dürfte vor allem nicht so un_gesund sein. Un_gesund = krank. Er ist schwer krank und doch leben wir. Nicht mit einer naiven Hoffnung vom „ewigen Leben", aber mit etwas Vertrauen und Zuversicht, dass ihm noch ein paar Monate in möglichst guter Verfassung bleiben.

„Lebe jeden Tag als wäre es Dein letzter" – das scheint nun doch so ein klein wenig unser Motto zu sein…. abgewandelt, im Rahmen der Möglichkeiten… Aber im vollen Bewusstsein, dass es gut ist, wenn wir im Hier&Jetzt leben und dankbar sind für das, was wir hatten und noch haben werden.

©2020 Heike Führ/multiple-arts.com

Einfach mal … nicht erschöpft zu sein

17.02.2020
Einfach mal nicht all das zu spüren, was man mit einer chronischen Erkrankung jeden Tag erlebt. Wer kennt diesen Wunsch nicht!?!

Auf Grund der Situation mit meinem schwerkranken Mann Zuhause, fühle ich mich momentan besonders erschöpft und ausgelaugt….

Einfach … mal nicht NUR müde zu sein…
Einfach … mal keine ständigen Pausen zu brauchen…
Einfach … mal völlig ausruhen zu können und danach völlig frisch zu sein…
Einfach … mal keine Fatigue zu haben…
Einfach … mal komplett abschalten zu können…
Einfach … mal nicht verantwortlich zu sein…
Einfach … mal schlafen, richtig schlafen zu können…
Einfach … mal nicht ausgepowert zu sein …
Einfach … mal nicht bodenlos erschöpft zu sein…
Einfach … mal gut laufen zu können…
Einfach … mal keine Schmerzen zu haben…
Einfach … ausgeschlafen zu sein…
Einfach … FIT zu sein…
Einfach … mal POWER zu haben…

Einfach … in den Tag hinein leben zu können – ohne zu große
        Verantwortung tragen zu müssen…
Einfach … keinen Termindruck zu haben …
Einfach … völlige RUHE zu haben …
Einfach … mal begründete Hoffnung zu haben…
Einfach … mal KRAFT zu haben …
Einfach … Kraft für die SCHÖNEN Dinge zu haben…
Einfach … mal einen gesunden Körper zu haben…
Einfach … mal keine Sorgen zu haben…
Einfach … mal einen „Otto-Normalverbraucher-Tag" zu haben…
Einfach … mal wieder ganz ICH zu sein …
Einfach … gemütlich zu leben…
Einfach …

„Menschen sind wie Edelsteine: Man lernt sie am besten kennen, indem man sie aus der Fassung bringt."
-Volksmund-

18.2.2020

Jemandem aus der Fassung zu bringen kann absichtlich oder unabsichtlich erfolgen.

Mir geht es hier aber eher um das Unabsichtliche.

Ich habe Menschen schon mit meiner Offenheit über meine Multiple Sklerose (MS) aus der Fassung gebracht und alleine, dass ich MS habe, bringt viele Menschen komplett aus der Fassung!

Noch mehr bringt es Menschen aus der Fassung, wenn es sich um eine todbringende Krankheit handelt. Teilweise sind sie so aus der Fassung geraten, dass sie sich nicht mehr „einkriegen"!

Das kann vielfältig aussehen: Manche werden sprachlos; Manche tun das Unausweichliche ab, indem sie meinen, „es sei schon nicht so schlimm", und wieder andere müssen sich erst einmal wieder fassen, um überhaupt reagieren zu können.

Wie gesagt: ich habe das damals bei meinem „Outing" mit meiner MS ebenso erlebt, wie jetzt wieder mit der schweren Tumor-Erkrankung meines Mannes.

Manche Menschen ringen um Fassung und bleiben trotzdem völlig fassungslos, manche sind fassungslos und bringen aber wieder alle Puzzleteilchen zusammen und fassen sich wieder.

So oder so haben wir es erlebt und so oder so mussten auch WIR damit umgehen lernen.

Wenn gute sehr nahstehende Freunde so aus der Fassung geraten, dass sie sprach- und handlungslos werden und uns somit nicht unterstützen können, ist das auch für uns als Betroffene schwer. Wir müssen lernen dies zu akzeptieren und möglichst wertfrei zu betrachten.... Damit es auch für uns aushaltbar ist.

Wir sind selbst fassungslos geworden, als wir die schwere Diagnose erfuhren. Nur hatten wir keine Wahl: wir MUSSTEN uns wieder fassen, sonst wären wir im Albtraum und Drama versunken.

Ein kleines Stück Fassungslosigkeit wird immer da sein, denn wer kann schon solch schwere Diagnosen, die das Leben komplett verändern und auf den Kopf stellen, völlig gefasst ertragen? Niemand. Aber wir haben insoweit die Fassung wiedergefunden, dass wir wieder handlungsfähig wurden und unser Leben adäquat leben können.

Wenn Freunde diese Fassung nicht wiederfinden, dann kann es schwierig werden – dann sind die Erwartungen unterschiedlich und das kann zu Missverständnissen führen. Es kann allerdings auch zum Bruch mancher Freundschaft führen, da das gegenseitige Vertrauen infrage gestellt wurde. Auch das haben wir erleben müssen und wir leben damit. Wir wissen, dass wir uns auf ein paar wenige Freunde nicht mehr 100%ig verlassen können und fühlen uns auch von ihnen verlassen. Sie wiederum scheinen es einfach nicht zu schaffen, ihre Fassung wiederzufinden.

Emotionen sind im Spiel, über die man lange philosophieren könnte aber Fakt ist dann auch: Hilfe sieht anders aus. Für uns zumindest! Und das müssen wir ebenso akzeptieren.

In dieser Hinsicht stimmt es: **Menschen sind wie Edelsteine: Man lernt sie am besten kennen, indem man sie aus der Fassung bringt.**

Wir lernten nun einige Freunde ganz anders kennen – aber sowohl im Positiven, wie auch im Negativen. Denn viele Freunde kümmern sich dermaßen liebevoll um uns und stehen uns so stark zur Seite, dass wir manchmal wirklich nur staunen können. Manche Bekannte wurden zu guten Freunden – sie sind, falls sie aus der Fassung gefallen waren, zumindest sehr schnell wieder zurückgesprungen und stehen uns enorm zur Seite.

Ja, man lernt Menschen kennen, wenn es ungemütlich wird. Vielleicht hat ja auch dies seinen Sinn. Man weiß einfach, auf wen man sich 100%ig verlassen kann und auf wen nicht.

Danke an alle, die uns mit Taten, Worten und „Herzchen" zur Seite stehen, die einfach da sind und scheinbar niemals aus der Fassung geraten sind! Ihr seid wertvoller als Ihr ahnt!

DANKE

Danke an alle lieben Gassigeher für Smiley;
Danke für jedes gekochte Essen und für jeden Salat oder Kuchen, der vor der Tür steht;
Danke für jedes Blümchen, für jeden Besuch und jene Besuche, die extra für meinen Mann kommen und mit ihm spazieren- oder/und Kaffee trinken gehen oder bei ihm sitzen;
Danke für jede Einladung….;
Danke für jedes liebe Wort,
Danke für jede Textnachricht;
Danke für jedes liebevolle Zeichen und jede Gabe;
Danke für jedes Päckchen, das uns erreicht.
Danke an all die,
die mir zuhören und uns begleiten
– jede Geste zählt
und ist GOLD wert!

Multiple-artS.com

Trauer und noch ein DANKE

Kurz nach der Beerdigung

Mein Mann ist am 16.08.2020 für immer eingeschlafen.

Er war nun viereinhalb Wochen im Hospiz (auch hier folgt noch ein DANKE-Brief) und es zeichnete sich in der letzten Woche ab, dass es ihm deutlich schlechter ging... In den letzten Tagen merkten wir alle, dass es nun bald zu Ende gehen würde. Es war schwer, dies zu erleben und auszuhalten...

Es ist so verdammt grausam, den geliebten Menschen verfallen zu sehen... Zu beobachten, wie er immer schwächer, wie die „Demenz" tausandmal schlimmer wird. Dass er nicht mehr sprechen konnte, wo doch unsere Beziehung immer von Kommunikation und Verstehen geprägt war und sein Leben von Musik und Singen.... Dass er nicht mehr laufen konnte und zum Schluss dann doch ans Bett „gefesselt" war – das, was er nie haben wollte.

Er wurde dann, da er sich das in seiner Patientenverfügung gewünscht hatte, in den „Tiefschlaf" versetzt und da kam er dann auch endlich etwas zur Ruhe.... Endlich, nachdem er so kämpfte... Es war heftig, ihn so leiden und kämpfen zu sehen – er wollte nicht aufgeben und nicht loslassen...

Zum Schluss, als er nur noch liegen konnte, erinnerte ich ihn immer mal wieder daran, dass er loslassen dürfe, dass ich „OK" sei und ihn loslassen würde.... Eine Gratwanderung, denn ich wollte ihm nicht das Gefühl geben, dass ich ihn loswerden wollte, aber er sollte wissen, dass ich bereit zum Loslassen sei!

In seinen letzten Stunden bekam er Morphium gespritzt und wurde ruhiger – was ein Segen! Ich spürte schon morgens früh, als ich zu ihm fuhr, dass es nicht mehr lange dauern würde und blieb im Hospiz und mit Absprache mit dem Pflegeteam dann auch nachts... Ich saß bei ihm, streichelte und redete mit ihm... Zwischendurch versuchte ich mich auch mal hinzulegen, direkt neben seinem Bett in dem schönen Relax-Sessel, damit ich Kraft schöpfen konnte für das, was eventuell noch käme. Aber natürlich gelang mir das nicht wirklich. Sehr bald aber wurde sein rasselnder heftiger Atem ruhiger... Dann kamen Atemaussetzer und ich spürte, dass er nun loslassen konnte... Bis zu seinem letzten Atemzug habe ich ihn begleitet. Das war für uns beide sicher ein Geschenk. Er konnte zwar nicht mehr reagieren, aber ich bin mir sicher, dass er spürte, dass ich da war und mit ihm redete... In den Tagen zuvor haben wir uns bewusst, oft auch nonverbal, verabschiedet und so hatte ich ein großes Gefühl von Frieden und Ruhe... Wir haben auf unsere neue und eigene Weise kommuniziert... Wir waren wieder „eins" – so, wie so oft in unserer Beziehung! Einen „schöneren" Abschluss konnte es nicht geben! Mich überkam eine tiefe innere Ruhe... Ich kann es kaum beschreiben, aber alles war plötzlich, trotz der unendlichen Trauer, dass er nun von mir gegangen war, ok...

Die Zeit heilt nicht alles,
aber sie rückt vielleicht
das Unheilbare
aus dem
Mittelpunkt.

Das Hospiz bot uns eine Aussegnung an, die wir am Tag danach auch wahrnahmen und endlich konnten wir alle (die engsten Familienmitglieder) von ihm GEMEINSAM Abschied nehmen – auch das war nochmal ein sehr tröstlicher Akt!

Trotzdem ist natürlich die Trauer da, auch Verzweiflung und manchmal diese unsinnige kleine Wut, dass er mich verlassen hat... Aber das gehört zum Trauern dazu und ich gönne mir auch jeden Moment der tiefen Trauer... Ich möchte nichts verdrängen, ich möchte es „verarbeiten" und doch schaue ich gleichzeitig nach vorne. Denn mein Leben geht weiter. Das ist die Ambivalenz, die einem im Moment der Trauer so merkwürdig vorkommt, denn die Welt scheint stillzustehen. Völlig still. Und doch dreht sie sich weiter... Ein Gefühl, das mit Sicherheit Viele kennen, die solch einen Abschied erleben mussten. Als vor vielen Jahren meine Omi verstarb und wir in die leere Wohnung kamen, war das Ticken der Uhr für mich plötzlich unerträglich...

Ich habe - im Nachhinein gesehen - sicherlich Vieles richtig gemacht. Bewusst habe ich seit dem Zeitpunkt dieser schwerwiegenden Diagnose täglich und auch manchmal stündlich von ihm und unserem Leben Abschied genommen... Fast zwei Jahre lang... Natürlich ist man dann trotzdem voller Verzweiflung, wenn es dann „soweit ist"! Aber das Üben vorher, das Bewusstmachen, dass er eine unheilbare und tödlich endende Krankheit hat/hatte, half mir bei Abschiednehmen. Ich überlegte mir alle möglichen Szenarien und auch, wie ich es ohne ihn dann schaffen würde... Oder was mir noch wichtig ist, zu erwähnen.... Ich plante auch vorher schon, dass ich mir teilweise neue Möbel kaufen würde, damit ich ihn nicht immer „in seinem Stuhl sitzen" sehe... Ich plante und schuf damit für mich eine lebbare Zukunft.... (Aber das ist bei jedem Trauernden anders und auch immer jeweils OK!).

Jetzt spüre ich, dass es gut war so zu planen und für mich zu sorgen, da ich nicht allzu tief in ein Loch gefallen bin... Das Loch ist da, es zieht mich auch manchmal hinunter, aber ich denke dann an meine Planungen und an meine Zukunft, an all das Schöne in meinem Leben, an meine Enkelchen und all die wunderbaren Freunde und Familienmitglieder, die mich auffangen. ICH habe eine Zukunft! Und hoffentlich eine gute!

Die Trauer und auch seine Liebe werden mich einfach immer begleiten. Ich weiß, dass irgendwann die Trauer auch nachlässt. Aber ich gebe mir Zeit; so viel Zeit, wie ich brauche, mit allen Höhen und Tiefen. Ich gebe mir Zeit um zu reifen und mein neues Leben auch mal lieben zu können. Ich vermisse ihn sehr und wie oft ertappe ich mich dabei zu denken: „Das muss ich Peter erzählen"! Und dann folgt diese grausame Ernüchterung, dass ich es ihm nicht mehr persönlich erzählen kann. Tröstlich ist es dann zu wissen, dass ich es ihm trotzdem, an den Himmel gewandt, erzählen kann. Aber natürlich ist es nicht das

Gleiche, denn sein mitfühlendes Wesen nimmt mich nun nicht mehr direkt - nur noch über Umwege - in den Arm. Es ist so bitter, nun ohne ihn leben zu müssen und doch gestatte ich mir auch neue Freiheiten. Ich muss nun alleine Entscheidungen fällen und manche Überlegung fälle ich nun auch komplett in meinem Sinne. Ein schwacher Trost, aber tröstlich, denn ich MUSS lernen, mein Leben neu zu gestalten. Das heißt nicht, dass ich ihn vergesse, aber es bedeutet einfach, dass ich vorwärtsschaue.

Ich habe die Beerdigung dann sehr musikalisch geplant, da Peter ja ein begnadeter Musiker, Sänger und Gitarrist war. Der freie Redner unterstützte mich dabei, dass ich fünf Lieder für die Trauerfeier aussuchte, davon zwei Lieder, die Peter selbst komponiert, arrangiert und auf CD aufgesungen hatte. Die anderen Lieder suchte ich mit großem Bedacht aus und so entstand mit der wundervollen und empathischen Rede unseres Trauerredners eine „runde" Sache. Das anschließende gemeinsame Beisammensein (outdoor; Corona bedingt) bei unserem Lieblings-Griechen war ebenfalls von Harmonie geprägt. Ich war abends sehr erfüllt, aber natürlich auch sehr sehr traurig.

Als wir dann alle (ausgewählte Menschen durch die Corona-Hygienebestimmungen) im Restaurant ankamen, hielt ich folgende Rede:

„Ihr Lieben,
heute nehmen wir Abschied von Peter.

Wir haben alle eine schwere Zeit hinter uns, zeitweise war es ein Albtraum und der blanke Horror. Zu sehen, wie ein geliebter Mensch sich durch Krankheit so schrecklich verändern muss, ist einfach nur grausam.

Und nicht nur für ihn selbst oder mich, sondern für Euch alle, die an meiner Seite gestanden habt, war es eine schwere Zeit. Ich habe, um umständliches und vielfaches Antworten zu vermeiden, die sogenannten „Sammel-Sprachnachrichten" auf WhatsApp genutzt, um Euch zu informieren und ich weiß, dass das nicht immer leicht für Euch war. Ich weiß auch, dass viele von Euch Angst hatten, sich die Nachrichten anzuhören. DANKE dass Ihr es trotzdem getan habt!

Aber: sie gaben unsere Realität wieder und diese lag seit gut zwei Jahren fern eines normalen Alltags, fern jeglicher Normalität und somit musstet auch Ihr all die Nachrichten aushalten, habt mitgefiebert und mich in so mannigfaltiger Weise unterstützt.

Ich kann nicht oft genug betonen, wie sehr ich Eure Hilfe zu schätzen wusste und zu schätzen weiß und möchte hier ausdrücklich meiner Familie (meinen Kindern und Schwiegerkindern, meiner Mutti und Achim und meinem Bruder und seiner Frau Andrea), meinen lieben Nachbarn, die längst zu echten und guten Freunden wurden, und allen Freunden danken, die unermüdlich für uns und mich da waren. Danke für jede helfende Hand und jedes zuhörende Ohr, jede SMS und jedes gesendete „Herzchen", für jedes Gassi-Gehen, für jedes Sektchen, für jedes Kaffeekränzchen, für all die Hilfe meiner lieben männlichen Nachbarn, die geschleppt und geschuftet haben, um mir den Alltag zu erleichtern! Danke für jedes Kochen, jedes Einkaufen, jedes Gärtnern und einfach fürs Mitdenken und jedes freundliche Ohr!

Ich habe erlebt, wie aus Bekannten echte wahre Freunde wurden, wie sehr Peter von seinen KollegInnen geschätzt wurde und wie viel Unterstützung wir aus jeder Ecke erhielten. Ich habe erlebt, wie Freunde verstummten ob dieser grauseligen Krankheit und wie andere aufblühten, und ohne große Worte Aufgaben übernahmen, die uns unterstützt und vor allem mich entlastet haben. Nichts ist selbstverständlich, deshalb sehe ich dies als Geschenk. DANKE!

Wir haben ALLE jemanden verloren und müssen lernen, damit zu leben und umzugehen. Auch bei Freunden gibt es nun unwiederbringliche und wehmütige Momente und Veränderungen….

Ich habe meinen Ehemann, Freund und Partner verloren,
meine Kinder einen empathischen Zuhörer, Kumpel und Ratgeber,
meine drei Enkel haben ihren geliebten Opi verloren,
meine Familie ein liebevolles Familienmitglied
und Freunde ihren Freund oder Musikerkollegen.

Wir hatten natürlich manch sehr turbulente Zeit, aber sie wurde immer getragen von Liebe. Von Liebe, Zusammenhalt, wertfreiem Verstehen, gegenseitiger Unterstützung und einer wundervollen Partnerschaft.

Ich hatte mich gleich zu Beginn in Peters Stimme verliebt und in seine einzigartige Fähigkeit, aktiv zuhören zu können, in seine Intelligenz und seinen Humor. Seine Stimme bleibt mir zum Glück in Form seiner Singstimme auf CDs erhalten – deshalb spielten wir auch heute einige seiner Titel – denn er war MUSIK und umso schlimmer war es für ihn, als er nach der Kopf-OP den Zugang zur Musik so völlig verloren hatte. So konnte sie ihm, der die Musik körperlich und seelisch lebte, noch nicht einmal in seiner letzten Lebensphase durch die schwere Zeit hindurchhelfen.

Ich werde an Peter als den Mann in Liebe zurückdenken, der meine eigene Kreativität gefördert hat, der mir Mut machte zu malen und zu schreiben. Durch seine wertfreie Art machte er mir klar, dass Kunst einem selbst gefallen darf und man sie nicht macht, damit sie anderen gefällt.

Das war auch sein Lebensmotto. Er hat mich motiviert meinen ersten Text einzuschicken und dieser landete sogar direkt auf der Titelseite. Ohne ihn hätte ich mir das nicht zugetraut und wäre somit auch keine freie Texterin für diverse Zeitschriften sowie vor allem Bloggerin geworden, was mich sehr erfüllt und nun auch Halt gibt. Mein erstes Buch würde womöglich noch heute auf sich warten lassen. Deshalb bin ich ihm so unendlich dankbar: er hat an mich geglaubt.

Und so kann man auch unsere Beziehung beschreiben: wir haben uns gegenseitig akzeptiert, respektiert, gestärkt und motiviert. Wir haben viel miteinander gelacht und geredet und diese Form der Kommunikation hat uns nun auch bis zum Schluss geholfen, da wir sehr sehr ehrlich miteinander umgingen, Peters Krankheit und die Symptome besprachen und gemeinsam Wege und Auswege suchten. Diese Kommunikation hat uns gerettet, nicht in ein noch tieferes Loch zu sinken, denn wir schafften es dadurch geübt, uns wieder herauszuholen. Selbst ganz zum Schluss, in seinen letzten Tagen, haben wir noch nonverbal kommuniziert…

Und so haben wir auch klar besprochen, wie wir mit seiner Erkrankung umgehen, wie es weitergehen wird oder was auch noch zu regeln ist. Einfach war dies nicht – es war eine schwere Zeit, ein Herantasten an Grenzen, an deren Überwindung und manchmal auch Kapitulation. Emotionen kamen hoch, die wir vorher nicht kannten – wir haben uns gegenseitig begleitet.

Einer der Wege war, dass wir die Mainzer Hospizgesellschaft mit ins Boot nahmen und damit die beste Entscheidung trafen.

Ihr Lieben, ich wünsche mir, dass wir alle aus dieser schrecklichen Zeit etwas lernen und mitnehmen konnten. So weiß ich zum Beispiel, wie unwichtig Manches geworden ist, wie viele Kleinigkeiten auch klein bleiben sollten, wie oft man aus einer Mücke einen Elefanten macht und dass es egal ist, ob man dick oder dünn, groß oder klein, schwarz oder weiß, Christ, Atheist oder Moslem ist: am Ende sind wir alle gleich!

Ich habe gelernt, dass man sich nicht über Nichtigkeiten aufregen sollte, dass man sich als Partner mehr Verständnis entgegenbringen sollte.... dass man mit Familie und Freunden eng in Kontakt bleibt... Das und noch viel mehr wurde mir bewusst – und auch, was wir doch so oft falsch gemacht haben...

Und außerdem zeigte mir diese Zeit, wie wertvoll ZEIT ist, wie wertvoll Gesundheit ist und dass dies das größte Geschenk überhaupt ist - wenn man es besitzt.

Ich wünsche mir, dass wir auch in Zukunft noch Kontakt haben und wir uns gegenseitig begleiten können.

Ich habe durch Peter gelernt, dass Wertfreiheit und Toleranz besondere Güter sind und dass tiefe Freundschaft ebenso etwas Besonderes ist.

Das wünsche ich uns allen! Liebt Euch und genießt Eure gemeinsame Zeit viel mehr im Hier&Jetzt!

Ich bin dankbar, dass ich Peter bis zu seinem letzten Atemzug begleiten konnte – das gab uns beiden Frieden!

DANKE für alles an ALLE!"

Diese wundervolle Gitarre ließ ich für Peter stecken.

Und hier kommt nun der offene Brief, den ich an das Team des Mainzer Hospizes geschickt habe: (August 2020)

Hospiz, Engel und die Wunder!

Irgendwie ist es mir ein Bedürfnis, einen Text zu der wunderbaren Erfahrung, die wir im Hospiz Mainz gemacht haben, zu formulieren... Zuerst gingen mir kleine Verse durch den Kopf, da sie irgendwie lieblicher klingen könnten...

Denn das, was wir dort erleben dürfen, ist für mich so unbeschreiblich schön und wohltuend, dass es irgendwie einen besonderen Rahmen verdient...

Aber ich denke, dass auch so das rüberkommen wird, was mir am und auf dem Herzen liegt!

Fangen wir vorne an: Mein Mann Peter erhielt Ende 2018 die Diagnose „unheilbarer Krebs", ein Gehirntumor namens „Glioblastom"! Wenn man das googelt, weiß man schnell, dass es sich um den aggressivsten und um einen absolut unheilbaren Tumor des Gehirnes handelt und die Lebenserwartung zwischen ein und drei Jahren liegt. Wir haben alles mitgemacht: Gehirn-OP, Bestrahlung und Chemo. Nichts konnte langfristig das Wachsen des Tumores aufhalten und ihm ging es zunehmend schlechter (mit besseren Phasen zwischendurch).

Irgendwann überwand ich mich und kontaktierte das ambulante Hospiz in Mainz, denn mir war auf Grund meiner Situation klar, dass ich irgendwann Unterstützung brauchen werde. Ich lebe seit 26 Jahren mit MS (Multiple Sklerose) und eine meiner Haupt-Symptomatiken sind Fatigue (abnorme Erschöpfung und Erschöpfbarkeit) und Kraftlosigkeit. Eine ungünstige Symptomatik um einem schwerkranken Partner pflegen zu wollen.

Schon der erste Anruf beim ambulanten Hospiz wurde dermaßen freundlich und wohlgesonnen beantwortet, dass ich erleichtert aufatmete. Wir wurden dann von einer Palliativ-Fachkraft überaus professionell, liebevoll und ganzheitlich betreut. Ich durfte mich auch alleine mit ihr treffen, um mal über meine Sorgen als Angehörige sprechen zu können. Es war von Anfang an ein großes Vertrauensverhältnis da und wir freuten uns auf jeden Besuch!

Es wurde uns auch eine ehrenamtliche Sterbebegleiterin zur Seite gestellt, deren Besuche mein Mann vor allem anfangs sehr froh gestimmt haben!
Eine Rundum-Betreuung der besonderen Art.

Gerade unsere Palliativ-Fachkraft erdete uns, beantwortete viele viele Fragen und war einfach so umfassend da, dass sie uns wie ein gesandter Engel erschien. Das vertraute Miteinander und der doch so professionelle Ansatz verbanden sich wundervoll und ich weiß nicht, was wir ohne diesen Engel gemacht hätten, wie alleine wir uns vermutlich manchmal gefühlt hätten…
Durch sie kam dann auch die Idee der Möglichkeit der stationären Aufnahme im Hospiz auf und auch, wenn mir diese Vorstellung anfangs Angst machte und mir so fürchterlich als Ende erschien, war es die beste Entscheidung, die wir treffen konnten:
Begleitung, Helfen, mit Rat und Tat zur Seite stehen… Mitfühlen ohne mitzuleiden, liebevolle Begegnungen, Zuhören, Hilfestellungen geben und einen prächtigen bunten Korb voller Empathie-Blumen.
Und das alles auf einmal und jederzeit!

Ein Geschenk, ein wahres liebevolles Begleiten mit Licht und Liebe.
Wenn man denkt, dass dies ein empathisches Wunder sei und völlig ohne große Erwartungen den Umzug ins stationäre Hospiz macht, dann glaubt man, einem zweiten Wunder begegnet zu sein.
Vom ersten Augenblick an fühlten wir uns aufs Herzlichste Willkommen und angenommen - so wie wir sind, mit unserem ureigenen Päckchen, das wir zu tragen haben und dorthin mitschleifen. Und wieder begegnen uns nur Engel mit einem unglaublich großen, starken und sehr echten Mitgefühl.

Spätestens jetzt weiß ich: es gibt sie, diese Wunder, die wundersamer Weise für alle dort tätigen Menschen gar keine Wunder sind, sondern ein gelebter wundervoller Alltag.

Und es gibt sie, diese Engel, die da sind, wenn man sie am Dringendsten braucht! Das Pflegepersonal!

Auch jetzt, da mein Mann gestorben ist, bin ich immer noch überwältigt von der einmaligen Wertschätzung, die wir im ambulanten und stationären Hospiz erfahren durften.

Wertfreiheit, Empathie, Mitdenken, Helfen und Da sein... Ohne große Worte, ohne Aufhebens... einfach spüren...

Wir dürfen klingeln, wann immer wir einen Wunsch oder ein Bedürfnis nach Hilfe haben und wenn wir uns bedanken, kommt immer die Entgegnung „Gerne"!

Gerne... Inmitten von Stress, umgeben von todkranken Menschen und deren Angehörigen, die alle Wünsche und Bedürfnisse haben. Eine Meisterleistung, die ich nicht genug und nicht oft genug wertschätzen kann und auch so kommuniziere.

Trotz des Corona-Virus und anderen härteren Arbeitsbedingungen sind sie dort ALLE stets hilfsbereit, anwesend, tröstend und mitfühlend...

Zeit spielt kaum eine Rolle und so setzten sich Pflegekräfte zu uns ins Zimmer, fragten nach, wie es UNS geht (ja, auch ich als Angehörige gehöre ins Ganzheits-Konzept!) und geben uns nie das Gefühl, dass wir sie unnötig gerufen oder um Hilfe gebeten haben. Sie sind wie Engel einfach da und immer freundlich... Authentisch noch dazu! Zu schön um wahr zu sein? Genau so hört es sich an, aber ganz genau so erlebten wir es. Ich bin Pädagogin und MS-Bloggerin und habe ein starkes Gespür für Menschen: es ist und bleibt für mich beglückend unfassbar!

Der Leiter der Einrichtung hat mir, als im Gespräch meine Fatigue erwähnt wurde, SOFORT einen elektrischen Relax-Sessel ins Zimmer bringen lassen... Diese Fürsorge erlaubt es mir, länger bei meinem Mann bleiben zu können, da ich mich jederzeit hinlegen und meinen Kopf ablegen kann.... Was bei meiner Fatigue so wichtig ist. Wieder ein Geschenk, weil mitgedacht wird!

Dass der Glaubenssatz des Hospizes „Leben bis zuletzt" ist, ist nicht nur ein Satz, sondern es ist das, was tatsächlich ganzheitlich - und Angehörige miteingeschlossen - stattfindet.

Ich könnte von so vielen wundervollen Begegnungen erzählen... Für mich ist und bleibt es WUNDERVOLL!

Was ich ebenso wundervoll empfinde ist, dass dort viel gelacht wird. Wer glaubt, dass im Hospiz eine gespenstige Ruhe herrschen würde, der irrt - denn Lachen gehört zum Leben, ebenso wie das Weinen. Licht und Schatten... Alles beieinander, was eine gewisse Leichtigkeit mit sich bringt, die aber niemals auch nur ansatzweise den Schein von Unangemessenheit hat, sondern auch immer ihren speziellen Rahmen hat.

Ein weiteres WUNDERVOLLES Erlebnis, das ich niemals vergessen werde, ist, dass eine Pflegekraft für meinen Mann Cello spielte. Mir kamen vor Rührung und aufrichtiger Dankbarkeit die Tränen und mein Mann hat es ebenfalls auf seine Art und Weise genossen... Ein Geschenk.

Einen runden Abschluss gab es für mich nochmal, als unsere Palliativ-Fachkraft des ambulanten Hospizes zu Besuch ins stationäre Hospiz kam und sich sehr liebevoll von meinem Mann verabschiedet hat... So schließt sich der Kreis und die Würde aller dort Anwesenden ist so wundervoll unantastbar...

DANKE ist ein zu kleines Wort für dieses Aufgefangen-Werden, für die umfassende Empathie, das Trösten und Erklären, das Helfen und für das engelhafte unsichtbare und sichtbare Dasein!

DANKE!

Danke für viele wertvolle und auch erklärende Gespräche mit den Pflegekräften.

Danke für manches privates Wort zwischendurch, das es noch menschlicher macht.

Danke für das Zurechtziehen der Laken, damit er nicht wund wird. Eine kleine Geste mit großer Wirkung.

Danke für die Betreuung der Angehörigen.

Danke für die Musik, die uns vorgespielt wurde (Cello) und für das eine Mal „Musiktherapie"!

Danke, dass unser Seelenhund Smiley immer willkommen war. Ein Segen für uns!

Danke, dass wir Angehörigen mitessen durften – das erspart zu Hause so viel Energie…

Danke für jede liebevolle Berührung…

Danke für jedes liebevolle Wort, das immer an genau die Stelle passte, die es brauchte….

Danke für den respektvollen Umgang auf Augenhöhe.

DANKE an Herrn Schwarz und sein TEAM, Sie sind alle außergewöhnlich!

Danke an all die liebevollen Ehrenamtlichen!

Danke an alle Engel, die WUNDER vollbringen!!!

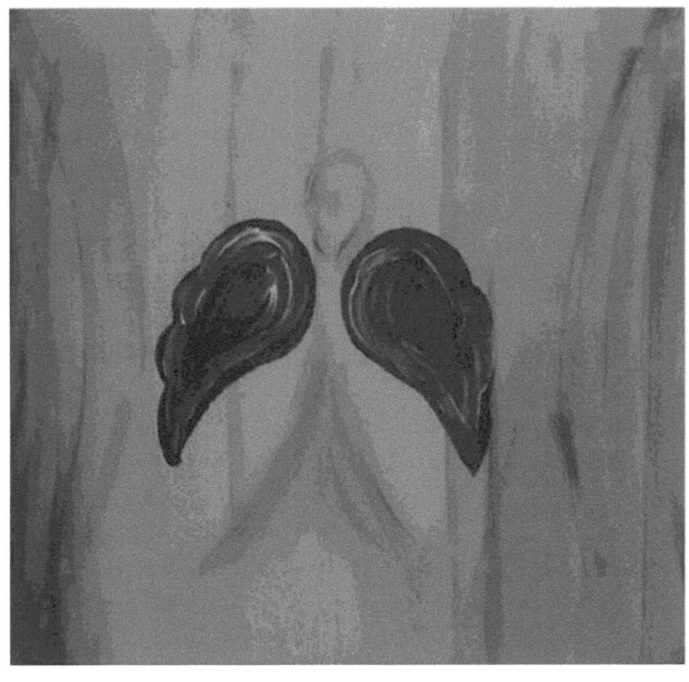

Unschöne Kommentare, die chronisch Kranken schon begegnet sind

Ich hatte meine Follower von <u>MULTIPLE ARTS</u> im Sommer 2017 gefragt, was ihnen denn bisher an unangebrachten Kommentaren von ihren Mitmenschen bezüglich ihrer MS oder chronischen Erkrankung entgegengebracht wurde.

Ich wollte daraus eine Grafik basteln. Ich hatte allerdings nicht erwartet, dass es 300 Kommentare werden würden. Ebenfalls hatte ich nicht mit der Vielfalt gerechnet: von lustigen über unschöne bis hin zu demütigenden „Sprüchen" war alles dabei, was die Palette zu bieten hat und entsprechend groß war auch die Gefühlspalette.

Ebenso schnell war klar, dass daraus keine Grafik entstehen konnte und es wurde die Idee geboren, ein Video dazu zu machen – was ich gerne aufgriff. Aber ich wollte all diese Aussagen gerne auch zu Papier bringen. Deshalb wählte ich auch diese Form.

Mir ist es wichtig zu erwähnen, dass ich niemandem zu nahetreten möchte – es geht hier um Wertfreiheit, denn auch wenn viele der Kommentare schlimm für den Betroffenen sind, sollte man erst einmal davon ausgehen, dass es Unwissenheit des Gegenübers sein könnte. Handelt es sich allerdings um nahe Angehörige oder gar um Fachärzte, dann sieht das wohl schon etwas anders aus – denn hier kann man davon ausgehen, dass diejenigen informiert genug sind, um solche Sprüche, die demütigend, erniedrigend oder verletzend sind, zu unterlassen.

Ich habe hier nun alle Sprüche gesammelt und versucht, sie ein bisschen zu komprimieren.

Manchmal ist man unbedacht, manchmal ist man vielleicht selbst nicht gut drauf und es rutschen einem auch einmal unbeholfene Kommentare heraus. Schlaue Ratschläge wiederum sind so eine Sache für sich! ;)

Ich erhoffe mir, mit dieser PDF Sensibilität schaffen zu können…. Für die Betroffenen (und ihre Angehörigen, die wiederum ebenfalls oft Opfer unschöner Bemerkungen werden) und für die MS mit all ihren 1000 Gesichtern, mit den sichtbaren und NICHT-sichtbaren Symptomen und für den MENSCH an sich.

Und DANKEN möchte ich all den lieben Menschen, die immer für uns da sind, uns unsere Symptome glauben und einen respektvollen liebevollen Umgang im MITEINANDER pflegen!

Anmerkungen: Bei manchen Kommentaren habe ich noch die Bemerkungen desjenigen anbei gelassen, der es geschrieben hat, um den Sachverhalt besser zu erörtern. Außerdem habe ich die Kommentare immer - bis auf kleine Korrekturen - im Originalzustand belassen!

Ich wünsche allen Betroffenen und Angehörigen alles Liebe und ein wohltuendes Wiedererkennen mit dem Wissen: man ist nicht alleine!

Themenbezogene Links zu meinem Blog:

http://multiple-arts.com/satze-die-man-zu-chronisch-kranken-niemals-sagen-sollte/

http://multiple-arts.com/video-unschone-spruche-zur-ms/

http://multiple-arts.com/multiple-sklerose-song-unschone-kommentare-mein-video-fur-euch/

http://multiple-arts.com/grafik-zu-unschonen-kommentaren-zur-ms/

Zusammenfassung der Kommentare:

Dieser Post wurde von über 15.000 Followern gelesen

Sprüche (im Original der Follower belassen!):

- „Der Onkel meiner Cousine 4 Grades hat auch MS… Dem geht`s aber gut! (Onkel und Cousine lassen sich in beliebiger Weise austauschen - weil anscheinend jeder jemanden kennt, der MS hat und dem es gut geht. Nur, dass MS nicht gleich MS ist - das raffen die eher nicht!)"
- „Ach Kind, die Hauptsache ist doch, wir sind gesund"!
- „Du bist eine Schlafmütze!".
- „Geh ins Fitnessstudio, dann bleibst du mobil!".
- „Man sieht es dir nicht an."
- „Müde bin ich auch."
- „Du bist krankgeschrieben und sitzt wohl den ganzen Tag in der Sonne!"
- „Es gibt Menschen, denen geht es schlechter als Ihnen (mein „Ex" - Neurologe)."
- „Mir wird gesagt, wenn ich müde bin: Ach bitte - von was? Tust ja eh nix."
- „Ich vergesse auch öfters Dinge. Das kommt mit dem Alter."
- „Was machst du eigentlich nachts?" (Wenn ich tagsüber mal wieder müde bin)."
- „DU hast MS? Kann doch gar nicht sein, du läufst ja noch!"
- „Wo kommt das her? Kann man was dagegen machen? Aber das wird wieder besser, oder? Gute Besserung für Sie."
- „Es gibt Leute, die richtig krank sind. Dir geht`s doch gut, was jammerst Du denn?"
- „MS ist doch Muskelschwund."
- „Na wieder gesund? (nach einem Schub)."
- „Was, du kannst hier auf dem Fest bedienen? Ich dachte, dir geht's so schlecht, weil du Muskelschwund hast?"
- „Warum hast du einen GdB von 50, wenn man doch deine MS gar nicht sieht?"

306

- „Wenn man älter wird, hat man halt Schwindel! (Das sagte meine Ex- Neurologin)".
- „Von meiner Ex-Neurologin: Das ist keine MS, das kommt alles vom Rauchen – und: Bei MS hat man keine Kopfschmerzen".
- „Vom Versorgungsamt: Die 50 GdB bekommt jemand, dem ein Bein fehlt. Sie können ja noch laufen, seien Sie lieber froh darüber."
- „Warum kannst du nicht schlafen, Du musst dich mal mehr entspannen!".
- „Ich kann die Wärme auch nicht vertragen, das hat sicher nichts mit deiner MS zu tun."
- „Du hast MS? Dann hast du ja dein Todesurteil unterschrieben!!"
- „Du kannst doch nicht alles auf deine Krankheit schieben!"
- „Du kannst echt nicht so krank (MS) sein. Du lachst viel zu viel!"
- „Ich beneide Dich um Deine MS, Du brauchst nicht zu arbeiten."
- „Sie schwanken auffällig - Haben Sie Alkoholprobleme?"
- „Ja bei dem Wetter habe ich es auch manchmal am Kreislauf!"
- „Manchmal kann ich auch nicht richtig sehen, da muss man doch nicht gleich ins Krankenhaus!"
- „Na Du musst gestern aber tüchtig einen draufgemacht haben, wenn Du sogar heute früh noch so komisch läufst!"
- „Du siehst ja gut aus, man sieht dir die MS gar nicht an!" ☺
- „Du bist auch immer total erschöpft, das habe ich auch!".
- „Du und MS: Niemals - du kannst ja schließlich laufen!"
- „Das ist doch alles nur psychisch!".
- „Weißt du eigentlich, dass MS zugleich Rollstuhl heißt?" ☺
- „Das kommt vom Rauchen!".
- „Du hast doch nix!"
- „Arbeitgeber: Sie haben ja MS und könnten jederzeit ausfallen. Unzumutbar!"
- „Was Multiple Sklerose? Tu doch nicht so hysterisch, in unserer Familie haben wir so was nicht!"
- „Bist du dir sicher, dass du MS hast? Man sieht dir doch gar nichts an!"

Das war nur eine sehr kleine Auswahl der vielen Kommentare. DANKE an all meine Follower, die so ehrliche Kommentare geschrieben haben und mit ihrer Offenheit vielen Gleich-Betroffenen aus der Seele gesprochen haben und sich somit untereinander sehr helfen konnten!

Viele Follower beschreiben, dass verletzende Kommentare 1000 Mal schlimmer seien, als die Diagnose selbst!
Deshalb appelliere ich immer wieder daran, dass Betroffene und ihre Angehörigen miteinander ins Gespräch kommen und klar ihre Wünsche und Erwartungen äußern.
Das ist natürlich nicht immer möglich – ebenso wenig, wie sich immer wieder vor all den Kommentaren zu schützen.

Es wurde mir aber auch berichtet, dass es MS`ler gibt, die sich solchen Kommentaren zum Glück noch nie ausgesetzt sahen. ☺ JUHU! Das ist wundervoll!

Ich wünsche allen Beteiligten viel GELASSENHEIT, liebevolle Begegnungen und einen stabilen Verlauf der MS!!!

Herzlichst,
©Heike Führ / https://www.multiple-arts.com

Hier können Sie die PDF herunterladen:

http://multiple-arts.com/pdf-unschone-spruche-kostenlos-zum-runterladen/

Schlusswort

Liebe Leserinnen und Leser,
liebe Patienten und liebe Angehörige!
Ich hoffe, dass ich Ihnen allen mit diesem Buch ein wenig weiterhelfen konnte, dass Sie sich im Buch wiedergefunden und verstanden gefühlt haben. Das ist mein größtes Anliegen.

Man kann so viel im Internet nachlesen, aber die wahren Gefühle, die mit dramatischen Ereignissen (wie schweren Diagnosestellungen) zusammenhängen, werden oft nicht ernsthaft und authentisch benannt.

Als Bloggerin bin ich es gewohnt, viel von mir an die Öffentlichkeit zu bringen und zwar immer nur mit dem Ziel, dass es anderen Lesern und meinen Followern als Hilfe, Wegweiser oder „Umarmung" dienen kann und dass sie sich rundum verstanden fühlen.

Für mich ist Schreiben Therapie und somit habe ich mit diesem Buch meine Situation verarbeiten können – das ist ein großes Geschenk, denn nicht jeder hat solch ein Ventil.

Ich wünsche Ihnen – den Angehörigen und dem Patienten – das Allerbeste, alles Liebe und Gute, viel Kraft, Mut, Zuversicht, Zutrauen und Hoffnung!

Herzliche Grüße,

Heike Führ

➜ Krankheit ist etwas, mit dem wir alle irgendwann konfrontiert werden: Sei es bei sich selbst oder bei nahen Angehörigen!

DANKE

Danke zu sagen ist mir immer sehr wichtig.

Zuerst möchte ich meinem Mann für die wunderschöne Zeit, die wir miteinander hatten, danken. Ich habe durch ihn neben unglaublicher Liebe auch sehr viel Motivation für mein kreatives Tun erhalten. Er hat meinen Selbstwert gestärkt und mir neue Welten eröffnet.

Dass wir so eine schwere Zeit miteinander durchmachen mussten, ist so unfassbar und traurig – aber wir gingen diesen Weg bis zum Schluss gemeinsam!

Danke an meine wunderwundervollen Kinder & Schwiegerkinder.

Ich kann mit Worten nicht ausdrücken, was Ihr mir in dieser schlimmen, schweren und verzweifelten Zeit an Unterstützung gegeben habt… In jeglicher Hinsicht, von unermesslicher Liebe und Fürsorge bis hin zu praktischer Unterstützung, wie Einkaufen und Kochen, tausende von Krankenhaus-Fahrten und und und. Vier solch tolle Kinder zu haben ist mehr als ein Geschenk – für mich war diese Erfahrung ein Wunder, die mich noch immer zu Tränen rührt.

Und das, da Ihr ja selbst mit dieser Diagnose und dem (drohenden) Verlust zu kämpfen hattet!

DANKE ist hier ein viel zu kleines Wort!

Danke an meine Mama du Achim, meinen Bruder mit Frau – Ihr habt mich mental in der ganzen Zeit begleitet, habt ebenfalls Klinik-Fahrten, Kochen, Einkäufe und Hausarbeiten übernommen! Auch Ihr seid ein Geschenk und einfach unkompliziert wundervoll. Auch große Entfernungen machen da nichts aus – sie sind überwindbar! DANKE!

Danke an meine realen Freunde und einige echte gute Facebook-Freunde und meine liebevollen Nachbarn, die mir ebenfalls beigestanden haben – jeder auf seine ihm mögliche Weise. Das hat mir mehr bedeutet, als Ihr ahnt und ich werde Euch treuen Gefährten das niemals vergessen! IHR habt mir Motivation zum Durchhalten gegeben und hattet IMMER ein offenes Ohr für mich!

Danke an meine treuen Follower – Ihr seid unbezahlbar.
Danke für Euer Mitgefühl, das Ihr mir immer wieder zuteilwerden ließet.

Danke an Claudia für das unermüdliche Lektorieren!

Und ein großes DANKE an
alle lieben Gassi-Geher für Smiley; Danke für jedes gekochte Essen und für jeden Salat oder Kuchen, der vor der Tür steht; Danke für jedes Blümchen, für jeden Besuch und jene Besuche, die extra für meinen Mann kommen und mit ihm spazieren- oder/und Kaffeetrinken gehen oder bei ihm sitzen; Danke für jede Einladung....; Danke für jedes liebe Wort, jedes liebevolle Zeichen und jede Gabe; Danke an alle „Rebhühner" im Besonderen; Danke an all die, die mir zuhörten und uns begleiteten – jede Geste zählt und ist GOLD Wert!

Danke an Peter für viele erfüllende Jahre voller Liebe!

Abschluss 16.02.2021

Noch ein paar allerletzte Worte. Das Buch entstand von Anfang an, als mein Mann erkrankte und heute, am 16.2.21 ist mein Mann ein halbes Jahr lang tot. Es ist immer noch unvorstellbar für mich, dass er einfach nicht mehr da ist. ich schaue seine Fotos an und denke, er müsste jeden Moment zur Tür hereinkommen…. oder ich könne ihm im Nebenzimmer mal gerade einen Kuss zuwerfen.

Ich vermisse ihn – vor allem den unglaublich treuen Freund und Lebenspartner, der er für mich war.

Und doch verändert sich die Trauer. Sie wird nicht unbedingt viel schwächer, aber sie ist nicht mehr so übermächtig oder allgegenwärtig. Ich bin bereit für Neues, habe meinen Umbau erfolgreich abgeschlossen und fühle mich in meinen neuen Räumen „pudelwohl"!

Mein Plan der Trauerverarbeitung scheint aufgegangen zu sein. Aber ich möchte jedem mit auf den Weg geben: man kann sich hunderte Planungen vornehmen und dann ist doch alles anders – und genau das ist auch ok. Es ist kein Wettkampf, man muss nichts erreichen – außer dem eigenen Wohl- und Lebensgefühl. Und auch das sollte niemals mit Druck erreicht werden, sondern durch ein trauern, das hilfreich ist und durch ein Nach-Vorne-Schauen das effektiv ist und uns weiterbringt.

Nichts ist von all den Überlegungen in „Stein gemeißelt" – alles darf sich immer verändern, wenn wir nun andere Prioritäten setzen oder andere Wünsche offenbar werden.

Bei mir hat es geklappt, dass ich alles so angehen konnte und sicher verschafft mir das auch eine gewisse Stabilität. Aber „NICHTS MUSS!".

Ich schaue nun nach vorne und richte mir mein Leben neu ein. Ich freue mich aufs Frühjahr und den Sommer, wenn man vielleicht Corona bedingt mal wieder outdoor Freunde einladen darf. Ich freue mich aufs LEBEN!

Ich freue mich trotz aller Trauer auf mein neues Leben!

Und ich freue mich auf all diejenigen, die in diesem neuen Leben dabei sein werden!

HALLO MS

MS: 2 Buchstaben, die eine vermeintlich geordnete Welt von heute auf morgen auf den Kopf stellen". So beschreibt Heike Führ den Tag ihrer Diagnosestellung. Wie sie ihren Alltag mit einer solch tückischen und bislang noch unheilbaren Krankheit meistert, beschreibt sie vor allem mit viel Humor und reflektiert in einer gelungenen Mischung aus Problematisierung und Relativierung. Nie werden die Herausforderungen der Krankheit geleugnet und doch triumphiert immer ihr optimistischer Kampfgeist und zeigt eindrucksvoll und selbstkritisch ihren eigenen Weg der Lebensfreude. Die Autorin weigert sich zu resignieren und erzählt ihre kleinen Alltagsfreuden, gespickt mit den Unwägbarkeiten, die durch ihre MS-Symptome unweigerlich dabei sind. "Hallo MS": nicht mehr, nicht weniger. Ein Buch, das Mut macht und Hoffnung weckt, das Anteilnahme authentisch vermittelt, Hilfestellung für den Alltag gibt und sowohl Betroffenen, als auch Angehörigen einen Einblick in die emotionale Verfassung eines chronisch kranken Menschen bietet, Ängste und Sorgen aufzeigt, aber dabei immer nach vorne schaut und niemals vor Selbstmitleid trieft. Kurzweilig und sehr alltagsnah - somit für Jedermann interessant.

Intimität ist mehr als Sex –
Wenn SEX zur Nervensache wird...

Kaum ein Gebiet ist so intim, Scham – und Angstbesetzt, wie die eigene und die Paar-Sexualität. Und kaum etwas anderes in einer Beziehung macht uns so verletzlich. Dabei ist Sexualität eine wundervolle Möglichkeit, Nähe zum geliebten Partner herzustellen und zu halten, oder in schwierigen Lebensphasen nicht den „Kontakt" zueinander zu verlieren. Aber besonders wenn ein Paar mit der Diagnose einer chronischen Erkrankung, wie z. B. MS, konfrontiert wird, versteht man, wie wichtig es ist, sich gegenseitig zu begreifen. Hier hilft die Autorin mit Ratschlägen, die sie auf Grund vieler Recherchen und Interviews mit an „Multipler Sklerose" - Erkrankten führte. Aber auch für Singles hält die Autorin Vorschläge bereit! Alltagsnah und somit sowohl für „Gesunde" als auch für chronisch Kranke, ist dieses Buch ein Begleiter in Sachen Sexualität. Behutsam wird der Fokus auf das gegenseitige Verstehen und Vertrauen gelenkt und zeigt Gesprächs-Formen auf. Ein kurzweiliger und lebensnaher kleiner Ratgeber, der in keinem Haushalt fehlen sollte. Taschenbuch: 68 Seiten - Verlag: Books on Demand; Auflage: 1 (24. September 2014) - ISBN-10: 3735793991

Die Reise zum Glück – Der Weg ist das Ziel

Ein Buch für alle Sinne – zum Anschauen und Genießen, zum Verstehen und Lernen.

Der Weg zum Glück –nicht als Wettbewerb, sondern mit Freude und Achtung der eigenen Persönlichkeit.

Dass Glücksempfinden auch mit einer chronischen Erkrankung möglich ist, zeigt Autorin Heike Führ noch zusätzlich mit liebevoll gestalteten Bildern, Zitaten, Texten und vielen wissenschaftlichen Recherchen auf.

Ein Buch für Gesunde ebenso wie für Gehandicapte – Entspannung pur, viele Anregungen und Tipps.

„Der Weg ist das Ziel" könnte das Motto des Buches sein – geht es eigentlich nur um das wahrnehmen der kleinen großen Dinge im Leben.

Buchdaten:
„Die Reise zum Glück", 12,99€
204 Seiten (z. Teil farbig) / Verlag: BoD, ISBN: 9-783739-200897

Hoffnung - vom Pessimisten zum Optimisten

Das Buch ist eine Fortsetzung des Buches „Die Reise zum Glück", ist aber ebenso getrennt davon lesbar. Es zeigt Wege auf, wie man zu sich selbst findet, sein Selbstbewusstsein stärkt und somit offen für das HOFFEN wird. Die Autorin setzt sich auf vielen Ebenen mit dem Thema Hoffnung auseinander und so ist ein Werk zum Lernen, Genießen und Anschauen entstanden, gewürzt mit vielen fachlichen Infos. Ein Buch für alle Sinne, optimistisch und zukunftsorientiert. Es ist für Gesunde ebenso wie für Gehandicapte geeignet. Entspannung und Bewusstwerden - Das ist das Ziel des Buches. Dafür sorgen Zitate, Energiebilder, eigene Texte und viele Impressionen.

Buchdaten:
148 Seiten
ISBN 978-3-7431-0181-4

UNSICHTBARE Symptome

Nach dem erfolgreichen Erstlingswerk „Hallo MS" und dem kleinen Ratgeber „SEXUALITÄT/Tipps bei chronischen Erkrankungen", nimmt sich die Autorin diesmal den „UNSICHTBAREN SYMPTOMEN" der MS (Multiple Sklerose) an. Sätze wie „Du siehst gar nicht krank aus!", oder gut gemeinte Ratschläge, wie „Du musst Dich nur mal ordentlich ausschlafen", kann kein ernsthaft Erkrankter mehr hören. Heike Führ erklärt anschaulich die unsichtbaren Symptome der MS.

Ihre Texte sind voller Emotionen, Optimismus, Lebensmut und auch Sarkasmus geschrieben. Sie beschreiben sowohl Betroffenen, als auch Angehörigen in aller Deutlichkeit, warum nicht sichtbare Symptome ebenfalls ein ernstzunehmendes Problem darstellen. Außerdem zeigt sie auf, wie kränkend es für Betroffene ist, wenn man diese Symptome nicht wahrnimmt und ihnen vor allem keinen Glauben schenkt. Nicht nur für MS`ler und Außenstehende, auch für viele andere chronisch Kranke ist dieses Buch Balsam auf der Seele.

Taschenbuch: 84 Seiten - Verlag: Books on Demand; Auflage: 1 (22. Januar 2015) - ISBN-10: 3734755646

Alltags-Tipps bei MS / Praktische Hilfen

„Alltags-Tipps in vielerlei Hinsicht – das ist die Intention des Buches. Je nach Verlauf und je nach Ausprägung der „tausend Gesichter" der MS wird sich auch der jeweilige Alltag gestalten. Die routinierte Autorin gibt praktische Tipps zu Hilfsmitteln oder Alltags-Situationen ebenso, wie sie mit fachlichen Infos zur Seite steht. Ein Buch zum Lernen und auch Zurücklehnen, zum Schmunzeln und sehr hilfreich mit all den vielfältigen Anregungen. Für MS`ler ist es ebenso geeignet, wie auch für andere körperlich Behinderte.

Lebensnahe auf die Praxis bezogene Tipps bilden den Hauptteil. Sie rundet all dies mit ihren authentischen Texten rund um Behinderungen, wie beispielsweise Multiple Sklerose, ab und hilft damit sowohl Betroffenen, als auch Angehörigen enorm."

Buchdaten:
Autorin: Heike Führ
„Alltags-Tipps bei Multiple Sklerose"
Verlag: BoD, 128 Seiten
ISBN: 9783739224664
Euro: 7,99.-

Smiley erklärt Kindern MS

Dieses anrührende Kinderbuch beschreibt an Hand von dem süßen Mischlingshund Smiley und seinen beiden Freunden Fine und Balou anschaulich und sehr kindgerecht, was Multiple Sklerose (MS) ist. Smiley erklärt äußerst behutsam auf der Ebene des Kindes, wie sich MS äußern kann und wie es einem betroffenen Elternteil oder anderen betroffenen Angehörigen und Freunden mit MS gehen kann. Mit schönen authentischen Fotos und lustigen Geschichten aus seinem Hundeleben verknüpft er diese Botschaft so zartfühlend und hinreißend, dass Kinder bei der Begeisterung über den Hund Smiley und seine Freunde die Dramatik einer chronischen Erkrankung zwar begreifen, sie aber niemals als bedrohlich erleben. Die Autorin hat sich ihre jahrzehntelange Berufserfahrung als Erzieherin mit vielen pädagogischen und psychologischen Weiterbildungen zu Nutze gemacht und empathisch ein Kinderbuch, das auch gleichzeitig ein Ratgeber ist, geschrieben. Ein Buch, das man auch Erwachsenen zum besseren Verständnis der MS in die Hand drücken kann.

**Der komplette Erlös geht an den
Tierschutzverein Santorini e.V.**

Taschenbuch: 48 Seiten - Verlag: Books on Demand; Auflage: 1 (24. Februar 2015) - ISBN-10: 373476730X

Wieso ist meine Mama immer so müde?
Smiley bellt HALLO MS und Fatigue

Dieses Buch ist die perfekte Ergänzung zum Buch "Smiley bellt Hallo MS!".

Smiley erklärt auf der Ebene des Kindes sehr kindgerecht das Symptom "FATIGUE" - die große Müdigkeit bei MS - und beantwortet außerdem noch detailliert viele FRAGEN rund um die MS!

Farbige Fotos, Zeichnungen und Erklärungen runden das Buch ab und wer sich in Smiley, den süßen Mischlingshund, nicht schon im ersten Buch verliebt hat, wird es spätestens nun nicht mehr schaffen, seinem Charme zu widerstehen. Ein Buch, das nicht nur für Kinder geeignet ist, denn es erklärt so unkompliziert MS und FATIGUE, dass es für Jedermann interessant und informativ ist.

ISBN-10: 3743111608

EURO: 5,99.-

Fragen & Antworten rund um die MS: Multiple Sklerose einfach erklärt

Die routinierte und erfahrene MS-Bloggerin und Autorin Heike Führ kennt aus unzähligen Gesprächen mit Betroffenen und deren Angehörigen die häufigsten Fragen, die sich zu Beginn einer MS-Diagnose oder im Laufe der Erkrankung auftun.

Und nicht nur Neuerkrankte fühlen sich unsicher - sogar „alte MS-Hasen" stehen immer wieder einmal vor Fragen und können sich ihre Symptome nicht erklären. MS ist die „Krankheit der 1000 Gesichter" und deshalb kann man, selbst wenn man jahrzehntelang MS hat, plötzlich einem neuen Symptom gegenüberstehen oder durch andere Umstände verunsichert sein.

Dieses Buch hilft im Alltag mit MS, beleuchtet alle wichtigen Sachverhalte rund um die MS und bereichert mit Grafiken und den gewohnt humorvollen, deutlichen und sehr authentischen Texten der Autorin, die selbst seit 1994 an MS erkrankt ist.

Was Sie schon immer über MS wissen wollten? Hier finden Sie es!

ISBN-10: 3744883477
EURO: 9,99.-

FREUNDSCHAFT

164 Seiten
ISBN 978-3-7412-3810-9

Die routinierte und mittlerweile sehr erfahrene Autorin und Bloggerin Heike Führ widmet sich dem Thema Freundschaft in allen
Facetten. Das Buch ist als kleiner Ratgeber zu verstehen – es vermittelt wichtige Hintergrundinformationen, bezaubert mit Anmerkungen und selbst geschriebenen Texten über eigene Erfahrungen,
sowie mit entsprechend passenden Grafiken. Es beleuchtet
„Freundschaften" in all ihren wundervollen Möglichkeiten und
Chancen, aber auch in Trennung und Schmerz, sowie Mobbing
und Lästern, Neid und Missgunst.

Gedankenspiele rund um Freundschaften/Beziehungen, beste
Freundinnen und Männerfreundschaften. Ernsthaft, humorvoll
und locker – eine liebevolle Lektüre mit der Hommage an wahre
Freundschaften!

Betrachten Sie das Büchlein als kleinen Wegweiser, um Hinter-
gründe besser verstehen zu können und daraufhin dann adäquater
handeln zu können. Nur wenn man begreift, was im Anderen vor
sich gehen könnte, kann man Missverständnisse vermeiden oder
gar aus dem Weg räumen.

JUVENILE MS / Kinder mit MS
ISBN: 9 783739 228792

SMILEY – der kleine Frechdachs mag nicht duschen
108 z.T. farbige Seiten
ISBN 978-3-7392-4325-2

„Der Tanz durchs Leben"
284 zum Teil farbige Seiten
Verlag: BoD
ISBN 9783842350564

GEDÄCHTNIS-Störungen / Kognitive Leistungsstörungen bei MS
152 Seiten
ISBN 978-3-8482-2160-8

LOW CARB für UNTERWEGS
84 Seiten, ISBN 978-3-7386-1713-9

LOW CARB VEGETARISCH & schnell
92 Seiten, ISBN 978-3-7412-7127-4

LOW CARB Kuchen, Gebäck, Pralinen & Torten: Süßes: lecker und einfach!
84 Seiten, ISBN-10: 3743190575

Viele weitere Bücher gibt's auf www.multiple-arts.com/shop